Die Novemberpogrome 1938 Versuch einer Bilanz

Die Novemberpogrome 1938   Versuch einer Bilanz

Herausgegeben von der
Stiftung Topographie des Terrors

Impressum

Herausgeber **Stiftung Topographie des Terrors**
vertreten durch **Prof. Dr. Andreas Nachama**
Konzeption und Bearbeitung **Dr. Claudia Steur**
Redaktion **Anna von Arnim**
Gestaltung **Kurt Blank-Markard**
Druck **DMP, Digital- & Offsetdruck GmbH, Berlin**
Gefördert durch den
Beauftragten der Bundesregierung für Kultur und Medien
und die Kulturverwaltung des Berliner Senats

© bei den Autoren und dem Herausgeber
Printed in Germany
ISBN 978-3-941772-00-7

Umschlag unter Verwendung eines Fotos aus Ober-Ramstadt (Hessen),
Synagoge, 10. November 1938, Museum Ober-Ramstadt

Inhalt

7 Vorwort

8 Pogrom und Volksgemeinschaft.
Zwischen Abscheu und Beteiligung: Die Öffentlichkeit des 9. November 1938
Wolfgang Benz

20 »Als die Zeugen schwiegen«.
Bekennende Kirche und der Pogrom am 9./10. November 1938
Hartmut Ludwig

30 Aspekte der Beziehungen zwischen Heiligem Stuhl und Judentum in der Zwischenkriegszeit.
Neue Dokumente aus den Vatikanischen Archiven
Thomas Brechenmacher

44 Reaktionen auf den Novemberpogrom in Polen 1938–1939
Ingo Loose

58 Zwischen Aufhetzung und Verurteilung.
Die geteilte Rezeption des Novemberpogroms im Spanien des Bürgerkrieges
Alejandro Baer

66 Der Novemberpogrom 1938 und die Deutschen
Eberhard Jäckel

74 Wer waren die Täter des Novemberpogroms?
Alan E. Steinweis

79 »... aus dem Gefühl der nachbarlichen Verbundenheit und Zusammengehörigkeit
mit der Wahrheit zurückgehalten.« Der Pogrom in Felsberg am 8. November 1938
und dessen strafrechtliche Behandlung 1948/49
Kurt Schilde

94 Die justizielle Ahndung von *Reichskristallnacht*-Verbrechen
durch die westdeutsche Justiz seit 1945
Edith Raim

105 Die *Reichskristallnacht* als DDR-Geschichtspolitik
Tobias Grill

117 Der 9. November – ein deutscher Jahrestag?
Peter Reichel

132 Anhang

Vorwort

Der vorliegende Band *Der Novemberpogrom 1938. Versuch einer Bilanz* ist das Ergebnis eines wissenschaftlichen Symposiums, zu dem die Stiftung Topographie des Terrors aus Anlass des 70. Jahrestages der Novemberpogrome am 10. und 11. November 2009 nach Berlin geladen hatte.

Der Sammelband fasst den aktuellen Forschungs- und Rezeptionsstand zusammen und versucht, unterschiedliche Themenaspekte zu einem facettenreichen Gesamtbild zu verbinden. Die Bandbreite der Beiträge reicht von der Vorgeschichte über die Geschehnisse am 9./10. November 1938 selbst bis zur Haltung der Akteure, der Beziehungen zwischen Heiligem Stuhl und Judentum sowie der Reaktion der Bevölkerung und der Evangelischen Kirche. Auch die Rezeption der Ereignisse in der ausländischen Presse, die Ahndung der Verbrechen nach 1945 sowie der Umgang mit dem Gedenken an die Novemberpogrome in beiden deutschen Staaten und im wiedervereinigten Deutschland sind Gegenstand des Sammelbandes.

Für die Buchveröffentlichung haben einige Referenten ihre Beiträge überarbeitet, ergänzt und mit Anmerkungen versehen. Der Beitrag von Moshe Zimmermann über die Rezeption der Novemberpogrome in Palästina und Israel stand für die Publikation leider nicht zur Verfügung. Der nachträglich aufgenommene Beitrag von Kurt Schilde thematisiert den Pogrom in Felsberg. Er dient als Beispiel für eine bereits im Vorfeld des 9./10. November 1938 lokal organisierte und durchgeführte Ausschreitung gegen die jüdische Bevölkerung und den justiziellen Umgang mit den Ereignissen und den Pogromtätern nach 1945.

Die Stiftung Topographie des Terrors möchte an dieser Stelle allen danken, die zum Gelingen des Symposiums und zum Entstehen der Publikation beigetragen haben: Claudia Steur für die Konzeption und Durchführung des Symposiums sowie für die Bearbeitung des Sammelbandes, allen Referenten und Autoren, Anna von Arnim für die Redaktion der Beiträge und Kurt Blank-Markard für die Gestaltung des vorliegenden Bandes.

Andreas Nachama, März 2009

Wolfgang Benz
Pogrom und Volksgemeinschaft. Zwischen Abscheu und Beteiligung: Die Öffentlichkeit des 9. November 1938

Die Ereignisse des 9./10. November 1938, ihre Vorgeschichte und Nachwirkungen, gehören zu den am Besten erforschten Phasen der Verfolgungsgeschichte der Juden während des NS-Regimes.[1] Standen zuerst die Fragen nach dem Ablauf und der Steuerung der Ereignisse, dann Initiative und Intention der Pogrome im Vordergrund des Interesses – wobei die Annahme vorherrschte, eine Minderheit von Fanatikern habe gegen die stillschweigende Missbilligung der Mehrheit die Gewaltakte verübt – so entstand seit den 80er Jahren eine immer noch anwachsende Fülle von Lokalstudien, die ein detailliertes und ziemlich lückenloses Bild ergaben.[2] Das mündete in die Frage nach dem Gefälle zwischen Stadt und Land hinsichtlich des Pogromgeschehens. Mit aller Vorsicht lässt sich eine Tendenz konstatieren, der zufolge die Brutalität der Aggression auf dem Land größer war als in der Stadt und in der kleinen Stadt heftiger als in der Großstadt; aber die Ereignisse zum Beispiel in Düsseldorf sprechen auch gegen diese These. Die vielleicht wichtigste Fragestellung gilt jetzt dem Verhalten des Publikums.

Die zeitgeschichtliche Forschung hat kaum Lücken in der Erhellung der Fakten gelassen, seit langem auch keine wirklich neuen Erkenntnisse mehr zum Vorschein gebracht.[3] Diskutiert blieben lange die Rolle Hitlers, aber auch die Anteile (und das Verhältnis) von Joseph Goebbels und Hermann Göring beziehungsweise von Heinrich Himmler mit Reinhard Heydrich im Zusammenhang von Intention und Folgen der *Reichskristallnacht*. Zu untersuchen bleibt die Intention von Pogromtätern – den Funktionären des Regimes, Mitgliedern von SA und SS, Parteigenossen, Passanten – und generell die Rolle der Bevölkerung: Nahm sie den Gewaltausbruch gegen die jüdische Minderheit ablehnend und missbilligend unter stiller Empörung hin oder lebte nicht mindestens ein beachtlicher Teil des Volkes Aggressionen gegen die Opfer des Vandalismus aus, und wenn ja, war das Motiv manifester Antisemitismus oder atavistische Rohheit, entfesselt und stimuliert durch obrigkeitliche Autoritäten?

Am 9. November 1938 hatte der Reichsminister für Volksaufklärung, Gauleiter von Berlin und Propagandachef der NSDAP seinem Tagebuch, dem sorgsam gepflegten Medium seines Nachruhms, die Eindrücke vom 8. November – Hitlers Reden in Weimar und im Münchner Bürgerbräukeller, daneben allerlei Triviales –

---

1 Zu Anlass und Ablauf der Ereignisse siehe vor allem Graml, *Reichskristallnacht*; Pehle (Hg.), Der Judenpogrom 1938; Benz, Der November-Pogrom 1938; Kropat, *Reichskristallnacht*; Novemberpogrom 1938, in: *Themenheft der Zeitschrift für Geschichtswissenschaft* 46 (1988), Heft 11.
2 Um nur einige Beispiele zu nennen: Bräu/Wenzel (Hg.), »ausgebrannt, ausgeplündert, ausgestoßen«; Arbeitskreis der NS-Gedenkstätten Nordrhein-Westfalen (Hg.), Gewalt in der Region; Rehbein/Kratz-Ritter, Der 9. November 1938 in Göttingen; Fleermann/Genger (Hg.), Novemberpogrom 1938 in Düsseldorf.
3 Vgl. Hermann, Hitler und sein Stoßtrupp, S. 603–619.

anvertraut und eher beiläufig auch das Attentat vom 7. November in Paris erwähnt: »Nun aber schreit die Presse auf. Jetzt wollen wir Fraktur reden [...] Wenn man jetzt die Volksgenossen einmal loslassen könnte!«[4] Goebbels erwähnt auch die judenfeindlichen Demonstrationen im Gau Kurhessen und in Dessau am 8. und 9. November, die ohne zentrale Steuerung ausgebrochen waren. Die Beteiligung Hitlers an der weiteren Pogrom-Regie ist von Goebbels ausdrücklich bezeugt; angesichts von Mutmaßungen in der Literatur, nach denen Hitler habe überrumpelt werden müssen, dass er die Entwicklung nur hingenommen habe oder dass sie gar gegen seine Intentionen von Goebbels angezettelt worden sei,[5] steht die Eintragung in Goebbels Tagebuch, in der er von der *Reichskristallnacht* berichtet. Auf dem Parteiempfang am Abend des 9. November im Alten Rathaus trug Goebbels dem Führer den Stand der Dinge vor – gemeint waren die noch nicht zentral befohlenen Ausschreitungen in Kassel und Dessau, die demnach eine Initialfunktion hatten – und der nachmittags gemeldete Tod des Diplomaten Ernst vom Rath. Über Hitlers Reaktion schreibt Goebbels: »Er bestimmt: Demonstrationen weiterlaufen lassen. Polizei zurückziehen. Die Juden sollen einmal den Volkszorn zu verspüren bekommen.« Goebbels fährt fort: »Ich gebe gleich entsprechende Anweisungen an Polizei und Partei. Dann rede ich kurz dementsprechend vor der Parteiführerschaft. Stürmischer Beifall. Alles saust gleich an die Telephone. Nun wird das Volk handeln.«[6] Das entspricht der gängigen Darstellung vom Ablauf der Ereignisse und der Regie des Pogroms. Bemerkenswert auch, dass Goebbels, nach der Erwähnung des Brandes einer Münchner Synagoge, den er nach Mitternacht gesehen hatte, auf dem Rückweg von der Vereidigung der SS auf dem Münchner Königsplatz schreibt: »Der Führer hat angeordnet, dass 25 000 bis 30 000 Juden sofort zu verhaften sind.«[7] Anderntags erwähnt Goebbels noch einmal die aktive Rolle Hitlers, dem er in dessen Lieblingslokal, der Osteria in der Münchner Schellingstraße, Bericht erstattet: »Er ist mit allem einverstanden. Seine Ansichten sind ganz radikal und aggressiv.« Der Führer wolle zu sehr scharfen Maßnahmen gegen die Juden schreiten: »Sie müssen ihre Geschäfte selbst wieder in Ordnung bringen. Die Versicherungen zahlen ihnen nichts. Dann will der Führer die jüdischen Geschäfte allmählich enteignen und den Inhabern dafür Papiere geben, die wir jederzeit entwerten können. Im Übrigen hilft sich das Land da schon durch eigene Aktionen. Ich gebe entsprechende Geheimerlasse heraus. Wir warten nun die Auswirkungen im Ausland ab. Vorläufig schweigt man dort noch. Aber der Lärm wird ja kommen.«[8]

Im Vorfeld des Pogroms
Gewalttaten gegen Juden waren seit Frühjahr 1933 öffentlicher Ausdruck nationalsozialistischer Gesinnung, die Exzesse waren lokale Übergriffe und Ergebnis vereinzelter Initiativen. Insbesondere nach den Reichstagswahlen am 5. März 1933

---

4 Fröhlich (Hg.), Die Tagebücher von Joseph Goebbels, Bd. 6: Eintragung vom 9. November 1938, S. 178.
5 Adam, Wie spontan war der Pogrom?, S. 74–93; Obst, *Reichskristallnacht*.
6 Fröhlich (Hg.), Die Tagebücher von Joseph Goebbels, Bd. 6: Eintrag vom 10. November 1938, S. 180.
7 Ebd.; Zur Realisierung dieser *Aktion* vgl. Benz, Mitglieder der Häftlingsgesellschaft, S. 179–196.
8 Fröhlich (Hg.), Die Tagebücher von Joseph Goebbels, Bd. 6: Eintrag vom 11. November 1938, S. 182.

werden antisemitische Gewaltakte aus mehreren Orten berichtet. Auf dem Berliner Kurfürstendamm gab es Ausschreitungen gegen Juden, in Breslau drangen SA-Männer am 11. März in das Amtsgericht ein und misshandelten jüdische Anwälte und Richter, in Görlitz kam es zu Nachfolgetaten, bei denen Richter und Anwälte aus der Sitzung heraus auf die Straße verschleppt wurden.[9] In München und Wiesbaden, in Magdeburg und anderen, auch kleinen, Orten wurden Juden öffentlich gedemütigt und körperlich angegriffen. In Königsberg ging die Synagoge in Flammen auf. Todesopfer waren an anderen Orten zu beklagen. Auch anlässlich des Boykotts am 1. April 1933 kam es zu Gewalttaten.

Im mittelfränkischen Gunzenhausen fand am 25. März 1934 sogar ein Pogrom statt, an dem sich mehrere hundert Menschen beteiligten, bei dem zwei Todesopfer zu beklagen waren.[10] Ein Jahr später berichtete der Gendarmerieposten im nordhessischen Wehrda dem Landrat in Hünfeld über einen Überfall, den 15 bis 20 Vermummte auf Besucher einer Synagoge in Rhina verübt hatten[11]. Gewalt gegen Juden gab es also lange vor den inszenierten Pogromen des November 1938 und sie wurde ohne Befehl ausgeübt. Angetrieben von Fanatismus, den Ideologen durch antisemitische Propaganda stimulierten, agierten Bürger ihren Hass gegen die Minderheit ganz freiwillig und aus eigener Initiative. Aber bis zum 9. November 1938 waren die Vorfälle lokaler Natur, waren Ausfluss von Siegestrunkenheit und Rachebedürfnis gegen einzelne Juden, die Exzesse waren nicht zentral organisiert und gesteuert.

Staatliche Inszenierung und Einzelaktion
Der 9. November 1938 markiert das Ergebnis der Erosion bürgerlichen Verhaltens in Deutschland bei der Mehrheit ebenso wie den Umschlag staatlichen Handelns von legislativer und administrativer Diskriminierung der jüdischen Minderheit zur brachialen Gewalt. Der Tag des staatlich inszenierten Pogroms gegen die Juden steht für den *Zivilisationsbruch* (Dan Diner), verübt von einem Staat, der zur diktatorischen Obrigkeit verkommen war – allerdings akzeptiert von seinen Untertanen, zu denen die einstmaligen Bürger herabgesunken waren. Als Anlass diente das Attentat des 17-jährigen Herschel Grynszpan auf einen Beamten der Deutschen Botschaft in Paris. Der junge Jude hatte protestieren wollen gegen die brutale Abschiebung von Juden polnischer Nationalität aus Deutschland, zu der die polnische Politik der Ausbürgerung von Juden den Vorwand geboten hatte.

Die Nachricht vom Tod des Diplomaten am 9. November traf die im Alten Rathaus in München versammelten NS-Größen, die dort wie jedes Jahr ihre Traditionsfeier zum Putschversuch von 1923 begingen, propagandistisch gut vorbereitet. Es war der richtige Moment für die folgende Inszenierung. Die Stimmung war durch Goebbels Pressekampagne längst angeheizt. Sein Appell zur Gewalt im Alten Rathaus München wurde telefonisch in die Lokale übermittelt, in denen an diesem Abend die Gedenkfeiern zum Hitlerputsch 1923 stattfanden. SA und Aktivisten der NSDAP waren also leicht zu mobilisieren. Zwischen 23.00 und 24.00 Uhr erreichte die Pogrom-Aufforderung aus München die Sturmlokale der

---

9 Benz, Von der Entrechtung zur Verfolgung, S. 813f.
10 Gruner (Hg.), Die Verfolgung und Ermordung, Bd. 1, S. 321–323.
11 Ebd., S. 421–423.

Partei, SA und des Nationalsozialistischen Kraftfahrkorps (NSKK), übermittelt durch SA-Führer, Kreis- und Ortsgruppenleiter der NSDAP, Bürgermeister und andere Funktionäre. Der Appell wurde bei den Nationalsozialisten im ganzen Land verstanden, wenige Stunden später standen die Synagogen in Flammen, wurden Juden öffentlich misshandelt, jüdisches Eigentum zerstört und geraubt.[12]

Die Aufforderung zum Pogrom durch die NSDAP kam einem bei vielen Parteigenossen seit der *Kampfzeit der Bewegung* brachliegenden Aktionsbedürfnis entgegen. Der Vandalismus der im organisierten Aufruhr gegen die Minderheit Agierenden sprang aber auch auf Unbeteiligte über. Der Pogrom wurde offensichtlich für nicht wenige zum Ventil für Mord- und Zerstörungslust, die jetzt öffentlich – weil sanktioniert – agierten. Kaum reputierlicher freilich die Reaktionen von Schadenfreude und Genugtuung über das Schicksal der Juden, die sich in Plünderung, Erpressung und Denunziation äußerten und vor allem auf Bereicherung zu Lasten der rechtlos gewordenen Juden zielten: Es ging um die Übernahme der *zu arisierenden* Geschäfte, um Wohnungen, um Büros, um Arztpraxen und anderes. Diese Reaktionen setzten erst nach dem Pogrom ein. Sie sind aber von dauernder Wirkung.

Die Schreckensnacht verlief im ganzen Deutschen Reich – zu dem seit einigen Monaten auch Österreich gehörte – in ähnlicher Form. Zumeist in Zivil erschienen SA-Männer und Angehörige anderer Parteigliederungen wie NSKK und Hitlerjugend (HJ), den *spontan aufwallenden Volkszorn* agierend, vor Gebäuden der Jüdischen Gemeinde, vor Geschäften und Wohnungen bekannter Juden. Sie johlten und warfen Fenster ein. Die Synagogen waren bevorzugte Ziele, die krawallseligen Horden erbrachen die Türen, verwüsteten das Innere und legten schließlich Feuer. Die Feuerwehr hatte ausdrücklichen Befehl, brennende Synagogen nicht zu löschen, sie sollte lediglich Nachbarhäuser schützen, wenn der Brand überzugreifen drohte. Im ganzen Land machte sich der von Würdenträgern der SA und der NSDAP (die oft in Personalunion auch Bürgermeister waren) geführte Mob das Vergnügen, in jüdische Wohnungen einzudringen, Mobiliar zu zerstören und verängstigte Juden – angesehene Kaufleute, Rechtsanwälte, Rabbiner und andere Leute von Reputation – zu misshandeln und zu demütigen, sie etwa im Nachthemd durch die Straßen zu jagen.

Die in der SA und anderen Gliederungen der NSDAP Organisierten waren seit langer Zeit wieder einmal zur Ausübung von Gewalt aufgefordert, die sie nun ausleben konnten. Das Bewusstsein, an einer parteikonformen Machtdemonstration teilzuhaben und die Erinnerung an die *Kampfzeit* vor 1933 bildeten die Hauptmotive der Zerstörungswut gegen Sachen und Menschen. Der Vandalismus sprang aber auch auf Unbeteiligte über. Als Frucht antisemitischer Propaganda, als Folge der Pressekampagne nach dem Grynszpan-Attentat oder, was am häufigsten und wahrscheinlichsten war, aus dumpfer Aggression, aus Sensations- und Zerstörungslust, wie sie durch den Pogrom entfesselt wurden. Beispiele sind gerade aus kleineren Orten überliefert, vielleicht auch deshalb, weil die Anonymität der Täter dort weniger gewährleistet war als in der Großstadt.

---

12 Zur Vorgeschichte vgl. Wildt, Volksgemeinschaft; Friedländer, Das Dritte Reich, Bd. 1.

Die Bevölkerung – »restlos in der Hand der Partei«?

Die Wahrnehmung des Novemberpogroms war für die Zeitgenossen in Deutschland durch die nationalsozialistische Propaganda fixiert. Amtliche Berichte und öffentliche Verlautbarungen exerzierten die Sprachregelungen, die Rede war stereotyp von der Empörung des deutschen Volkes über das Attentat des Juden Herschel Grynszpan gegen den Legationssekretär vom Rath in Paris, die sich in spontaner Aufwallung an vielen Orten Luft gemacht habe, auch wenn alle wussten, dass der Pogrom inszeniert war und wer die Regie führte.[13]

Über die Reaktion von Nachbarn und Passanten, von Augenzeugen und unbeteiligten Rezipienten, über die Aufnahme des Pogroms durch die Mehrheitsgesellschaft also, erfahren wir aus amtlichen Quellen wenig. Die Berichte von Opfern, ungedruckt als Zeugenschriften in den Archiven deponiert oder Bestandteil der autobiografischen Literatur zur Verfolgung der Juden, enthalten detaillierte Beschreibungen der Ereignisse und Hinweise auf Abwehr und Reserve im Publikum, ohne damit aber die Basis für repräsentative Aussagen zu bieten.

Gerne zitiert werden seit langem die Feststellungen zum Novemberpogrom in den Sopade-Berichten, dem Nachrichtendienst des Exilvorstands der SPD, der als oppositionelle Stimme Nachrichten aus Deutschland verbreitete. Unter der Rubrik »Ablehnung im Volke« war im November 1938 zu lesen, dass Übereinstimmung herrsche, »daß die Ausschreitungen von der großen Mehrheit des deutschen Volkes scharf verurteilt werden«. Im Rheinland hätten die brutalen Maßnahmen »große Entrüstung in der Bevölkerung ausgelöst«, in Köln habe der Pogrom »kein freudiges Echo« gefunden, in Südwestdeutschland würden »die Vorfälle allgemein verurteilt. Die Einwohner haben sich nicht an der Schande beteiligt.« In Bayern habe die breite Bevölkerung am Treiben der Nazis keinen Anteil gehabt. Der Protest der Berliner gegen »die Missetaten an jüdischen Männern, Frauen und Kindern« sei deutlich gewesen: »Er reichte vom verächtlichen Blick und der angewiderten Gebärde bis zum offenen Wort des Ekels und drastischer Beschimpfung.«

Aus Schlesien berichtete der sozialdemokratische Dienst es werde immer klarer, dass die Bevölkerung diese Exzesse ablehne, insbesondere die Landbevölkerung aus der Umgebung von Gleiwitz habe mit erregten Äußerungen reagiert, als sie am Sonnabend in der Stadt die Zerstörungen in den jüdischen Geschäften wahrnahm.[14]

Ähnlich wurde aus dem katholisch geprägten Unterfranken berichtet. Dort wurde in der Bevölkerung bedauert, dass Werte vernichtet wurden, »die mit Rücksicht auf unsere Rohstofflage zweckmäßigerweise der Allgemeinheit hätten nutzbar gemacht werden können«. Insbesondere die mutwillige Vernichtung von Lebensmitteln stieß auf Kritik der ländlichen Bevölkerung. In der Gemeinde Oberelsbach, in der 3½ Zentner Mehl in den Mist und eine Kiste Eier auf die Straße geworfen worden waren, verweigerten bei der folgenden Eintopfsammlung nach dem Bericht des Bezirksamts Bad Neustadt an der Saale »viele Volksgenossen« Spenden zum Winterhilfswerk des Deutschen Volkes (WHW). Aus Oberbayern

---

13 Vgl. Nachama/Neumärker/Simon (Hg.), »Es brennt!«.
14 Deutschland-Berichte der Sozialdemokratischen Partei Deutschlands (Sopade) 1934–1940, 5 (1938), S. 1204f.

schilderte der Regierungspräsident, die Gewalt, die bei dem organisierten Protest gegen die Juden angewendet worden sei, habe Anlass zu Kritik gegeben. Allgemein berichteten die staatlichen Stellen wohl zurückhaltender über den Pogrom als Organisationen der Partei. Die NSDAP-Kreispropagandaleitung Eichstätt im Gau Franken meldete zum Beispiel »bei der Judenaktion« sei »das Volk restlos in der Hand der Partei« gewesen, die Hochstimmung habe keine Abminderung erfahren.

Man kann weder den staatlichen noch den parteiamtlichen Rapporten über die Stimmung des Volkes anlässlich des Novemberpogroms grundsätzliche Kritik an den Vorgängen, generelle Vorbehalte und eindeutige Parteinahme oder wenigstens Solidaritätsbekundungen für die Juden entnehmen. Die vorgebrachte Kritik bezieht sich ganz auf die brachialen Methoden des Vorgehens und auf die Zerstörung von Sachwerten. Im Monatsbericht des Regierungspräsidenten von Niederbayern und der Oberpfalz kommt die Stimmungslage auf dem Lande deutlich und typisch zum Ausdruck: »Die jüdische Mordtat an dem deutschen Gesandtschaftsrat in Paris löste in allen Kreisen der Bevölkerung helle Empörung aus; allgemein wurde ein Einschreiten der Reichsregierung erwartet. Die gegen das Judentum gerichteten gesetzlichen Maßnahmen fanden deshalb vollstes Verständnis. Um so weniger Verständnis brachte der Großteil der Bevölkerung für die Art der Durchführung der spontanen Aktion gegen die Juden auf; sie wurde vielmehr bis weit in Parteikreise hinein verurteilt. In der Zerstörung von Schaufenstern, von Ladeninhalten und Wohnungseinrichtungen sah man eine unnötige Vernichtung von Werten, die letzten Endes dem deutschen Volksvermögen verloren gingen und die in krassem Gegensatz stehe zu den Zielen des Vierjahresplans, insbesondere auch zu den gerade jetzt durchgeführten Altmaterialsammlungen. Auch die Befürchtung wurde laut, dass bei den Massen auf solche Weise der Trieb zum Zerstören wieder geweckt werden könnte. Außerdem ließen die Vorkommnisse unnötigerweise in Stadt und Land Mitleid mit den Juden aufkommen.«[15]

Täter, Tatmotive und Widerstand
Anhaltspunkte zur Beschreibung und Beurteilung kollektiven Verhaltens gegenüber den Opfern während der Exzesse finden sich in den zahlreichen Akten der Gerichte, die, unmittelbar nach dem Zusammenbruch des NS-Staats beginnend, bis weit in die 50er Jahre hinein die Straftaten der *Reichskristallnacht* untersuchten und ahndeten. Als Grundmuster des Verhaltens gilt, dass die in Berichten von Opfern und Sympathisanten oft erwähnte Missbilligung der Vorgänge durch Zuschauer oder Passanten am anderen Tag, die dadurch oder gar durch Hilfeleistungen zum Ausdruck kommende Solidarität einer schweigenden Mehrheit mit der diskriminierten und gedemütigten Minderheit allenfalls ein Großstadtphänomen ist. In kleinen Orten, das zeigen die Ermittlungen der Gerichte ganz eindeutig, waren die Übergänge zwischen Aktivisten als Rädelsführer – Funktionäre der NSDAP und ihrer Gliederungen – und Publikum fließend.

Unbeteiligte gerieten rasch in den Sog der vandalisierenden Avantgarde, Neugierige vermischten sich mit den tobenden Fanatikern zum marodierenden,

---
15 Alle Zitate nach Broszat/Fröhlich/Wiesemann (Hg.), Bayern in der NS-Zeit, S. 470ff.

johlenden, gewalttätigen Mob, der sich durch die Gassen des Orts wälzte, dem auch Frauen, Kinder und Jugendliche angehörten. Sensationslust trieb die Menschen auf die Straße, wo unter dem Eindruck des Geschehens aus Nachbarn plündernde Eindringlinge, aus individuellen Bürgern Partikel kollektiver Raserei wurden. Das lässt sich mit vielen Beispielen belegen.[16]

Zu den Tätern gehörten fanatische Nationalsozialisten, Verführte, zufällig zum Tatort Kommende, Frauen und Kinder oder Jugendliche wie in der hessischen Kleinstadt Assenheim (die damals 1216 Einwohner hatte, darunter 21 Juden), wo ein 17-jähriger Maurergehilfe – der unbescholten war, als netter Junge galt, kein Nazi war und auf Heimaturlaub direkt vom Westwall kam – sich der Menschenmenge anschloss, die sich am helllichten Tag im Ort zusammengerottet hatte. Der 17-Jährige hauste bald am ärgsten, drang in das Haus eines älteren jüdischen Bürgers ein, misshandelte ihn schwer, trieb ihn mit Fußtritten ins Freie und dort vor sich her, bis er stürzte, schlug auf den am Boden Liegenden ein, bis dem Opfer ein Mann zu Hilfe kam.[17] In Büdingen war es ein 18-jähriger Metzgergeselle, der als fleißig und tüchtig galt, der weder der HJ noch der NSDAP angehörte, der eine 60-jährige jüdische Frau, die ihm auch nie etwas getan hatte, dreihundert Meter weit mit Tritten und Schlägen durch den Ort trieb und ihr drohte, er werde sie ins Wasser werfen.[18]

Wegen Beteiligung am Pogrom im Städtchen Treuchtlingen in Mittelfranken standen 56 Personen (alle Bürger des Ortes von 4 227 Einwohnern, 1933) in den Jahren 1946 und 1947 vor Gericht. Unter ihnen befanden sich acht Frauen. Ihr Anteil am Pogrom ist im Gegensatz zu anderen Orten gut dokumentiert und erlaubt generelle Rückschlüsse auf die weibliche Mitwirkung, die im Allgemeinen nur durch Hinweise auf höhnisches Lachen aus der Menge heraus, durch gaffende Neugier oder in der Rolle plündernder, stehlender, wegtragender Passantinnen erkennbar wird. In Treuchtlingen finden wir Frauen als Mitwirkende am Landfriedensbruch, ihre aktive Rolle steht außer Zweifel, nicht nur als Scharfmacherinnen treten sie in Erscheinung, sondern auch durch Gewaltakte und Verwüstungen.

So beteiligte sich Sofie O. nicht nur durch anfeuernde Rufe (»der Judensau langt's noch nicht«), sie schlug selbst Fensterscheiben im Haus eines jüdischen Arztes ein. Nora A. veranlasste die SA zur Rückkehr in ein bereits verwüstetes jüdisches Anwesen und forderte zu weiterer Zerstörung auf mit dem Ruf »Bei Gutmann langt's noch nicht, was alles zusammengeschlagen ist«. In einem anderen Haus schlitzte sie Betten und Polstermöbel auf, bei der Brandstiftung der Synagoge trug sie Benzin zu, im Schaufenster eines jüdischen Geschäftes zertrampelte sie Waren und einer um Hilfe rufenden Jüdin rief sie zu: »Schau, daß Du rauskommst, Judensau! Sonst erschlagen wir Dich!«

Weitere Frauen taten sich beim Pogrom hervor. Hannchen B. äußerte vor der brennenden Synagoge ihre Befriedigung und Amalie. B. erklärte nach dem Abzug

---

16 Ausgewählte Gerichtsurteile hessischer Provenienz sind publiziert: Moritz/Noam, NS-Verbrechen; Kropat, Kristallnacht in Hessen. Die zitierten Beispiele sind der Sammlung von Anklageschriften und Urteilen im Archiv des Instituts für Zeitgeschichte in München (IfZ) entnommen.
17 Urteil Landgericht Gießen, 17. 9. 1946, in: Ebd., S. 132, IfZ, Gg 01.47.
18 Urteil Landgericht Gießen, 6. 1. 1949; Ebd., S. 185f., IfZ, Gg 01.08.

der SA vor einem jüdischen Anwesen auf Vorhaltungen: »Schaut's, der Judensau langt's noch nicht! Da müssen wir die SA nochmals holen!«, woraufhin ein neuer Trupp die Verwüstungen fortsetzte. Ottilie H. beteiligte sich am Vandalismus durch Aufschlitzen von Polstern und Betten, rief die Pogromtruppen zu einem anderen Haus zurück und zerstörte die Auslagen eines Geschäfts. Leni K., die große Schulden in einem jüdischen Geschäft hatte, drang mit der Menschenmenge in das Haus ein in der Absicht, die Geschäftsbücher zu vernichten und beteiligte sich dann an den Zerstörungen.[19]

Pogrome bieten die Möglichkeit, sadistische und infantil-sexistische Aggressionen auszuleben. Das galt auch für die *Reichskristallnacht*. Bemerkenswert ist, dass die Entfesselung dieser Triebe nicht den Mantel der Anonymität brauchte, also den fremden Ort oder die Großstadt; vielmehr dass solche Exzesse in der Heimatgemeinde, in der Nachbarschaft verübt wurden, wo Opfer und Täter sich als Nachbarn und Mitbürger kannten.

In Rimbach im Odenwald nahmen die Ereignisse einen typischen Verlauf. Am Abend des 9. November fand eine NSDAP-Versammlung im dörflichen Wirtshaus statt, bei der der Ortsgruppenleiter zur Misshandlung der Juden und Zerstörung ihres Eigentums aufforderte. Um Mitternacht fanden sich die Teilnehmer auf dem Schulhof ein und wurden vom Ortsgruppenleiter in Gruppen eingeteilt. Eine dieser Gruppen bestand aus sechs Mann im Alter zwischen 24 und 41 Jahren. Zum Rädelsführer hatte sich ein 37-Jähriger gemacht, die Männer zogen dann zum Haus der jüdischen Familie Weichsel, umschlichen es eine Zeit lang, zerstörten dann Vorder- und Hintertür und holten das Ehepaar Weichsel aus den Betten. Während der Ehemann nach schweren Misshandlungen ins Freie flüchtete, wurde die Frau, nur mit einem Nachthemd bekleidet, mit Wasser bespritzt, dann stellten drei Männer sie auf den Kopf, »schlugen ihr mit einem Besen zwischen die Beine und schütteten Wasser dazwischen«. Einer der Täter rühmte sich später, Frau Weichsel an der Brust »gepackt« zu haben.

Die Täter rotteten sich im Laufe der Nacht mit anderen Männern zusammen, durchstreiften den Ort, verwüsteten die Häuser aller jüdischen Familien und fanden sich dann wieder im Wirtshaus ein. Nachdem sie eine Zeit lang gezecht hatten, machte einer den Vorschlag, den Juden Leo Wetterhahn »auf Eis zu setzen«. Sie zogen zu sechst wieder los, drangen abermals in das beschädigte Anwesen eines Juden ein. Zwei Täter, die beiden jüngsten (24 und 26 Jahre), holten aus dem nahegelegenen väterlichen Betrieb Eisstangen; das Opfer wurde gezwungen, etwa zehn Minuten lang nackt auf dem Eis zu sitzen und eine weitere Stange Eis auf dem Kopf zu halten. Der Mann erlitt Erfrierungen 2. Grades. Die Täter zogen nach einem weiteren Zwischenaufenthalt im Wirtshaus dann noch einmal zu dem Haus, das sie als erstes attackiert hatten, demolierten weiteres Mobiliar und misshandelten abermals das Ehepaar Weichsel.[20]

Diese Untaten wurden nicht von Unbekannten verübt, die aus fremden Orten zum Pogrom herbeigefahren wurden (weil etwa die Pogrom-Regie fürchten

---

19 Das Verfahren vor dem Landgericht Nürnberg-Fürth wurde am 29.12.1945 eröffnet, das Urteil datiert vom 14.11.1947, IfZ, Gn 02.10.
20 Prozeß vor dem Landgericht Darmstadt, Anklageschrift 24.9.1946, IfZ Gd 01.47.

musste, Einheimische hätten Hemmungen bei der Gewaltanwendung gegen ihre Mitbürger). Einen Pogrom-Tourismus gab es außerdem, die Fremden wurden auf Verlangen von Einheimischen in der Regel bereitwillig zu den jüdischen Anwesen geführt und durften mindestens mit Billigung ihres Treibens rechnen. Die Hemmschwellen zur Ausübung von Gewalt gegenüber der stigmatisierten Minderheit waren so niedrig, die Bereitschaft zur Ausgrenzung durch exzessive Misshandlung offenbar latent vorhanden, so dass der Appell des lokalen Parteifunktionärs genügte, die Mechanik des Pogroms im ländlichen Raum freizusetzen.

Die Inpflichtnahme von Kindern und Jugendlichen für den Pogrom durch Erwachsene ist ein Indiz dafür, dass in kleinen ländlichen Verhältnissen wenig Distanz zu den Absichten des Regimes gegenüber der jüdischen Minderheit herrschte. In den Dörfern Grossen-Linden und Leihgestern im Kreis Gießen zog am Vormittag des 10. November unter Führung des NSDAP-Ortsgruppenleiters und des Bürgermeisters eine ständig wachsende Menschenmenge umher und verübte Gewalttätigkeiten gegen Juden. Etwa 200 Schulkinder waren vom Rektor auf Verlangen des Bürgermeisters unter Führung ihrer Lehrer zur Demonstration befohlen worden, streiften durch die Gemeinde und folgten der Aufforderung, die Fenster jüdischer Häuser einzuwerfen, bis sie völlig außer Rand und Band gerieten.[21]

Es interessieren hier nicht die Umstände, wie Angehörige der NSDAP oder ihre Gliederungen zum Pogrom befohlen oder von ihren Führern durch Hetzreden zu Gewalttaten gegen jüdische Kultstätten, jüdisches Eigentum und gegen jüdische Personen aufgestachelt wurden. Gegenstand der Betrachtung sind auch nicht die Provokateure und Stoßtrupps von außerhalb, die den Pogrom in Gang brachten, wenn lokale Vertreter der Partei, der SA oder andere Formationen auf die zentralen Appelle hin untätig blieben. Das Interesse gilt hier ausschließlich der Anteilnahme *normaler* Bürger an den Geschehnissen um den 9. November 1938. Die Frage lautet: Gab es die *Volksgemeinschaft*, die sich durch Ausgrenzung der jüdischen Minderheit als Mehrheit konstituierte und durch gemeinsame Gewaltaktionen stabilisierte? Es spricht jedenfalls mehr dafür, dass dieses zutraf, als für die fromme Vermutung, die Mehrheit sei sich im Abscheu einig gewesen und habe stillschweigend Solidarität mit den Juden empfunden.

Aufschlussreich ist der Verlauf des Pogroms in Wachenbuchen im Kreis Hanau. Dort hatte der Ortsgruppenleiter und Bürgermeister am Abend des 8. November, einen Tag vor dem zentral inszenierten Gewaltakt gegen die Juden, eine öffentliche Kundgebung im Wirtshaus veranstaltet, zu der 200 bis 250 Personen erschienen waren, unter ihnen 15 bis 20 SA-Männer. Die Versammlung wurde aufgefordert, das jüdische Schulhaus abzureißen und dem jüdischen Lehrer »eine Abreibung« zu erteilen. Das Unrechtmäßige solcher Absicht war nicht nur dem Bürgermeister und Rädelsführer bewusst, er machte vielmehr die auf 23.00 Uhr zum Zerstörungswerk Einberufenen darauf aufmerksam, dass man vorsichtig sein müsse, um nicht »mit dem Staatsanwalt Bekanntschaft« zu machen. Wachen wurden aufgestellt, damit man nicht von der Polizei überrascht würde, eine Menge von etwa

---

21 Urteil Landgericht Gießen 2. 3. 1949, IfZ Gg 01.23.

300 Menschen bildete das Publikum, 35 bis 40 Personen befanden sich ständig im Schulhaus, in dem der Lehrer mit einer Axt attackiert wurde, während die Aktivisten begannen, das Dach abzudecken, Möbel aus den Fenstern zu werfen, Wände einzureißen. Das notwendige Werkzeug hatten sie mitgebracht. Gegen 1.00 Uhr nachts erschienen der Landrat, der NSDAP-Kreisleiter und der Kreispropagandaleiter – herbeigerufen vom Bürgermeister, der Angst bekommen hatte und jetzt seine Rädelsführerschaft leugnete. Die Aktion sei gegen seinen Willen in Gang gekommen, er habe bereits im Bett gelegen.

Der Landrat unterband die Zerstörungen, ließ – diesmal gegen weitere Ausschreitungen – Wachen aufstellen, erklärte auch für alle Fälle das Schulhaus als baufällig und abrissreif. Grund der Maßnahmen war ausschließlich das an diesem Abend gültige Verbot von Einzelaktionen gegen Juden. Denn am folgenden Abend des 9. November fanden sich Pogromtäter und Menschenmenge wieder ein und vollendeten – jetzt mit obrigkeitlicher Duldung und Ermunterung – die Zerstörung des jüdischen Schulhauses. Der Landrat war übrigens kein Mann, der den Schaden begrenzen und Schlimmeres verhüten wollte, als er in der ersten Nacht die Ausschreitungen unterband. Er war nur ängstlich gewesen wegen der Folgen; der Menschenmenge hatte er schon in der ersten Pogromnacht erklärt, sie hätten den jüdischen Lehrer, der entkommen war, totschlagen sollen, anstatt ihn laufen zu lassen.[22]

Die in Erinnerungen der Opfer überlieferten Exempel für solidarisches Verhalten von Nichtjuden, die in Aufzeichnungen von regimekritisch Eingestellten erkennbare resignierte Missbilligung des organisierten Gewaltausbruchs, die Scham über die Verletzung bürgerlicher Anstandsnormen sind durch die zahlreichen Belege der kollektiven Barbarei nicht entkräftet. Sie müssen aber in ein wenig erfreuliches Gesamtbild eingeordnet werden.

Es gibt Beweise dafür, dass viele Deutsche im November 1938 Scham empfanden, dass sie erschrocken waren über das, was sie für einen Rückfall in die Barbarei hielten: die öffentliche Demütigung, Misshandlung und Beraubung einer längst entrechteten Minderheit, die im Herbst 1935 per Gesetz von Vollbürgern zu Staatsangehörigen minderen Rechts herabgestuft waren. Einige haben sich auch, über die Scham hinaus, engagiert. Das Engagement reichte von tätiger Solidarität mit der verfolgten Minderheit bis zum Widerstand gegen das Regime. Die folgenden Beispiele von Zivilcourage, Anstand, Protest gegen die Obrigkeit zeigen die Möglichkeiten.

Auch in der Neuen Synagoge, Oranienburger Straße 30 in Berlin-Mitte, waren SA-Männer erschienen und hatten im Vorraum Feuer gelegt. Die Synagoge, 1866 eingeweiht, war mit 3 000 Plätzen und einer prächtigen Innenausstattung eine der prunkvollsten jüdischen Kultusstätten in Deutschland. Die aufwendig gestaltete Fassade und die weithin sichtbare goldene Kuppel demonstrierten auch äußerlich Anspruch und Rang des Gebäudes. Die Brandstifter kümmerte das nicht, aber sie wurden durch den herbeieilenden Vorsteher des zuständigen Polizeireviers 16 am Hackeschen Markt, Wilhelm Krützfeld, an weiterer Zerstörung gehindert. Er war mit einigen Beamten und bewaffnet mit einem Dokument, das den Bau als unter

---

22 Urteil Landgericht Hanau, 17. 3. 1947, IfZ Gh 04.06, in: Moritz/Noam, NS-Verbrechen, S. 142f.

Denkmalschutz stehend auswies, in der Synagoge erschienen, hatte die SA-Männer davongejagt und die Feuerwehr herbeigeholt, die auch tatsächlich kam und den Brand löschte. Der Reviervorsteher musste sich am 11. November vor dem Polizeipräsidenten verantworten, geschehen ist ihm nichts. Auf eigenen Antrag wurde er, längst Regimegegner geworden, 1942 in den Ruhestand versetzt.[23]

Den Landshuter Landgerichtsdirektor Dr. Ignaz Tischler konnte man kaum einen Mann des Widerstands nennen. Er war konservativ von Gesinnung, er stand zur Zeit des Novemberpogroms im 62. Lebensjahr. Er war von 1918 bis 1933 Mitglied der Deutschnationalen Volkspartei (DNVP) gewesen und zur Förderung seiner Karriere 1935 der NSDAP beigetreten. Dr. Tischler hatte sich aber in seinem Rechtsempfinden nicht beirren lassen und stellte es am Vormittag des 10. November 1938 unter Beweis, als ein Justizangestellter sich damit brüstete, wie er mit anderen SA-Männern in der Nacht die Wohnung des jüdischen Geschäftsmannes Ansbacher verwüstet hatte. Der Landgerichtsdirektor missbilligte die Tat ausdrücklich und erklärte, wenn er darüber zu richten habe, würde er auf Schadensersatz erkennen und möglicherweise eine Gefängnisstrafe verhängen. Am Abend des folgenden Tages wurde Tischler in einer Kundgebung vom NSDAP-Kreisleiter angegriffen, am 12. November stand es in den lokalen Zeitungen und am Nachmittag dieses Tages wurde der Jurist von 50 jungen Leuten, angeführt von einem NSKK-Obertruppführer, durch die Stadt getrieben, als »Judenknecht« und »Sauhund« verhöhnt, mit Fußtritten traktiert. Der grölenden Menge musste er ein Plakat zeigen, auf dem zu lesen war »Tischler ist ein Volksverräter, er gehört nach Dachau.«[24]

Entscheidend für den Fall ist, dass Tischler über die öffentliche Schmähung hinaus nichts passiert ist. Sein Vorgesetzter, der Landshuter Landgerichtspräsident, wusste bei der dienstlichen Behandlung der Angelegenheit so geschickt die offizielle Lesart vom *spontanen Volkszorn,* der zum Pogrom geführt habe, mit der tatsächlichen Steuerung der Ereignisse durch die NSDAP zu konterkarieren, dass Tischler alle Hürden vom angedrohten Strafprozess (wegen Verstoßes gegen das *Heimtückegesetz*) bis zum Parteiverfahren unbehelligt überstand. Sein Gesuch um Versetzung in den Ruhestand wurde gegenstandslos, die Rehabilitierung bereitete lediglich 1947 beim Entnazifizierungsverfahren Schwierigkeiten, die in zweiter Instanz 1948 aber auch ausgeräumt wurden.

Die Phantasie derer, die sich der Untaten des NS-Regimes schämten, die wie Reviervorsteher Krützfeld Zivilcourage zeigten oder die sich nach dem Pogrom Juden gegenüber solidarisch zeigten, dürfte im November 1938 kaum weiter gereicht haben als zur Vorstellung, die Machthaber wollten die Juden gewaltsam ins Getto zurücktreiben oder schlimmstenfalls endgültig aus Deutschland jagen. Bis Auschwitz reichte keine Vorstellungskraft. Wie hätte sie das auch können, überstieg doch das Bevorstehende, die mit dem Pogrom erst eingeleitete letzte Ausgrenzung, noch lange die Phantasie sogar der meisten unmittelbar vom nationalsozialistischen Rassenwahn Betroffenen.

---

23 Knobloch, Der beherzte Reviervorsteher.
24 Vgl. Benz, Erziehung zur Unmenschlichkeit, S. 49–65, hier S. 53.

Literatur

Adam, Uwe Dietrich, Wie spontan war der Pogrom?, in: Walter H. Pehle (Hg.), Der Judenpogrom 1983. Von der Reichskristallnacht zum Völkermord, Frankfurt a.M. 1988, S. 74–93.

Arbeitskreis der NS-Gedenkstätten Nordrhein-Westfalen (Hg.), Gewalt in der Region. Der Novemberpogrom 1938 in Rheinland und Westfalen, Düsseldorf/Münster/Wuppertal 2008.

Benz, Wolfgang, Der November-Pogrom 1938, in: Ders. (Hg.), Die Juden in Deutschland 1933–1945. Leben unter nationalsozialistischer Herrschaft, 3. Aufl., München 1993.

Ders., Erziehung zur Unmenschlichkeit. Der 9. November 1938, in: Johannes Willms (Hg.), Der 9. November. Fünf Essays zur deutschen Geschichte, München 1994, S. 49–65.

Ders., Mitglieder der Häftlingsgesellschaft auf Zeit. »Die Aktionsjuden« 1938/39, in: *Dachauer Hefte 21* (2005), S. 179–196.

Ders., Von der Entrechtung zur Verfolgung und Vernichtung. Jüdische Juristen unter dem nationalsozialistischen Regime, in: Helmut Heinrichs et. al. (Hg.), Deutsche Juristen jüdischer Herkunft, München 1993.

Bräu, Ramona/Thomas Wenzel (Hg.), »ausgebrannt, ausgeplündert, ausgestoßen«. Die Pogrome gegen die jüdischen Bürger Thüringens im November 1938, Erfurt 2008.

Broszat, Martin/Elke Fröhlich/Falk Wiesemann (Hg.), Bayern in der NS-Zeit. Soziale Lage und politisches Verhalten im Spiegel vertraulicher Berichte, München/Wien 1977.

Deutschland-Berichte der Sozialdemokratischen Partei Deutschlands (Sopade) 1934–1940, 5 (1938).

Fleermann, Bastian/Angela Genger (Hg.), Novemberpogrom 1938 in Düsseldorf, Essen 2008.

Friedländer, Saul, Das Dritte Reich und die Juden, Band 1, Die Jahre der Verfolgung 1933–1939, München 1998.

Fröhlich, Elke (Hg.), Die Tagebücher von Joseph Goebbels. Im Auftrag des Instituts für Zeitgeschichte und mit Unterstützung des Staatlichen Archivdienstes Rußlands, bearb. von Jana Richter, Teil I: Aufzeichnungen 1923–1941, Band 6: August 1938–Juli 1939, München 1999.

Graml, Hermann, *Reichskristallnacht*. Antisemitismus und Judenverfolgung im Dritten Reich, München 1988.

Gruner, Wolf/Götz Aly/Susanne Heim et. al. (Hg.), Die Verfolgung und Ermordung der europäischen Juden durch das nationalsozialistische Deutschland. Im Auftrag des Bundesarchivs, des Instituts für Zeitgeschichte und des Lehrstuhls für Neuere und Neueste Geschichte an der Albert-Ludwigs-Universität Freiburg, Band 1, München 2008.

Hermann, Angela, Hitler und sein Stoßtrupp in der *Reichskristallnacht,* in: *Vierteljahrshefte für Zeitgeschichte* 56 (2008), S. 603–619.

Knobloch, Heinz, Der beherzte Reviervorsteher. Ungewöhnliche Zivilcourage am Hackeschen Markt, Berlin 2003.

Kropat, Wolf-Arno, Kristallnacht in Hessen. Der Judenpogrom vom November 1938. Eine Dokumentation, Schriften der Kommission für die Geschichte der Juden in Hessen, Band 10, Wiesbaden 1988.

Ders., *Reichskristallnacht*. Der Judenpogrom vom 7. bis 10. November 1938 – Urheber, Täter, Hintergründe, Schriften der Kommission für die Geschichte der Juden in Hessen, Band 15, Wiesbaden 1997.

Moritz, Klaus/Ernst Noam, NS-Verbrechen vor Gericht 1945–1955. Dokumente aus hessischen Justizakten, Wiesbaden 1978.

Nachama, Andreas/Uwe Neumärker/Hermann Simon (Hg.), »Es brennt!« Antijüdischer Terror im November 1938, Ausstellungskatalog Berlin 2008.

Novemberpogrom 1938. Reaktionen und Wirkungen, in: *Themenheft der Zeitschrift für Geschichtswissenschaft* 46 (1988), Heft 11.

Obst, Dieter, *Reichskristallnacht,* Ursachen und Verlauf des antisemitischen Pogroms vom November 1938, *Europäische Hochschulschriften,* Reihe III, Band 487, Frankfurt a.M. 1991.

Pehle, Walter H. (Hg.), Der Judenpogrom 1938. Von der *Reichskristallnacht* zum Völkermord, Frankfurt a.M. 1988.

Rehbein, Christoph/Bettina Kratz-Ritter, Der 9. November 1938 in Göttingen 70 Jahre danach, Göttingen 2008.

Wildt, Michael, Volksgemeinschaft als Selbstermächtigung. Gewalt gegen Juden in der deutschen Provinz 1919 bis 1939, Hamburg 2007.

Verzeichnis der verwendeten Archive:

Archiv des Instituts für Zeitgeschichte in München (IfZ), Sammlung von Anklageschriften und Urteilen.

Hartmut Ludwig
»Als die Zeugen schwiegen«. Bekennende Kirche und der Pogrom am 9./10. November 1938[1]

Luther und die Juden

Die Evangelische Kirche gedachte am 10. November 2008 des 525. Geburtstages Martin Luthers. Der Reformator hinterließ ihr ein schweres Erbe: Weil sich die Juden seinerzeit nicht zu Christus bekennen wollten, schrieb er 1543 das Pamphlet »Von den Juden und ihren Lügen« und forderte dazu auf, dass »man ihre Synagogen oder Schulen mit Feuer anstecken und, was nicht verbrennen will, mit Erde überhäufen und zuschütten [soll], daß kein Mensch einen Stein oder eine Schlacke davon sehe ewiglich.«[2] Luther stand damit in einer jahrhundertelangen Tradition des kirchlichen Antijudaismus, dem Dogma der von Gott angeblich über Israel verhängten Strafe für den Kreuzestod Jesu.[3]

Am Morgen des 10. November 1938, dem 455. Geburtstag Luthers, zog der evangelische Posaunenchor unter festlichem Geläut der Glocken durch die Straßen Wittenbergs. Was da in der Nacht zuvor geschehen war, verwüstete Geschäfte und Wohnungen, herumliegende Glasscherben, der Terror gegen jüdische Bürger, störte die Bläser offenbar nicht. SA-Männer demolierten die Praxis des Zahnarztes Dr. Erwin Gold, einem Christen jüdischer Herkunft. Da sie ihn nicht fanden, zerschlugen sie in der Wohnung seiner Mutter – auch sie war eine Christin jüdischer Herkunft – das gesamte Mobilar.[4] Die Kirche schwieg zum Pogrom allgemein und zum Leid, das ihren eigenen Mitgliedern, den Christen jüdischer Herkunft, zugefügt wurde.

Eine andere Szene, an einem anderen Ort. »Sie verbrennen alle Häuser Gottes im Lande.« Den 8. Vers von Psalm 74 unterstrich Dietrich Bonhoeffer in seiner täglich benutzten Lutherbibel. Am Rand notierte er, was er sonst nicht tat: »9. 11. 38!« Unter dem Tarnnamen »Sammelvikariat« bildete er illegal Vikare der Bekennenden Kirche in Köslin und Groß-Schlönwitz aus. In Köslin brannte am 9./10. November 1938 die Synagoge. Über die Diskussion, wie diese Tat zu werten sei, berichtete Vikar Gottfried Maltusch: »Einige sprachen von dem Fluch, der seit dem Kreuzestod Jesu Christi auf dem Volk der Juden läge. [...] Bonhoeffer lehnte die Auslegung, daß sich in der Zerstörung der Synagogen durch die Nazis der Fluch über die Juden erfülle, auf das schärfste ab. Hier sei reine Gewalt geschehen.«[5] Eberhard Bethge, damals auch einer der Vikare, später Bonhoeffers

---

1 Für den Druck überarbeitete und um Anmerkungen erweiterte Fassung. Der Titel des Vortrages ist dem Buch des Essener Pfarrers Wolfgang Gerlach »Als die Zeugen schwiegen. Bekennende Kirche und die Juden«, Berlin 1987, entlehnt, in dem er von den Reaktionen auf die Novemberpogrome berichtet, S. 236ff.
2 Martin Luther, Von den Juden und ihren Lügen, in: Weimarer Ausgabe Bd. 53, zit. n. Röhm/Thierfelder, Juden, Christen, Deutsche, Bd. 1, S. 348.
3 Vgl. Kremers, Die Juden und Martin Luther; Wiese, »Unheilsspuren«, S. 91–135.
4 Vgl. Prolingheuer, Judennot und Christenschuld, S. 140f.
5 Maltusch, Beim Brand der Synagogen, S. 142.

Biograf, schrieb: »Man kann sich heute nur noch schwer vorstellen, wie selbstverständlich wir auch in der Bekennenden Kirche in jenem uralten Schema vom göttlichen Fluch und Strafgericht über die Juden dachten. Natürlich steckten wir keine Synagogen an. Daß Martin Luther einmal dergleichen vorgeschlagen hatte, wussten wir einfach nicht […] Bonhoeffer hatte […] offensichtlich schon in anderer Richtung, mit Verlagerungen zu einer Israel-Theologie zu denken begonnen, wie sie damals kaum jemand so bedachte und benannte.«[6]

Beide Beispiele – das Schweigen zum Pogrom und die beginnende Revision des jahrhundertealten antijudaistischen Dogmas – spiegeln das breite Spektrum evangelischer Reaktionen auf den Novemberpogrom wider. Die Bekennende Kirche war eine Minderheit – nur etwas mehr als ein Viertel der Pfarrer gehörte zu ihr, Zahlen der Gemeindeglieder sind nicht erhalten. Sie begründete mit dem Bekenntnis ihren Gegensatz zu der etwa gleich großen Gruppe der Deutschen Christen, die mit den Nazis ideologisch übereinstimmte. Zwischen beiden Gruppen gab es eine sehr breite Mitte, die sich kirchenpolitisch nicht gebunden hatte. Alle drei Gruppen waren nicht statische Größen, die Übergänge waren fließend und veränderten sich in bestimmten Situationen und Entscheidungen. Auch wenn es in diesem Beitrag – von den Veranstaltern festgelegt – um die Bekennende Kirche und ihre Stellung zum Novemberpogrom geht, werden wir einen Blick auf die anderen beiden Gruppen werfen müssen, um die Unterschiede erkennen zu können. Es gab auch innerhalb der drei Gruppen keine einheitliche Stellungnahme, sondern eine Vielfalt von Positionen.[7]

Verschiedene Reaktionen auf den Pogrom

1. »*Nationalkirchliche Einung*«: Die Thüringer Deutschen Christen waren seit einiger Zeit das Sammelbecken für alle radikalen deutsch-christlichen Gruppen, die an Stelle des konfessionell gespaltenen Christentums eine Nationalkirche nach der Parole »Ein Führer – ein Volk – ein Glaube« forderten. Dazu gehörte die Beseitigung des jüdischen Geistes in Lehre und Leben der Kirche. Der Thüringer Bischof der Deutschen Christen Martin Sasse gab im November 1938 Auszüge aus Luthers Schrift von 1543 unter dem Titel »Martin Luther über die Juden: Weg mit ihnen!« heraus. In der Einleitung schrieb er: »Am 10. November 1938, an Luthers Geburtstag, brennen in Deutschland die Synagogen […] und damit [wird] der gottgesegnete Kampf des Führers zur völligen Befreiung unseres Volkes gekrönt.«[8]

In einem »Mahnwort zur Judenfrage« der mecklenburgischen Landeskirche vom 16. November 1938 formulierte Walther Schultz, Landesbischof der Deutschen Christen: »Kein im christlichen Glauben stehender Deutscher kann […] die staatlichen Maßnahmen gegen die Juden im Reich […] bejammern. […] Im kirchlichen Raum wiederum erwächst uns die unabweisbare Pflicht, für die Entjudung des

---

6 Bethge, Dietrich Bonhoeffer unter den Verstummten?, S. 103f.
7 Vgl. Röhm/Thierfelder, Juden, Christen, Deutsche, Bd. 3/1; Tödt, Die Novemberverbrechen 1938, S. 14–37; Schaller, Der Reichspogrom 1938, S. 123–148; Grosse, Die Reichspogromnacht am 9./10. Nov. 1938, 93–128; van Norden, »Was sollen wir mit den Juden tun?«, S. 162ff.
8 Sasse (Hg.), Martin Luther über die Juden. Der Ausruf »Weg mit ihnen!« wurde bereits von Luther so formuliert (WA 53, 526, 16).

religiösen Erbes unseres Volkes alle Kräfte einzusetzen.«⁹ Nachdem der Thüringer Landeskirchenrat bereits am 30. November 1938 verfügt hatte, dass »Amtshandlungen an Nichtariern selbstverständlich nicht in Betracht« kämen, erließen im Februar 1939 die fünf deutsch-christlich geleiteten Landeskirchen – Anhalt, Thüringen, Land Sachsen, Mecklenburg und Lübeck – Gesetze, die die Kirchengemeinschaft mit ihren Christen jüdischer Herkunft aufhoben.¹⁰ Die Nationalkirchliche Einung ging mit dem Ziel von Staat und Partei, Deutschland *judenfrei* zu machen, konform.

2. *Kirchliche Mitte:* Auch hier gab es sehr verschiedene Positionen. Vertreter der Mitte beschlossen mit der Nationalkirchlichen Einung die *Godesberger Erklärung:* Der Nationalsozialismus führe »das Werk Martin Luthers nach der weltanschaulich-politischen Seite fort und verhilft uns dadurch in religiöser Hinsicht wieder zu einem wahren Verständnis des christlichen Glaubens. […] Der christliche Glaube ist der unüberbrückbare religiöse Gegensatz zum Judentum.«¹¹

Pastor Wilhelm Goebel, ein Vertreter der Gemeinschaftsbewegung, schrieb zum Novemberpogrom unter der Überschrift »Der Krieg mit dem Weltjudentum«: »Kriege müssen nun einmal mit den Mitteln geführt werden, die den Feind am schwersten treffen, ihn wohl gar vernichten. […]. Die verwundbarsten Stellen für den Juden […] sind seine Synagogen und sein Geld.«¹² Auch hier ist die Nähe zu den Deutschen Christen zum Greifen nahe.

Die große Mehrheit der Mitte vertrat einen latenten Antisemitismus, akzeptierte gesetzliche Maßnahmen des Staates gegen das Judentum, lehnte jedoch *spontane Aktionen* wie den Novemberpogrom mehr oder weniger ab. Diese Position findet sich auch im Brief von Landesbischof Theophil Wurm an Reichsjustizminister Franz Gürtner vom 6. Dezember 1938: »Die Ereignisse in der Nacht vom 9. auf den 10. November haben weite Volkskreise bis weit in die Partei hinein seelisch erschüttert und in ihren sittlichen Empfindungen verletzt. Ich bestreite mit keinem Wort dem Staat das Recht, das Judentum als ein gefährliches Element zu bekämpfen.«¹³ Wurm forderte also nur, dass bei antijüdischen Maßnahmen »Unrechtsmethoden« vermieden würden, da sie eine Übertretung der Gebote Gottes wären.

Die Beobachtung, dass die Beteiligung am Novemberpogrom milieuabhängig war, das heißt dass in kleineren Orten die Menschen schneller in den Sog tobender

---

9   Kirchliches Amtsblatt für Mecklenburg 1938, Nr. 17, S. 69–71. Zum »Institut zur Erforschung und Beseitigung des jüdischen Einflusses auf das deutsche kirchliche Leben« vgl. von der Osten-Sacken (Hg.), Das missbrauchte Evangelium.
10 Vgl. Kirchengesetz über die kirchliche Stellung evangelischer Juden v. 2. 2. 1939, in: Gesetz- und Verordnungsblatt der Ev. Landeskirche Anhalts 1939, Nr. 1. Ähnlicher Wort in den Gesetzen der vier anderen Kirchen.
11 Kirchliches Jahrbuch 1933–1944, S. 284f.
12 In: Deutsches Gemeinschaftsblatt 29 (1938), 471–474, zit. n. Schaller, Der Reichspogrom 1938 und unsere Kirchen, S. 132.
13 Zit. n. Schäfer, Die Evangelische Landeskirche in Württemberg, S. 116. Eine vergleichbare Position vertrat Pastor Erich Klapproth, der Leiter des Bruderbundes junger Theologen der Bekennenden Kirche in Berlin-Brandenburg, im Dezember 1938 in einem Brief an Hitler, Göring, Goebbels u.a., zit. bei Schaller, Der Reichspogrom 1938 und unsere Kirchen, S. 130. Die Beispiele Wurm und Klapproth belegen die Nähe der Mitte, der lutherischen und der bruderrätlichen Bekennenden Kirche in dieser Position.

Fanatiker gerieten als in Großstädten, in denen die Bevölkerung die *spontanen Aktionen* eher missbilligte[14], findet sich auch in Jochen Kleppers Tagebuch für Berlin belegt: »Aus den verschiedenen ›jüdischen‹ Gegenden der Stadt hören wir, wie ablehnend die Bevölkerung solchen organisierten Aktionen gegenübersteht. […] Anders steht es aber wohl bei der alle deutsche Jugend erfassenden und erziehenden Hitler-Jugend. Ich weiß nicht, wieweit die Elternhäuser da noch ein Gegengewicht sein können.«[15] Und zwei Tage später: »Schrecklich die Ohnmacht der beiden Kirchen, die den Judenchristen nicht helfen können.«[16] Offenbar war Jochen Klepper der Meinung, dass die Kirchen nur für die Christen jüdischer Herkunft einzutreten hätten.

Der Diplomat Hans Bernd von Haeften war anderer Auffassung. Am 5. Dezember 1938 schrieb er seinem Freund Herbert Krimm: »Die passive Haltung der Kirche dazu [zum Novemberpogrom, H. L.] kommt mir bisweilen vor wie ein Pfarrer im Talar, der in frommer Haltung im Evangelium lesend (er hat gerade Lukas 10,25f aufgeschlagen[17]) seines Weges zieht und der in seinen ›Text‹ so vertieft ist, dass er – vorübergeht; oder wenn das Elend so nahe vor seinen Füssen liegt, dass er darüber stolpert, so nimmt er vor diesem Anblick seine Zuflucht zu einem Trostpsalm und erbaut sich daran.«[18] Die schweigende und tatenlose Kirche versäumte ihre Verantwortung an allen Opfern des Naziterrors.

3. *Bekennende Kirche:* Sie war seit 1936 in einen lutherischen und einen bruderrätlichen Flügel gespalten, wodurch 1938 ihre Position geschwächt war. Die Leitungen beider Flügel der Bekennenden Kirche, Bischöfe und Kirchenämter, Bekenntnissynoden, Bruderräte und Gemeinden, kirchliche Zeitungen und Gemeindeblätter schweigen zum 9./10. November 1938. Das Schweigen wird man nicht einfach als Zustimmung werten dürfen, sondern eher als ein Zeichen der Ohnmacht, auch der Angst, in die Fänge der Gestapo zu gelangen.

Die These, die bruderrätliche Bekennende Kirche habe geschwiegen, weil sie selber verfolgt wurde, greift meines Erachtens zu kurz. Natürlich spielte es eine Rolle, dass sie durch die lutherischen Bischöfe dem NS-Staat preisgegeben worden

---

14 Vgl. Benz, Applaus, Beteiligung, Missbilligung, S. 963–970.
15 Klepper, Unter dem Schatten deiner Flügel, S. 675. Der junge Pfarrer der Bekennenden Kirche Hellmut Traub berichtete, dass er am 10.11.1938 in Caputh bei Potsdam Konfirmandenunterricht zu halten hatte: »Es waren langweilige, disziplinlose Burschen, offensichtlich durch die HJ der Kirche feindlich. Als ich hinkam, erstaunte mich, dass sie ungewöhnlich still standen. Auf die Aufforderung sich zu setzen, erhob sich Geschrei, und auf einen Wink ergriffen sie alle ihre Bibeln, rissen unter wildem Hohngebrüll und brutalen Gesten das Alte Testament aus den Bibeln und schmissen es an die Wand, in die Luft, zum Fenster heraus – unter schrecklichem Gelächter. Obgleich ich sie sofort hatte anfahren wollen, stand ich fassungslos wie gelähmt da – da dabei! Nun stürzten sie sich schon auf mich, schlossen mich in einem Kreis ein. Dann überschrien sie sich mit Schilderungen, wie sie in der vergangenen Nacht das jüdische Kinderheim überfallen, die Fenster eingeworfen, die jüdischen Waisenkinder durch brennende Papierkugeln erschreckt hätten.«, Traub, Warum hat keiner laut geschrien?, S. 22. Am 14.11.1938 forderte der Nationalsozialistische Lehrerbund auf, »den Religionsunterricht mit sofortiger Wirkung niederzulegen, da wir eine Verherrlichung des jüdischen Verbrechervolkes nicht länger dulden können«, zit. n. Eilers, Die nationalsozialistische Schulpolitik, S. 26.
16 Klepper, Unter dem Schatten deiner Flügel, S. 677.
17 Das Gleichnis Jesu vom Barmherzigen Samariter.
18 Kopie des Briefes von Barbara von Haeften. Hans-Bernd von Haeften gehörte zur Bekenntnisgemeinde Berlin-Dahlem und wurde nach dem 20. Juli 1944 zum Tode verurteilt und ermordet.

war.[19] Aber durch das antijudaistische Dogma von der Strafe Gottes über Israel und die Erwählung der Kirche an seiner Stelle, waren die Juden längst aus dem Gesichtsfeld der Christen verschwunden. Sicher spielte auch die neu-lutherische Zwei-Reiche-Lehre, das heißt die Trennung zwischen Politik und Glauben, eine Rolle.

Erst beim Kirchentag der bruderrätlichen Bekennenden Kirche am 10. Dezember 1938 in Berlin-Steglitz wurde im »Wort an die Gemeinden« in *nur* zwei Sätzen zu den Christen jüdischer Herkunft etwas gesagt: »Durch den einen Herren, den einen Glauben und die eine Taufe sind wir als Brüder verbunden mit allen Christusgläubigen aus den Juden. Wir wollen uns nicht von ihnen trennen und bitten sie, sich auch nicht von uns zu trennen.«[20] Das waren natürlich andere Töne als die der Deutschen Christen. Aber es war wohl auch das Maximum des Erreichbaren. Kein Wort zu den Ausschreitungen gegen die gläubigen oder konfessionslosen Juden, kein Wort zur Zerstörung der Synagogen und der Schändung der Torarollen.

Predigten nach dem Pogrom

Wichtiger als solche Worte, die oft nur von wenigen zur Kenntnis genommen wurden, sind Verkündigung und Bekenntnis der Gemeinde. Und so finden wir in den Predigten nach dem Novemberpogrom erste Reaktionen der Bekennenden Kirche. Sie standen stellvertretend für das Schweigen der Leitungen:

Am Sonntag, dem 13. November 1938, predigte der reformierte Pastor Karl Immer, einer der klarsten und furchtlosesten Bekenntnispastoren, in der Gemarker Kirche in Wuppertal-Barmen über die Frage, wie tief das Böse im Menschen wurzelt, und legte dabei das Gleichnis Markus 7, 14–30 aus. Karl Immer verlas elf Texte aus dem Alten und Neuen Testament über Gottes Verhältnis zu Israel, zum Beispiel »Wer euch antastet, der tastet meinen Augapfel an« (Sacharja 2,12).[21]

Der junge lutherische Pfarrer der Bekennenden Kirche Heinrich Brinkmann ging am 13. November in der Predigt in Hannover auf die Ereignisse ein: Uns bewegt die Tatsache, »daß diese unselige Mordtat in unserem Lande einen Sturm entfesselt hat, der auch vor Unschuldigen nicht mehr Halt machen konnte.« Gott will uns daran »wieder einmal mit harter Deutlichkeit vor Augen führen, in was für einer Welt wir leben: in einer Welt, die eben Vergeltung und Rache in die eigene Hand nehmen will, in einer Welt, die mit Bewusstsein und trotziger Entschlossenheit ihren eigenen Gesetzen folgen will und damit dem Gesetze Gottes sich

---

19 Unmittelbar vor dem *Münchener Abkommen* zur Sudetenfrage hatte die Vorläufige Leitung der Bekennenden Kirche zu einem Gebetsgottesdienst angesichts drohender Kriegsgefahr aufgefordert (27. 9. 1938). Der Text wurde von der SS als Landesverrat denunziert. Die lutherischen Bischöfe missbilligten ihn »aus religiösen und vaterländischen Gründen« und distanzierten sich von den Verantwortlichen. Gegen diese wurden daraufhin Disziplinarverfahren zur Amtsenthebung eingeleitet und allen, die sich mit ihnen solidarisch erklärten, das Gehalt gesperrt, vgl. Kirchliches Jahrbuch 1933–1944, S. 256ff; Niesel, Kirche unter dem Wort, S. 187ff.
20 Kirchliches Jahrbuch 1933–1944, S. 268.
21 Vgl. Klappert/van Norden (Hg.), Tut um Gottes willen etwas Tapferes!, S. 117–125. Pfr. Johannes Schlingensiepen (Wuppertal-Barmen) predigte über Sacharja 2,12. Der Gestapo-Beamte schrieb eifrig mit worauf aber nichts erfolgte. Später, schwer krank, beichtete der Beamte, durch die Predigten zum Glauben gekommen zu sein. Er habe den Dienst nicht quittiert, um Schlingensiepen u. a. schützen zu können. In: Schlingensiepen, Widerstand und verborgene Schuld, S. 77f.

entziehen und vom Gerichte Gottes nichts mehr wissen will.« Brinkmann schickte die Predigt als »Zeichen des Gedenkens« Jochen Klepper, mit dem er in brieflicher Verbindung stand.[22]

In den Predigten am Bußtag, dem 16. November 1938, nahmen mehrere Pfarrer zur Frage von Schuld, Buße und Umkehr nach dem Erleben des Novemberpogroms Stellung. Uns sind bisher etwa 15 solcher Predigten bekannt. Das sind bei rund 18 000 evangelischen Pfarrern erschreckend wenig. Und doch sind diese »Stimmen nachdenklicher Christen« neben dem »Chor der Jubelnden« und der »Masse der angstvoll Schweigenden« ein bedeutungsvoller Fundus.

Pfarrer Julius von Jan predigte in Oberlenningen (Württemberg) über das Wort des Propheten Jeremia Kap. 22 Vers 29 »O Land, Land, Land, höre des Herrn Wort«: »Ein Verbrechen ist geschehen in Paris! [...] Aber wer hätte gedacht, daß dieses eine Verbrechen in Paris bei uns in Deutschland so viele Verbrechen zur Folge haben könnte? Hier haben wir die Quittung bekommen auf den großen Abfall von Gott und Christus, auf das organisierte Antichristentum. Die Leidenschaften sind entfesselt, die Gebote Gottes mißachtet, Gotteshäuser, die anderen heilig waren, sind ungestraft niedergebrannt worden, das Eigentum der Fremden geraubt und zerstört; Männer, die unserem deutschen Volk treu gedient und ihre Pflicht gewissenhaft erfüllt haben, wurden ins Konzentrationslager geworfen, bloß weil sie einer anderen Rasse angehörten. Mag das Unrecht auch von oben nicht zugegeben werden, das gesunde Volksempfinden fühlt es deutlich, auch wo man nicht darüber zu sprechen wagt. Und wir als Christen sehen, wie dieses Unrecht unser Volk vor Gott belastet und seine Strafen über Deutschland herbeiziehen muß. [...] Darum ist uns der Bußtag ein Tag der Trauer über unsere und unseres Volkes Sünden, die wir vor Gott bekennen, und ein Tag des Gebets: Herr, schenk uns und unserem Volk ein neues Hören auf dein Wort, ein neues Achten auf deine Gebote! Und fange bei uns an!«[23]

Julius von Jan wurde wegen dieser Predigt am 25. November 1938 von einem SA-Trupp überfallen und schwer misshandelt. Er wurde verhaftet, saß fast fünf Monate in Untersuchungshaft und wurde Mitte April 1939 aus Württemberg ausgewiesen. Im November 1939 verurteilte ihn das Sondergericht in Stuttgart zu 16 Monaten Gefängnis. Im Mai 1940 wurde er mit einer Bewährungsfrist entlassen und zur Wehrmacht einberufen. Nach Kriegseinsatz und Internierung kehrte er erst im September 1945 nach Oberlenningen zurück.

Nach der Verhaftung Julius von Jans verhängte der württembergische Oberkirchenrat allen Pfarrern einen Maulkorb, damit sie nicht Mord auch Mord nannten. Am 6. Dezember 1938 gab er in einem Runderlass bekannt: Es ist »selbstverständlich, daß der Diener der Kirche bei [der] Predigt alles zu vermeiden hat, was einer unzulässigen Kritik an konkreten politischen Vorgängen gleichkommt.«[24]

---

22 Der Text der Predigt und Briefe Brinkmanns an Klepper in: Wecht, Jochen Klepper, S. 390–394, 412–419. Klepper erwähnte den Erhalt der Predigt am 25.11.1938 im Tagebuch: »Indes so viele Menschen, die man nahe glaubte, schweigen, schreiben welche, von denen man es überhaupt nicht erwartete, aufs intensivste: so Pfarrer Brinkmann-Hannover«, in: Klepper, Unter dem Schatten deiner Flügel, S. 685.

23 Zit. n. Schäfer, Die Evangelische Landeskirche in Württemberg, S. 128; Röhm/Thierfelder, Juden, Christen, Deutsche, Bd. 3/1, S. 73–92.

24 Schäfer, Die Evangelische Landeskirche in Württemberg, S. 115.

Der bisherige Leiter der Bruderschaft der »illegalen« jungen Theologen der Bekennenden Kirche im Rheinland, Erhard Mueller, predigte am 16. November 1938 in Wermelskirchen über Daniels Bußgebet (Daniel 9, 15–18): »Der biblische Schuldbegriff soll ausgemerzt werden in unserem Volk, ja diese radikale Ausmerzung des biblischen Schuldbegriffs nennt sich noch ausdrücklich ›positives Christentum‹, so sehr kommt der Wolf im Schafpelz daher. […] Wo man sich durch Stillschweigen oder Zusehen gleichschaltet mit der Lüge der Welt, da ist nicht mehr Kirche Jesu Christi. […] Weh einer Kirche, die der Masse der Getauften in unserem Volk nicht mehr zu sagen wagt, daß die 10 Gebote unter allen Umständen in Geltung stehen. […] Aller Antisemitismus, sofern er der Ausdruck stolzer Selbstgerechtigkeit ist – und er gibt sich heute so – ist eine Verachtung der Vergebung am Kreuz, ein Trotzen auf eigene Gerechtigkeit. Hier an dieser Stelle gilt es radikal umzukehren, Buße zu tun!« Zwei Gemeindeglieder denunzierten Mueller bei der Gestapo. Er wurde aufgrund des *Heimtückegesetzes* angeklagt. Der Gnadenerlass Hitlers zu Beginn des Zweiten Weltkrieges ermöglichte es, das Verfahren im Dezember 1939 einzustellen.[25] Auch Pfarrer Friedrich Winter predigte am 16. November 1938 in Kölschhausen über Daniels Bußgebet: »Dämonische Gewalten bekommen Macht über unser Volk. Denken wir an die vergangene Woche. […] Sind es nicht dämonische Gewalten, die unser Volk in der Abwehr dazu trieben, in der Wut sich an den Synagogen und Gotteshäusern zu vergreifen? […] Müssen nicht alle Christen in unserem Volke sich schämen, daß unser Volk sich soweit erniedrigt hat und von Wut, Zorn und Rachsucht sich soweit treiben ließ? […] Wir wollen nicht mit den Fingern auf die anderen zeigen, sondern nur an uns, die Gemeinde der Christen in unserem Volk denken. […] Wir müssen […] mit großem Schmerz bekennen: Wir haben gesündigt, unrecht getan, sind gottlos gewesen und abtrünnig geworden: Wir sind von deinen Geboten und Rechten gewichen.«[26] Winter wurde verhaftet, kehrte nach vier Wochen nach Hause zurück, blieb aber unter Hausarrest. Das Presbyterium stand hinter ihm. Der Versuch, den Arrest durch eine Unterschriftenaktion aufzuheben, führte zur Ausweisung. Die württembergische Landeskirche nahm ihn auf. Er kehrte nicht mehr ins Rheinland zurück.

Der Dahlemer Hilfsprediger Helmut Gollwitzer, Vertreter und Nachfolger des im KZ Sachsenhausen inhaftierten Martin Niemöller, predigte am 16. November 1938 über Lukas 3, 3–14. Er bezog die Bußpredigt von Johannes dem Täufer auf die Gemeinde. Ohne Synagogenbrand, Zerstörung und Mord beim Namen zu nennen, war jeder Satz höchst konkret sowie aktuell und wurde von den Hörern auf das Erlebte bezogen: »Was muten wir Gott zu, wenn wir jetzt zu Ihm kommen und singen und die Bibel lesen, beten, predigen, unsere Sünden bekennen, so, als sei damit zu rechnen, daß Er noch da ist und nicht nur ein leerer Religionsbetrieb abläuft! […] Wo die Buße aufhört, ist es auch mit der Humanität zu Ende […]. Es steckt ja in uns allen; daß man erleben kann, wie biedere Menschen sich auf einmal in grausame Bestien verwandeln […]. Wir sind auch alle daran beteiligt,

---

25 Zit. n. Scherffig, Junge Theologen im »Dritten Reich«, S. 122ff. Im Programm der NSDAP wurde in Artikel 24 die germanische Ideologie als »positives Christentum« deklariert.
26 Zit. n. dem Typoskript der Predigt. Van Norden nahm in die »Quellen zur rheinischen Kirchengeschichte«, S. 226–229, offenbar nur den Predigtentwurf auf.

der eine durch die Feigheit, der andere durch die Bequemlichkeit, die allem aus dem Wege geht, durch das Vorübergehen, das Schweigen, das Augenzumachen, durch die Trägheit des Herzens […]. Die Unbußfertigkeit zerbricht die Brücke von dir zum Nächsten. Die Buße baut diese Brücke wieder neu. […] Es ist nicht gesagt, daß zwischen ihm und dir sonst noch eine Verbindung besteht, eine Gemeinschaft der Rasse, des Volkes […]. Er kann nur das Eine aufweisen, und das eben macht ihn zum Nächsten: […] Du hast Schutz, er ist schutzlos, – du hast Ehre, ihm ist sie genommen […]. Tue deinen Mund auf für die Stummen und für die Sache aller, die verlassen sind! […] Nun wartet draußen unser Nächster, notleidend, schutzlos, ehrlos, hungernd, gejagt und umgetrieben von der Angst um seine nackte Existenz, er wartet darauf, ob heute die christliche Gemeinde wirklich einen Bußtag begangen hat. Jesus Christus wartet darauf!«[27]

Die Berliner Studienrätin Dr. Elisabeth Schmitz, die sich bereits mehrere Jahre – vergeblich – um ein Wort der Solidarität der Bekennenden Kirche mit den verfolgten Juden – nicht nur mit den Christen jüdischer Herkunft – bemühte, dankte Gollwitzer am 24. November 1938 für diese Predigt: »So, und nur so kann und darf nach dem, was geschehen ist, eine christliche Gemeinde in Deutschland zusammen sein. […] Ob wohl jemand auf den Gedanken gekommen ist, an Dr. Baeck zu schreiben im Namen der Kirche, oder an die jüdische Gemeinde, der man alle Gotteshäuser in Deutschland verbrannt oder in die Luft gesprengt hat, wobei man an manchen Orten die Rabbiner gezwungen hat, zuzusehen. Wo sollen denn nun die Gemeinden Gottesdienst halten in dieser Notzeit?«[28] Elly Heuss-Knapp schrieb über Gollwitzers Predigt: »Das war die großartigste Rede, die ich je in meinem Leben gehört habe«.[29]

Humane Solidarität und Hilfe

Gollwitzer schloss die Predigt mit einem Appell: »Nun wartet draußen unser Nächster…« Leni Immer, die im Burckhardthaus zur Gemeindehelferin ausgebildet wurde, erinnerte sich, dass manche Predigthörer fragten, was sie tun könnten und dass sie und andere Mitschülerinnen nach diesem Gottesdienst begannen, Christen jüdischer Herkunft aus der Dahlemer Gemeinde zu besuchen.[30] Neben dem Protest gegen den Pogrom war die konkrete Hilfe für die Betroffenen genauso wichtig, vielleicht sogar noch wichtiger.

Als die Nazis 1933 mit der Verfolgung der Juden begannen, schrieb Dietrich Bonhoeffer: Die Kirche sei »den Opfern jeder Gesellschaftsordnung in unbedingter Weise verpflichtet, auch wenn sie nicht der christlichen Gemeinde zugehören.«[31]

---

27 Gollwitzer, Zuspruch und Anspruch, S. 36–45; Vgl. Cornehl, Biblische Predigt und Politischer Widerstand, S. 70–83.
28 Zit. n. Gailus, Elisabeth Schmitz und ihre Denkschrift, S. 223ff. Ein solcher Brief an Rabbiner Leo Baeck, den Vorsitzenden der Reichsvertretung der Juden in Deutschland, ist nicht bekannt. Nach dem Novemberpogrom bat Schmitz die Schulbehörde, sie vorzeitig zu pensionieren, weil sie ihre Fächer – Religion, Geschichte, Deutsch – nicht so unterrichten könne, wie es »der nationalsozialistische Staat von mir erwartet und fordert« (Ebd., S. 67). Die Pensionierung wurde ihr gewährt.
29 Vater (Hg.), Elly Heuss-Knapp, S. 272. Ähnlich äußerte sich Harry Loewenberg, in: Röhm/Thierfelder, Juden, Christen, Deutsche, Bd. 3/1, S. 62f.
30 Brief v. 3. 10. 1988 an den Verfasser.
31 Bonhoeffer, Die Kirche vor der Judenfrage, S. 353.

Für diese Forderung gab es in den kirchenleitenden Gremien zu keiner Zeit eine Mehrheit. Man sah lange nicht einmal die Notwendigkeit, sich für die getauften Glieder der Gemeinde, die von den Nazis aufgrund ihrer Vorfahren zu *Juden* gemacht wurden, einzusetzen. Im Juni 1938 erteilte die Vorläufige Kirchenleitung der Bekennenden Kirche dem Kaulsdorfer Pfarrer Heinrich Grüber endlich den Auftrag, eine Hilfsstelle für die Christen jüdischer Herkunft aufzubauen.[32] Er bemühte sich sechs Monate bei staatlichen und kirchlichen Ämtern dafür die Genehmigung zu erhalten. Da die Lage der Betroffenen in den Monaten vor dem Novemberpogrom immer bedrohlicher wurde, Grüber aber nur langsam vorankam, bat er den bekannten Betheler Pfarrer Friedrich von Bodelschwingh, der zu einigen Ministerien Beziehungen hatte, um Mithilfe. Er mahnte, flehte ihn förmlich an, telefonierte und telegrafierte, er schickte Pfarrer Werner Sylten zu ihm und fuhr selber nach Bethel. Doch Bodelschwingh hielt sich, ohne direkt abweisend zu sein, sehr reserviert im Hintergrund. Grübers Briefe an Bodelschwingh belegen das. Am 20. Oktober 1938 schrieb er ihm: »Mich lässt in diesen Wochen immer das Wort Ihres seligen Herrn Vaters nicht los ›Brüder, es hat Eile, sie sterben darüber‹«.[33] Am 12. November 1938, zwei Tage nach dem Pogrom, schrieb er: »Wir können und dürfen diese Menschen nicht im Stiche lassen. […] Wir müssen die Gesetze des Staates beachten, aber diese können uns nicht dazu bringen, die Pflichten der Nächstenliebe außer acht zu lassen. Matth[äus] 25 gilt auch heute noch.«[34] Am 7. Dezember 1938 konnte endlich das »Büro Pfarrer Grüber« in der Oranienburger Straße 20 eröffnet werden. Es war bereits nach einem Monat zu klein, so dass zusätzlich weitere, größere Büroräume »An der Stechbahn 3–4« bezogen werden mussten. Zeitweise arbeiteten 35 Mitarbeiter in diesem Büro. Außerdem baute Grüber ein Netzwerk von etwa 20 Zweigstellen in den größeren Städten auf. Von Berlin aus wurde diese Hilfsarbeit koordiniert. Das »Büro Pfarrer Grüber« konnte nur bis zum 19. Dezember 1940 arbeiten. Dann wurde es von der Gestapo geschlossen. Grüber und wenig später auch sein Stellvertreter, Pfarrer Werner Sylten, kamen ins Konzentrationslager. Die Hilfsarbeit mussten nun einzelne, vor allem couragierte Frauen, übernehmen, die wir heute als »stille Helden« bezeichnen.[35]

Helmut Gollwitzer bezeichnete die Hilfe Grübers und anderer für verfolgte Christen jüdischer Herkunft als »humane Solidarität«: »Mit der praktischen Hilfe für die getauften Nichtarier begann ein Lernprozeß, der […] bis heute noch nicht abgeschlossen ist, weil in ihm […ein] neues Miteinander-leben zu lernen ist.«[36] Die Grenzen der humanen Solidarität bestanden darin, dass man sich vielfach nur den eigenen Gemeindegliedern – den Christen jüdischer Herkunft – zuwandte und die überlieferten antijudaistischen Topoi vom Gericht Gottes über Israel noch nicht überwand, das heißt eine der Ursachen des Nationalsozialismus noch nicht erkannte.

---

32 Vgl. Ludwig, An der Seite der Entrechteten und Schwachen.
33 Ebd., S. 31.
34 Ebd. Über Jesu Rede vom Weltgericht predigte Grüber öfter: »Was ihr nicht getan habt einem unter diesen Geringsten, das habt ihr mir auch nicht getan« (Matthäus-Evangelium Kapitel 25, Vers 45b).
35 Seit Oktober 2008 informiert die Gedenkstätte »Stille Helden« in Berlin, Rosenthaler Straße 39, über diesen Personenkreis.
36 Gollwitzer, Kirchenkampf und »Judenfrage«, S. 275f.

Literatur

Benz, Wolfgang, Applaus, Beteiligung, Missbilligung. Zum Verhalten des Publikums in der »Reichskristallnacht«, in: *Zeitschrift für Geschichte 46* (1998), S. 963–970.

Bethge, Eberhard, Dietrich Bonhoeffer unter den Verstummten?, in: Ders., Erstes Gebot und Zeitgeschichte. Aufsätze und Reden 1980–1990, München 1991.

Bonhoeffer, Dietrich, Die Kirche vor der Judenfrage, in: Ders., Werke, Band 12, Gütersloh 1997, S. 349–358.

Cornehl, Peter, Biblische Predigt und Politischer Widerstand im Kirchenkampf 1933–1945, in: *Vestigia Bibliae,* Jahrbuch 3 (1981), S. 70–83.

Eilers, Rolf, Die nationalsozialistische Schulpolitik, Köln/Opladen 1963.

Gailus, Manfred (Hg.), Elisabeth Schmitz und ihre Denkschrift gegen die Judenverfolgung. Konturen einer vergessenen Biographie (1893–1977), Berlin 2008.

Gerlach, Wolfgang »Als die Zeugen schwiegen. Bekennende Kirche und die Juden«, Berlin 1987.

Gollwitzer, Helmut, Kirchenkampf und »Judenfrage«, in: *Evangelische Theologie 48* (1988), S. 273–277.

Ders., Zuspruch und Anspruch. Predigten, München 1954.

Grosse, Heinrich W., Die Reichspogromnacht am 9./10. Nov. 1938 und die evangelische Kirche, in: Ders. (Hg.), Bewährung und Versagen. Die Bekennende Kirche im Kirchenkampf, Berlin 1991, S. 93–128.

Kirchliches Jahrbuch 1933–1944, Gütersloh 1976, 2. Auflage, 284f.

Klappert, Bertold/Günther van Norden, Tut um Gottes willen etwas Tapferes! Karl Immer im Kirchenkampf, Neukirchen-Vluyn 1989.

Klepper, Jochen, Unter dem Schatten deiner Flügel. Aus den Tagebüchern der Jahre 1932–1942, hg. v. Hildegard Klepper, Stuttgart 1956.

Kremers, Heinz (Hg.), Die Juden und Martin Luther – Martin Luther und die Juden. Geschichte, Wirkungsgeschichte, Herausforderung, hg. in Zusammenarbeit mit Leonore Siegele-Wenschkewitz und Bertold Klappert, Neukirchen-Vluyn 1985.

Ludwig, Hartmut, An der Seite der Entrechteten und Schwachen. Zur Geschichte des »Büro Pfarrer Grüber« (1938–1940) und der Evangelischen Hilfsstelle für ehemals Rasseverfolgte nach 1945, Berlin 2009.

Maltusch, Gottfried, Beim Brand der Synagogen, in: Wolf-Dieter Zimmermann (Hg.), Begegnungen mit Dietrich Bonhoeffer. Ein Almanach, München 1964, S. 142f.

Niesel, Wilhelm, Kirche unter dem Wort. Der Kampf der Bekennenden Kirche der altpreußischen Union 1933–1945, Göttingen 1978.

Norden, Günther van, »Was sollen wir mit den Juden tun?«, in: Katja Kriener et. al. (Hg.), »Die Gemeinde als Ort von Theologie«, Festschrift für Jürgen Seim zum 70. Geburtstag, Bonn 2002.

Ders., »Quellen zur rheinischen Kirchengeschichte«, Band 5, Düsseldorf 1990.

Osten-Sacken, Peter von der (Hg.), Das missbrauchte Evangelium. Studien zu Theologie und Praxis der Thüringer Deutschen Christen, Berlin 2002.

Prolingheuer, Hans, Judennot und Christenschuld. Eine evangelisch-kirchenhistorische Erinnerung aus Anlaß des Gedenkens an die Novemberpogrome 1938, in: Hubert Frankemölle (Hg.), Opfer und Täter. Zum nationalsozialistischen und antijüdischen Alltag in Ostwestfalen-Lippe, Bielefeld 1990.

Röhm, Eberhard/Jörg Thierfelder, Juden, Christen, Deutsche 1933–1945, Band 1, Stuttgart 1990.

Dies., Juden, Christen, Deutsche 1933–1945, Band 3/1, Stuttgart 1995.

Sasse, Martin (Hg.), Martin Luther über die Juden: Weg mit ihnen!, Freiburg i.Br. 1938.

Schäfer, Gerhard, Die Evangelische Landeskirche in Württemberg und der Nationalsozialismus. Eine Dokumentation zum Kirchenkampf, Band 6, Stuttgart 1986.

Schaller, Berndt, Der Reichspogrom 1938 und unsere Kirchen, in: *Kirche und Israel 4* (1989), 123–148.

Scherffig, Wolfgang, Junge Theologen im »Dritten Reich«, Dokumente, Briefe, Erfahrungen, Band 3, Neukirchen-Vluyn 1994.

Schlingensiepen, Johannes, Widerstand und verborgene Schuld, Erinnerungen an den Kampf der Bekennenden Kirche, Wuppertal 1977, 2. Auflage.

Tödt, Heinz Eduard, Die Novemberverbrechen 1938 und der deutsche Protestantismus, in: *Kirchliche Zeitgeschichte 2* (1989), S. 14–37.

Traub, Hellmut, Warum hat keiner laut geschrien?, in: *Glaube und Lernen 5* (1990).

Vater, Margarethe (Hg.), Elly Heuss-Knapp. Bürgerin zweier Welten. Ein Leben in Briefen und Aufzeichnungen, Tübingen 1961.

Wecht, Martin Johannes, Jochen Klepper. Ein christlicher Schriftsteller im jüdischen Schicksal, Düsseldorf 1998.

Wiese, Christian, »Unheilsspuren«. Zur Rezeption von Martin Luthers ›Judenschriften‹ im Kontext antisemitischen Denkens in den Jahrzehnten vor der Schoah, in: Peter von der Osten-Sacken, (Hg.), Das mißbrauchte Evangelium. Studien zu Theologie und Praxis der Thüringer Deutschen Christen, Berlin 2002.

Thomas Brechenmacher
Aspekte der Beziehungen zwischen Heiligem Stuhl und Judentum in der Zwischenkriegszeit.
Neue Dokumente aus den Vatikanischen Archiven

Die Akten der Vatikanischen Archive zum Pontifikat Papst Pius' XI. (1922 bis 1939) wurden 2003 und 2006 in zwei Teilen der wissenschaftlichen Öffentlichkeit freigegeben. Bisher unbekannte Dokumente aus diesem Pontifikat tragen seither dazu bei, auch das Verhältnis zwischen Heiligem Stuhl und Juden in den 1920er und 1930er Jahren präziser und detailreicher zu rekonstruieren. Dabei geht es im Wesentlichen um die Handlungsweise des Heiligen Stuhls gegenüber der beginnenden Judenverfolgung in Deutschland und – viel grundsätzlicher – um die Selbstpositionierung der Leitungsinstanz der römisch-katholischen Kirche im Spannungsfeld zwischen älterem, religiös motivierten Antijudaismus und dem neuen, biologistisch-rassistischen Antisemitismus sowie um die Anfänge des Weges zu einer neuen Judentheologie, auf deren Basis schließlich erst ein neues Verhältnis zu Juden und Judentum erwachsen konnte.[1]

Um die Ansätze der 1920er und 1930er Jahre richtig verstehen zu können, wird es nötig sein, zunächst kurz die theologischen Grundlagen der traditionellen päpstlichen Politik gegenüber Juden und Judentum zu rekapitulieren. Anschließend versuche ich, einige Charakteristika der Debatte der Zwischenkriegszeit anhand zweier Schlüsselepisoden zu entwickeln, bevor ich abschließend die Entwicklungslinie bis zum Wechsel des Pontifikats im Jahr 1939 nur noch sehr kursorisch verfolge. Dabei liegt der Akzent auf den neuen Quellen, ohne bereits hinlänglich Bekanntes zu wiederholen.[2]

Grundlagen der traditionellen päpstlichen Judenpolitik: das Prinzip der doppelten Schutzherrschaft

Niemand wird umhin können, schon bei einer nur oberflächlichen Inspektion der abendländischen Kirchengeschichte gegen Juden und Judentum gerichtete, also antijudaistische Lehren und antijudaistische Verhaltensweisen von Christen festzustellen, Verhaltensweisen, die regelmäßig zu gewaltsamen Übergriffen gegen Juden führten.

Dessen ungeachtet war Feindseligkeit keineswegs das leitende Handlungsprinzip der Kirche gegenüber dem Volk des Alten Bundes. Im Gegenteil: Schon seit den Tagen Papst Gregors des Großen (590–604) hatte die katholische Theologie jene Lehre entwickelt, die das Verhältnis der Kirche zu den Juden bis hin zum

---

1 Dieser Beitrag erschien zuerst in italienischer Sprache (und in leicht veränderter Form) unter dem Titel »Aspetti del rapporto tra Santa Sede ed ebraismo fra le due guerre«, in: Don Cosimo Semeraro (Hg.), La sollecitude ecclesiale del Pontificato di Pio IX alla luce dei nuovi documenti archivistici, Città del Vaticano 2009. Alle im vorliegenden Beitrag in deutscher Übersetzung präsentierten Dokumente finden sich in der italienischen Version im Originalwortlaut zitiert.
2 Auf die einschlägige Standardliterartur verweisen jeweils die Fußnoten.

Zweiten Vatikanum maßgeblich bestimmen sollte. Ihr zugrunde lag die Einsicht, dass die Juden wie die andere Seite der Medaille zum Christentum unverzichtbar hinzugehören und sei es nur als »Zeugen« für Jesus Christus. Weil obendrein Hoffnung und Verheißung bestehe, die Juden würden dereinst doch noch zum »rechten Glauben« finden, könne Gewaltanwendung von Christen gegen Juden niemals gerechtfertigt sein; die Kirche müsse den Juden vielmehr durch vorbildliche Haltung sogar Anreize bieten, sich für einen Übertritt zum Christentum zu entscheiden. In diesem Rahmen aber komme den kirchlichen Hierarchen und insonderheit dem Papst sogar die Rolle eines Schutzherrn der Juden zu, der dafür zu sorgen habe, die Juden vor christlicher Gewalt zu bewahren.[3]

Als komplementäres Prinzip stand dem freilich stets die Aufgabe der kirchlichen Hierarchie gegenüber, auch die Christen vor den Juden zu schützen. Umgang mit Juden, so wurde befürchtet, könnte Christen in ihrem Glauben erschüttern, ja im schlimmsten Fall deren Seelenheil gefährden. Um dies zu vermeiden, sollte der soziale Umgang von Christen und Juden reglementiert und auf diese Weise minimiert werden. Hier lagen die religiösen Begründungen für die Separation von Juden in eigenen, teils abgeschlossenen Wohnvierteln, für das Verbot, öffentliche Ämter zu bekleiden, bestimmte Berufe auszuüben, »Wucherzinsen« zu nehmen und christliche Dienstboten zu beschäftigen sowie auch für das Gebot, durch ein sichtbar am Gewand getragenes Zeichen die Zugehörigkeit zum Volk des Ersten Bundes jedermann sofort kenntlich zu machen. Die vier einschlägigen Konstitutionen des Vierten Laterankonzils von 1215 begründeten eine Tradition restriktiver Gesetzgebung gegen Juden, die im Kirchenstaat zumindest auf dem Papier sowie mit Signalwirkung für viele andere christliche Staaten bis ins 18. und 19. Jahrhundert bestehen bleiben sollte. Jedoch legitimierten auch diese Gesetze weder Gewaltanwendung gegen Juden noch Vertreibungen. Für die, lehramtlich maßgebliche, Spitze der Katholischen Kirche galt bis ins 20. Jahrhundert hinein das Prinzip der doppelten Schutzherrschaft.[4]

Vielen europäischen Juden war diese Schutzherrnrolle des Papstes wohlbewusst; so entsandten etwa polnische Juden im Jahr 1758 einen der Ihren nach Rom, um den Beistand des Papstes gegen die Anschuldigung zu erbitten, sie begingen Morde an Christen aus rituellen Gründen. Eine daraufhin von dem Konsultor des Heiligen Offiziums, Lorenzo Ganganelli, dem späteren Papst Clemens XIV. verfasste, penibel recherchierte Denkschrift nahm die Juden insgesamt gegen Ritualmordvorwürfe in Schutz, indem sie den Legendencharakter zahlreicher historischer Einzelfälle aufdeckte und darlegte, dass bereits der bloße Gedanke an rituell motivierten Mord mit den Grundsätzen des Judentums niemals vereinbar sei.[5]

Allerdings konnten die Päpste eine einseitige Gewichtung oder gar überhaupt eine Reduktion des Prinzips der doppelten Schutzherrschaft auf den einen Gedanken, dass vor allem die Christen vor den Juden zu »schützen« seien, außerhalb

---

3 In klassischer Formulierung ist dieses Prinzip beispielsweise in der Konstitution »Licet perfidia Iudaeorum« Papst Innocenz' III. von 1199 überliefert, Innocenz III., Constitutio pro Iudaeis, 15. 9. 1199, hier S. 74.
4 Dies im Einzelnen entwickelt bei Brechenmacher, Das Ende der doppelten Schutzherrschaft, S. 1–17; eine gekürzte Fassung ohne wissenschaftlichen Apparat, in: Ebd., Der Vatikan und die Juden, S. 19–26.
5 Vgl. im Detail Brechenmacher, Das Ende der doppelten Schutzherrschaft, S. 60–65.

ihres eigenen direkten Machtbereichs nur schwer verhindern. Nicht selten musste dieser Grundsatz, großzügig ausgeweitet zu der Maxime, auch Gewalt gegen Juden sei erlaubt, als Alibi dafür herhalten, Gewalt gegen Juden aus ganz anderen als religiösen, meist sozio-ökonomischen Motiven zu rechtfertigen. Wenn es darum ging, Juden als Konkurrenten auf wirtschaftlichem Gebiet auszuschalten oder sich an ihrem Eigentum zu vergreifen, dienten vermeintlich »religiöse« Begründungen seit jeher gerne als vornehme Verbrämung der Gewalt. Weder das Neue Testament noch die päpstliche Lehre deckten jemals ein derartiges Vorgehen.[6]

Aber selbst Rom blieb in bestimmten historischen Phasen nicht von der Tendenz verschont, das Prinzip der doppelten Schutzherrschaft selbst einseitig, zuungunsten der Juden, zu gewichten. Dies ist besonders in Zeiten zu beobachten, in denen sich die Kirche in ausgeprägt defensiven Phasen befand, in der gegen den Andrang der Reformation gerichteten Verteidigungsphase der zweiten Hälfte des 16. Jahrhunderts, in der durch Aufklärung und Französische Revolution provozierten Defensive des späten 18. Jahrhunderts ebenso wie im letzten Drittel des 19. Jahrhunderts, als der Zusammenbruch des Kirchenstaates die Fortexistenz des römischen Papsttums für einige Zeit ernsthaft in Frage stellte. Gegen die geistigen, sozialen und ökonomischen Strömungen der Moderne – Aufklärung und Relativismus, Pluralismus, Liberalismus, Kapitalismus, Sozialismus – gerichtete Verlustängste und Bedrohungsphantasien flossen immer wieder in akzentuiertem Antijudaismus zusammen. In ihrer gegen die Moderne gerichteten Defensive wurde die Kirche dabei auch für Verdikte anfällig, die dem Arsenal des modernen Antisemitismus angehören, wie beispielsweise für Theorien über vermeintlich jüdische (Welt-) Verschwörungen. »Das Judentum mit all seinen vom Talmud inspirierten Sekten steht dem Christentum immer auf verschlagene Weise gegenüber«, gab der einstige Kardinalstaatssekretär Pius' X., Raffaele Merry del Val, in einem Votum für das Heilige Offizium 1928 zu Protokoll. Mehr noch, »heute, nach dem [Ersten Welt-]Krieg, erhebt es sich mehr denn je und versucht das Reich Israel gegen Christus und gegen dessen Kirche wiederaufzurichten«[7].

Auch Achille Ratti – Papst Pius XI. – bewegte sich in der Auseinandersetzung mit Juden und Judentum wie alle anderen politischen Akteure des Heiligen Stuhls in jenen Jahren, Pacelli nicht ausgenommen, vor dem Hintergrund der Lehre von der doppelten Schutzherrschaft. Herausgefordert durch den neuartigen, rassistischen, sozialdarwinistischen Antisemitismus und seit 1933 konfrontiert mit der Judenverfolgung im nationalsozialistischen Deutschland begann in den Zwischenkriegsjahren allerdings eine langsame Neuorientierung.

---

6 Während der Zeit des Zweiten Kreuzzuges trat der Zisterzienserabt Bernhard von Clairvaux auf der Basis der Lehre von der doppelten Schutzherrschaft entschieden für die Juden ein und begründete damit eine judenfreundliche exegetische Tradition, die in späterer Zeit zur Begründung der päpstlichen Schutzaufgabe den Juden gegenüber immer wieder mit herangezogen wurde. »Die Juden dürfen nicht verfolgt, nicht getötet, ja nicht einmal vertrieben werden.« Vgl., mit den einschlägigen Nachweisen, ebd., S. 13f., 63f.

7 Archivio della Congregazione per la dottrina della fede (ACDF), S.O. 125/28 [Rerum Variarum 1928, n.2], Vol. 1, Nr. 20; Voto del Card. Segr. S.O. nelle Congr. di Feria IV, 7-marzo 1928. Zum Zusammenhang dieser Äußerung vgl. Brechenmacher, Der Vatikan und die Juden, S. 157–159; Vgl. auch Wolf, »Pro perfidis Judaeis.«, S. 611–658.

Die Verurteilung des Rassenantisemitismus

Auslösendes Moment für diese Neuorientierung bildete das Nachdenken über das Phänomen des biologistisch-rassistischen Antisemitismus, jener sich im Laufe des letzten Drittels des 19. Jahrhunderts als Ergebnis einer pseudowissenschaftlichen Rassenkunde entwickelnden Judenfeindschaft, die Juden aufgrund vermeintlich unheilvoller »völkischer Eigenschaften« und rassischer Inferiorität diskriminierte. Verbindungslinien zwischen diesem Antisemitismus und dem älteren religiösen Antijudaismus, also etwa einer von vielen Klerikern geteilten sozio-ökonomischen Judenfeindlichkeit, die Juden zu Sündenböcken für die Traditionsverluste der Moderne erklärte, wurden noch kaum gesehen beziehungsweise schlicht negiert. Am 25. März 1928 ließ Pius XI. in einem Dekret des Heiligen Offiziums den Rassenantisemitismus explizit verurteilen. »Der Apostolische Stuhl«, heißt es darin, »verurteilt [...] ganz besonders den Haß gegen das einst auserwählte Volk Gottes, nämlich jenen Haß, den man heute gewöhnlich ›Antisemitismus‹ nennt.«[8] Gemeint war die Judenfeindschaft der völkischen Antisemiten, wie sie auch maßgeblicher Bestandteil der Ideologie des Nationalsozialismus war. Ein derart rassistisches Menschenbild wies die Katholische Kirche mit dem Dekret von 1928 auf entschiedene Weise zurück.

Die Argumentation Pius' XI. und des Heiligen Offiziums verblieb dabei noch durchaus im Rahmen des tradierten Konzepts der doppelten Schutzherrschaft. »Die katholische Kirche hat die Juden stets als das Volk betrachtet, das bis zum Erscheinen des Heilands der Hüter der göttlichen Verheißungen gewesen ist; sie hat trotz seiner späteren Verblendung, ja gerade wegen dieser, immer für das jüdische Volk gebetet und hat es gegen ungerechte Verfolgungen in Schutz genommen.« Judenschutz wird hier traditionsgemäß als Kernaufgabe der Kirche bezeichnet – auch wenn das an dieser Stelle unverändert erhobene theologische Verdikt der »Verblendung« darauf hinweist, dass die theologische wie historische Auseinandersetzung der Kirche mit ihren eigenen antijudaistischen Traditionen im Jahr 1928 noch nicht sehr weit gediehen war.

Jene Initiative, von der 1926 der Anstoß zu einer solchen Auseinandersetzung ausgegangen war, eine als »Amici Israel« auftretende Vereinigung von Priestern und Ordensleuten, wurde durch das gleiche Dekret vom 25. März 1928 aufgelöst. Mit ihrem Antrag, den Text der Karfreitagsfürbitte für die »treulosen Juden« (»perfidis Judaeis«) abzuändern, hatten die »Amici« nach Auffassung des Heiligen Offiziums »eine Handlungs- und Denkweise angenommen [...], die zu Sinn und Geist der Kirche, zum Denken der Heiligen Väter und zur Liturgie im Gegensatz steht.«[9] Papst und Heiliges Offizium sahen sich nicht in der Lage, dem Antrag der Priestervereinigung stattzugeben, die österliche Liturgie zu ändern. Allerdings war es Pius XI. selbst, der den endgültigen Wortlaut des Dekrets formulierte. Die 2003 freigegebenen Akten des Heiligen Offiziums über die »Amici Israel« zeigen, dass der Papst auch gegen anderslautende Voten einiger Kardinäle darauf

---

8 Dekret S.O., 25.3.1928, hier zit. n. Abdruck und Übersetzung bei Passeleq/Suchecky, Die unterschlagene Enzyklika, S. 124f.
9 Ebd., S. 125; zu den »Amici Israel« vgl. Wolf, »Pro perfidis Judaeis«; Brechenmacher, Der Vatikan und die Juden, S. 154–163.

bestand, gleichzeitig mit der Auflösung der »Amici Israel« den Rassenantisemitismus explizit zu verurteilen. Die Botschaft Pius' war klar: Die Zurückweisung des liturgischen Änderungsansinnens der »Amici« war eine rein innerkirchliche, liturgische Frage, die jedoch mit der aus ebenso grundsätzlichen Gründen ablehnenden Haltung der Kirche dem Rassenantisemitismus gegenüber nichts zu tun hatte.

Das Urteil der obersten römischen Glaubensbehörde setzte einer Bewegung ein Ende, deren programmatische Rundschreiben eine nicht unbeachtliche Zahl von Kardinälen, Bischöfen und Priestern im Abonnement bezogen hatte, unter ihnen beispielsweise auch Kardinal Faulhaber in München. Noch 35 weitere Jahre sollten vergehen, bis das Zweite Vatikanische Konzil in der Erklärung »Nostra Aetate« das Kernanliegen der »Amici« wieder aufnahm und die alte Judentheologie der Katholischen Kirche durch eine neue ablöste. In knappen Worten formuliert, trat in der neuen Theologie an die Stelle des »verblendeten« Volkes dasjenige der »älteren Brüder im Glauben«. Tragischerweise bedurfte es offenbar erst der Ermordung der europäischen Juden durch die Handlanger einer menschenfeindlichen und atheistischen Rassenideologie, um die Reflexion der Kirche über ihren eigenen Antijudaismus nachdrücklich in Gang zu setzen – so sehr die Kirche selbst Gewalttätigkeit gegen Juden stets abgelehnt hatte. Unabhängig vom Verbot der »Amici Israel« markierte das Dekret des Heiligen Offiziums vom 25. März 1928 seinerzeit gleichwohl einen bemerkenswerten Stand. Der evangelische Theologe Eduard Lamparter las darin den Audruck einer auch für protestantische Christen vorbildlichen Haltung. »Wir werden ihre [der Juden] Herzen am ehesten gewinnen, wenn wir den dem Geiste wahren Christentums widerstreitenden Antisemitismus verleugnen«, schrieb Lamparter noch im selben Jahr, 1928. »Papst Pius XI. hat ein scharfes Urteil über diesen gefällt. Sollte die evangelische Kirche nicht auch sich verpflichtet fühlen, nicht auch den Mut finden, gegen die schweren antisemitischen Verletzungen von Recht, Wahrheit und Liebe Zeugnis abzulegen?«[10]

»Gute Traditionen« und »universale Mission«: Motivationsstränge im April 1933

Obwohl eine umfassende theologische Neuorientierung gegenüber Juden und Judentum während der Pontifikate Pius' XI. und Pius' XII. ausblieb, galt freilich in einer Situation konkreter Bedrohung der Juden das alte Teilprinzip der doppelten Schutzherrschaft – die Juden vor Gewalt zu schützen – und es galt das naturrechtlich gegründete Menschenbild der Kirche, das jegliche Diskriminierung, vor allem aber auch Diskriminierung aus biologistisch-rassistischen Erwägungen heraus, strikt zurückwies.

Schon gleich zu Beginn der judenfeindlichen Ausschreitungen im nationalsozialistischen Deutschland, Anfang April 1933, erkannten Pius XI. und Pacelli, dass auch die römisch-katholische Kirche herausgefordert und aufgerufen war, zur Judenverfolgung Stellung zu beziehen. Seit der Öffnung der auf Deutschland bezüglichen Dokumente des Pontifikates Pius' XI. im Februar 2003 wissen wir, dass

---

10 Lamparter, Evangelische Kirche und Judentum, zit. S. 302.

die päpstliche Diplomatie sofort zugunsten der bedrängten Juden zu intervenieren versuchte. Pacelli wies Nuntius Orsenigo am 4. April 1933 telegrafisch an:[11] »Hohe jüdische Würdenträger haben sich an den Heiligen Vater gewandt und ihn um seine Intervention gegen die Gefahr antisemitischer Ausschreitungen in Deutschland gebeten. [...] Der Heilige Vater beauftragt Eure Exzellenz in Erfahrung zu bringen, ob und wie man im gewünschten Sinne tätig werden könnte.«[12]

Aus den im Herbst 2006 freigegebenen Audienzmitschriften Pacellis lässt sich der Vorgang, der zu dieser Anweisung führte, nun noch genauer rekonstruieren und wir sehen jetzt, dass die Initiative zu dieser Intervention direkt auf den Papst zurückging. In der Audienz Pacellis bei Pius XI. am 1. April 1933 – dem Tag, an dem der von den Nationalsozialisten inszenierte Boykott jüdischer Geschäfte begann – wandte sich Pius der Situation in Deutschland zu. Pacelli notierte als Auftrag: »An den Nuntius in Berlin schreiben, daß hohe jüdische Würdenträger dem Heiligen Vater gegenüber auf die Gefahr antisemitischer Exzesse in Deutschland hingewiesen haben; solche Exzesse scheinen an einigen Orten bereits vorgekommen zu sein. Ermitteln, ob und wie man etwas sagen oder unternehmen könnte.«

Und Pacelli fügte dieser Notiz in Klammern hinzu: »[So kann der Tag kommen, an dem man wird sagen können, daß etwas getan worden ist. Das ist eine Sache, die in den guten Traditionen des Heiligen Stuhls begründet liegt.]«[13]

Mit dieser Notiz steht fest, dass sich der Heilige Stuhl nicht erst am 4. April, sondern sogleich am Tag des Beginns der antisemitischen Maßnahmen in Deutschland mit den bedrohlichen Entwicklungen befasste, noch bevor (nach dem 12. April) der berühmte Brief Edith Steins an Pius XI. im Vatikan eintraf.[14]

Trotz anderslautender Warnungen, etwa derjenigen Edith Steins[15], setzte sich als communis opinio in der ersten Aprilhälfte 1933 allerdings die Ansicht durch, der antisemitische Furor Hitlers werde sich auf Dauer eher abschwächen als verstärken, sobald der nationalsozialistische Reichskanzler seine Machtbasis erst stabilisiert habe. Der Abbruch des Boykotts am 3. April schien solchen Mutmaßungen zunächst auch recht zu geben. Obendrein erklärte der soeben aus Deutschland nach Rom zurückgekehrte Vatikanbotschafter von Bergen gleich in seiner ersten Audienz bei Pacelli, am 5. April, der Boykott gegen die Juden habe nur stattgefun-

---

11 Vgl. im Detail Brechenmacher, »So kann der Tag kommen, an dem man wird sagen können, daß etwas getan worden ist.«, S. 361–370.
12 Pacelli an Orsenigo, Città del Vaticano, 04.04.1933 [Prot. Nr. 915/33]; Archivio Segreto Vaticano (ASV), Archivio della Congregazione per gli Affari Ecclesiastici Straordinari (AES) Germania, Pos. 643, fasc. 158, fol. 4r; jetzt auch ediert in Brechenmacher (Hg.), Berichte des Apostolischen Nuntius Cesare Orsenigo aus Deutschland 1930–1939, (http://www.dhi-roma.it/orsenigo.html), Dok. Nr. 90.
13 ASV, AES, Stati Ecclesiastici, Anno 1930–1938, Pos. 430a, fasc. 348, fol. 21r, Udienza del 10 Aprile 1933, handschriftliche Notiz Pacellis.
14 Zum Brief Edith Steins an Papst Pius XI. vom April 1933 vgl. jetzt Ales Bello/Chenaux (Hg.), Edith Stein e il Nazismo sowie Repgen, Hitlers »Machtergreifung«, S. 31–68 und Nota SJ, Edith Stein und der Entwurf für eine Enzyklika, S. 35–41.
15 »Ich bin überzeugt, dass es [die Ausschreitungen gegen die Juden, ThB] sich um eine allgemeine Erscheinung handelt, die noch viele Opfer fordern wird.« Edith Stein an Pius XI., [09.] 04.1933; AES, Germania, Pos. 643, fasc. 158, fol. 16r/17r; Druck auch bei Ales Bello/Chenaux (Hg.), Edith Stein e il Nazismo, zit. hier S. 102.

den, »um den Massen eine gewisse Genugtuung zu verschaffen.«[16] Pacelli hatte von Bergen – sein Gespräch mit dem Papst vom 1. April noch im Hinterkopf – also auf die judenfeindlichen Maßnahmen angesprochen. Auch dies ist als Reaktion des Heiligen Stuhls gegen die beginnende Judenverfolgung, dem päpstlichen Willen entsprechend, zu werten.

Pacelli ließ sich durch den schnellen Abbruch des Boykotts nicht davon abhalten, Orsenigo in Berlin mit Sondierungen zugunsten der Juden zu beauftragen. Das schnelle Ende des Boykotts und die Beteuerungen des Botschafters trugen aber dazu bei, die Frage nach dem gewalttätigen Antisemitismus der neuen deutschen Regierung auf der diplomatischen Agenda des Heiligen Stuhls wieder in den Hintergrund treten zu lassen – zumal der gleichfalls in Schärfe entbrannte Kampf gegen die Kirchen in Deutschland und die Verhandlungen über das als Schutzvertrag gegen diesen Kampf verstandene Reichskonkordat die Kräfte in den kommenden Monaten in hohem Maße banden.[17] Jedoch ebbte sowohl bei Pius XI. als auch bei Pacelli das Bewusstsein, auch für die verfolgten Juden eintreten zu müssen, niemals ab und zwar aus grundsätzlichen Erwägungen.

Teil zwei des eingeklammerten Pacelli-Notats vom 1. April 1933 lautet: Für die Juden einzutreten, »ist eine Sache, die in den guten Traditionen des Heiligen Stuhl begründet liegt«. Dieser und der erste Gedanke des Passus in Klammern (»So kann der Tag kommen, an dem man wird sagen können, daß etwas getan worden ist.«) dürfen in der Interpretation keineswegs voneinander getrennt werden. Die Frage muss lauten: Aus welchem alleinigen Grund konnte es für Pius XI. wichtig sein, dereinst sagen zu können, »daß etwas getan worden ist«? Antwort: Weil es sich hierbei um eine Angelegenheit handelte, die in den guten Traditionen des Heiligen Stuhls stand. Die Pflicht des Papstes lag darin, sein Amt in Übereinstimmung mit den Traditionen der römisch-katholischen Kirche zu führen. Für die Juden einzutreten, zählte zu diesen Traditionen, aufgrund der uralten Rolle des Papstes als eines »doppelten Schutzherrn« zwischen Juden und Christen. Der Papst war qua Amt dazu aufgerufen, Initiative zu ergreifen, für die verfolgten Juden einzutreten: dessen waren sich sowohl Pius XI. wie auch später Pius XII. bewusst.

Zwei bisher wenig beachtete Details gewinnen im Lichte des Audienznotats Pacellis vom 1. April zusätzliche Bedeutung und inneren Zusammenhang. Ende August 1933 empfing Pius XI. den britischen Gesandten Ivone Kirkpatrick. »Was die Verfolgung der Juden in Deutschland betreffe«, berichtete Kirkpatrick anschließend seiner Regierung, könne der Papst nur sagen, dass es sich dabei »nicht nur um einen Angriff auf die Moral, sondern auf die Zivilisation« handle.[18] Wenige Tage später, am 1. September 1933, titelte die Londoner Zeitschrift *The Jewish Chronicle* eine Agenturmeldung aufgreifend: »The Pope denounces Anti-Semitism« und

---

16 Diego von Bergen gegenüber Pacelli, 05.04.1933; Audienznotat Pacellis (ASV, AES, Stati Ecclesiastici, Anno 1933–1940, Pos. 430, fasc. 359, fol. 86r); Druck bei Volk, Das Reichskonkordat vom 20. Juli 1933, S. 223f.

17 Zum Reichskonkordat vgl. Brechenmacher (Hg.), Das Reichskonkordat 1933.

18 "The Pope continued that, as regards the German persecution of the Jews, he could only say that it was an offence not only against morality but against civilisation." Bericht Kirkpatricks über eine Audienz bei Pius XI., Ende August 1933, 28.8.1933, zit. bei Volk, Das Reichskonkordat vom 20. Juli 1933, S. 217, Anm. 20.

führte anschließend aus: »Auf Berichte über die anhaltenden antisemitischen Verfolgungen in Deutschland hin hat der Papst sein Mißfallen über diese Bewegung öffentlich zum Ausdruck gebracht. Er stellte fest, daß diese Verfolgungen ein Armutszeugnis für den Zivilisationsstand eines so bedeutenden Volkes seien.«[19] Pius' Äußerungen gegenüber Kirkpatrick (oder ähnlich lautende Äußerungen gegenüber anderen Gesprächspartnern, die uns unbekannt sind) hatten offenbar den Weg in die Presse gefunden, wenngleich mit einigen Zusätzen (»öffentlich«), die der Wahrheit nicht ganz entsprachen.[20]

Pacelli konnte an seinem Schweizer Urlaubsort die Genese der Pressemeldung nicht rekapitulieren. Er tippte auf eine »Indiskretion« und lag damit richtig, wenn denn zutraf, dass Kirkpatricks Bericht (oder der Bericht eines anderen) über seine Unterredung mit dem Papst an die Öffentlichkeit gebracht worden war. Details interessierten ihn dabei weniger; ihm genügte, dass die Meldung den Intentionen des Papstes entsprach (die uns heute durch das Audienznotat vom 1. April und durch den Bericht Kirkpatricks von Ende August belegt sind); ein authentischer Wortlaut erschien ihm nicht unbedingt notwendig. Am 21. September schrieb Pacelli aus Rorschach an Unterstaatssekretär Pizzardo in Rom: »Mir hat die Indiskretion der United Press über die Juden nicht schlecht gefallen; es ist nämlich gut, die Welt wissen zu lassen, daß sich der Heilige Stuhl der Frage angenommen hat.«[21]

An dieser Stelle schließt sich der Kreis zum Audienznotat vom 1. April. »Die Welt« sollte wissen, dass der Papst die Judenverfolgungen verurteilte. Pacelli hatte die Anweisungen Pius' von Anfang April noch genau im Gedächtnis, und er wusste ebenfalls noch, wie er damals versucht hatte, ihnen gerecht zu werden. Er hatte den päpstlichen Auftrag nicht ohne eigenen Akzent umgesetzt. In seinem Schreiben an Nuntius Orsenigo vom 4. April hatte er den päpstlichen Wunsch, Möglichkeiten zu erkunden, für die verfolgten Juden einzutreten, noch zusätzlich mit folgendem Wortlaut fundiert: »Es liegt in den Traditionen des Heiligen Stuhls, seine universale Friedens- und Liebesmission allen Menschen gegenüber auszuüben, welcher sozialen Schicht oder welcher Religion sie auch immer angehören, und, wo es nötig sein sollte, dazu auch seine wohltätigen Einrichtungen einzuschalten.«

Pacelli weitete, über das in der Audienz Besprochene hinaus, aber natürlich keinesfalls den impliziten Intentionen des Papstes zuwiderlaufend, die »guten Traditionen« in die Dimensionen einer »universalen Mission« des Friedens und der Liebe aus, die sich die Aufgabe stellte, nicht nur für Katholiken, sondern für alle Menschen einzutreten, insonderheit für alle Verfolgten, »welcher sozialen Schicht

---

19 The Jewish Chronicle (London), 1. 9. 1933; ASV, AES, Germania, Pos. 643, fasc. 158, fol. 48r: "The Pope denounces Anti-Semitism. – The Pope, having received reports of the persistence of anti-Semitic persecution in Germany, has publicly expressed his disapproval of the movement. He stated that these persecutions are a poor testimony to the civilisation of a great people."

20 Der zweite Teil der Meldung im Jewish Chronicle lautete: "He [the Pope, ThB] recalled the fact that Jesus Christ, the Madonna, the apostles, the prophets, and many saints were all of Hebrew race, and that the Bible is a Hebrew creation. The Aryan races, he declared, had no claim to superiority over the Semites." (Wie Anm. 19) – Diese Ausführungen des Papstes sind durch den Kirkpatrick-Bericht nicht überliefert; aus welcher Quelle und auf welche Weise sie in die Agenturmeldung fanden, ist bislang unklar. Entscheidend ist, wie auch immer, dass Pacelli keine Anstalten traf, die Meldung zu dementieren.

21 Pacelli an Pizzardo, [Rorschach], 21. 9. 1933; ASV, AES, Baviera, Pos. 190, fasc. 34, ohne Foliierung.

oder welcher Religion sie auch immer angehören«. Damit eröffnete der zukünftige Papst seiner Kirche ein neues erweitertes politisches Aktionsfeld, das freilich, wie die Ereignisse bald zeigen sollten, in der tagtäglichen Realität alles andere als einfach zu bestellen war. Ob sich Pacelli am 4. April 1933 der Konsequenzen bewusst gewesen sein konnte, die ihm und der Kirche aus der so definierten »universalen Mission« erwachsen würden, darf an dieser Stelle dahingestellt bleiben. Die Konflikte zwischen den Notwendigkeiten eigener »Klientelpolitik« und »universaler Mission« sollten die Politik Pacellis in den dreißiger Jahren gegenüber Deutschland und die Politik Pius' XII. während des Zweiten Weltkrieges maßgeblich bestimmen.

Der Weg bis 1939: klare Position ohne neue Theologie
Pius XI. verurteilte im Laufe der dreißiger Jahre den Antisemitismus noch mehrfach. Im April 1938 wies er im so genannten Rassensyllabus der päpstlichen Studienkongregation alle katholischen Universitäten und Fakultäten an, den »höchst gefährlichen Lehren« des Rassismus entgegenzutreten.[22] Jedem aufmerksamen Beobachter musste klar sein, wer und was damit vor allem gemeint war, zumal der Rassensyllabus am 3. Mai 1938 veröffentlicht wurde, dem Tag, an dem Hitler zu seinem Staatsbesuch in Rom eintraf.[23] Aber Pius XI. nahm noch deutlicher Stellung, wiederum symbolisch verknüpft mit einem aktuellen Anlass: Einen Tag, nachdem der italienische Staat mit seinem ersten Rassengesetz alle jüdischen Schüler, Lehrer und Dozenten von den Schulen und Hochschulen des Landes ausgeschlossen hatte, wies der Papst den Antisemitismus ein weiteres Mal – und diesmal, wie bereits 1928, explizit – zurück: »Antisemitismus ist unvertretbar. In geistigem Sinne sind wir Semiten«, äußerte er am 6. September 1938 anlässlich einer Audienz belgischer Pilger, eigentlich aber adressiert an Mussolini.[24]

Auch die berühmte Enzyklika *Mit brennender Sorge* vom 14. März 1937, mit der Pius XI. öffentlich den Kampf der Nationalsozialisten gegen die Kirche in Deutschland brandmarkte und deren Text wesentlich von Pacelli verfasst war, enthält sich nicht einer weiteren Zurückweisung rassistischer Theorien. Der »Mythus von Blut und Rasse« – ideologisches Hauptferment des Nationalsozialismus – sei mit dem naturrechtlich gegründeten Menschenbild der Kirche niemals vereinbar. »Nur oberflächliche Geister können der Irrlehre verfallen, von einer nationalen Religion zu sprechen, können den Wahnversuch unternehmen, Gott, den Schöpfer aller Welt […], in die Grenzen eines einzelnen Volkes, in die blutmäßige Enge einer einzelnen Rasse einkerkern zu wollen.« Träger wahrer, göttlicher Offenbarung sei insbesondere auch das »alttestamentliche Bundesvolk«: »Wer die biblische Geschichte und die Lehrweisheit des Alten Bundes aus Kirche und Schule verbannt sehen will, lästert das Wort Gottes.«[25]

---

22 Text des »Rassensyllabus« bei Godman, Der Vatikan und Hitler, S. 312–315; Vgl. auch Brechenmacher, Die Enzyklika »Mit brennender Sorge«.
23 Vgl. Brechenmacher, Der Vatikan und die Juden, S. 185.
24 Documentation Catholique 39 (1938), Sp. 1460.
25 Enzyklika Papst Pius' XI. über die Lage der Katholischen Kirche im Deutschen Reich. Text nach dem Druck in Albrecht (Bearb.), Der Notenwechsel zwischen dem Heiligen Stuhl und der deutschen Reichsregierung, S. 404–443, zit. S. 411f. und 414; Vgl. zu den Zusammenhängen auch Brechenmacher,

Schließlich sollte eine weitere Initiative Erwähnung finden, die zwar nicht in direktem Bezug zur Verurteilung des Rassenantisemitismus durch Pius XI. steht, aber doch in den größeren Zusammenhang der Zurückweisung neuheidnischer Weltanschauungen und ihres biologistisch-materialistischen Menschenbildes durch Papst Pius XI. gehört. Die – eher zufällige – Entdeckung der Dokumente, die auf jene Initiave hinweisen, verdanken wir ebenfalls den Archivöffnungen zum Pontifikat Pius' XI. Im Sommer und Herbst 1937 entwarf das Heilige Offizium den Plan zu einer Kampagne mit dem Ziel, der »antichristlichen Bewegung« des Nationalsozialismus mit einer großangelegten Offensive des Weltkatholizismus entgegenzutreten. Das Heilige Offizium rief die Katholiken aller Nationen zur Mitarbeit auf. Unter der Leitung von Nuntien, Delegaten und Bischöfen sollten in großem Stil Kurse und Kongresse veranstaltet sowie Artikel publiziert werden, um über »die nazistischen Theorien« – zu denen auch der Antisemitismus zählte – »aufzuklären und sie zurückzuweisen. Auch sollen konkrete Fakten dargelegt werden, um auf praktische Weise zu zeigen, zu welch furchtbaren Konsequenzen die Anwendung dieser Theorien für das individuelle wie gesellschaftliche Leben führt.«[26] Im Dezember 1937 sandte Sekretär Sbarretti den beim Heiligen Offizium tätigen Priester Giuseppe Graneris mit dem Text des Aufrufs nach München, um die Meinung Kardinal Faulhabers einzuholen. Dieser riet jedoch davon ab, die Kampagne wirklich durchzuführen: Die Gefahr für die Kirche in Deutschland, deren Existenz nicht nur durch die politische Verfolgung und den finanziellen Druck, sondern zusätzlich durch propagandistisch aufgebauschte Sittlichkeitsprozesse gegen Priester und Ordensangehörige schwerst gefährdet sei, bleibe unkalkulierbar.[27] Die Kongregation, Staatssekretär Pacelli und der zweifellos in Kenntnis gesetzte Papst nahmen die Argumente Faulhabers ernst und zogen die Initiative zurück. Rücksichtnahme auf die Situation der Kirche in Deutschland bewog sie dazu, den Konflikt mit dem Nationalsozialismus ein halbes Jahr nach der Enzyklika *Mit brennender Sorge* nicht in weitere Eskalation treiben zu lassen.[28]

Nuntius Orsenigo berichtete über die Vorgänge der Pogromnacht in Deutschland vom 9. auf den 10. November 1938 mit einem klaren Blick für die tatsächlichen Zusammenhänge. Am 15. November schrieb er an Pacelli unter dem Betreff »Antisemitischer Vandalismus«: »Ich muß zusätzlich zu dem was die Zeitungen über die antisemitischen Ausschreitungen des 9. und 10. November bereits berichtet haben, noch einige Beobachtungen ergänzen:
1. Die Zerstörungen begannen, wie auf Befehl, in der Nacht, unmittelbar auf die Nachricht vom Tode des jungen Diplomaten in Paris hin. Dieser war den Schüssen eines jungen Juden zum Opfer gefallen, dessen Eltern wenige Tage zuvor aus

---

Die Enzyklika »Mit brennender Sorge«.
26 Entwurf einer internationalen Initiative des S.O. gegen den Nationalsozialismus, o.D. [Anfang Dezember 1937]; S.O. Feria IV – 18.11.1936; ACDF S.O. 187/1937 [R.V. 1938, Nr. 1], Vol. 2, fol. 141/142; Billett des Notars des Heiligen Offiziums, Dalpiaz, an einen namentlich nicht genannten Kardinal, 9.12.1937: überreicht den endgültigen Text der Instruktion; Ebd., fol. 140R.
27 Aufzeichnung Graneris' über zwei Unterredungen mit Faulhaber, Rom, 2.1.1938; ACDF S.O. 187/1937 [R.V. 1938, Nr. 1], Vol. 2, fol. 124R–125V.
28 Eine detailliertere Darstellung der geplanten Offensive des Heiligen Offiziums vom Sommer/Herbst 1937 in: Brechenmacher, Die Enzyklika »Mit brennender Sorge«.

Deutschland nach Polen ausgewiesen worden waren. Die blinde Rache der Massen spielte sich überall nach dem gleichen Muster ab: in der Nacht zertrümmerte man alle Schaufenster [jüdischer Geschäfte] und setzte die Synagogen in Brand; tags darauf wurden die – jetzt schutzlosen – Geschäfte geplündert und die Waren, sogar die wertvollsten, in wildester Weise zerstört.

2. Erst gegen Nachmittag des 10. November, nach einem Tag, an dem der Pöbel – von keinem Polizisten gehindert – seine barbarischsten Triebe befriedigt hatte, gab Minister Goebbels die Anordnung, einzuhalten, und bezeichnete die Vorfälle als Ausdruck des ›deutschen Volkszorns‹. Dieses eine Wort genügte, die Ruhe wiederherzustellen.

Dies alles läßt leicht ahnen, daß der Befehl oder die Erlaubnis zu den Ausschreitungen von sehr weit oben gekommen ist.

Mit seiner Behauptung, die sogenannte ›antisemitische Reaktion‹ sei ein ›Werk des deutschen Volkes‹ gewesen, hat Goebbels dem wahren und gesunden deutschen Volk, dem sicherlich die Mehrheit der Deutschen angehört, großes Unrecht getan: ein achtzigjähriger pensionierter protestantischer Superintendent ist auch in die Apostolische Nuntiatur gekommen, um gegen diesen Satz Goebbels' Protest einzulegen.«[29]

Der Heilige Stuhl reagierte auf die verschärfte Situation in Deutschland, indem er seine seit Jahren laufenden Hilfsbemühungen weiter intensivierte. Zu den letzten Aktionen des bereits schwerkranken Pius XI. zählten zwei Rundbriefe vom 30. November 1938 und 9. Januar 1939, in denen sich der Papst zunächst an die Nuntien in Nord- und Südamerika, Afrika, im Nahen Osten und Irland, schließlich an die Erzbischöfe der freien Staaten der Welt mit der Bitte wandte, Gelder für die zur Auswanderung gezwungenen Nichtarier zu sammeln sowie weitere Hilfskomitees zu gründen. Den Bischöfen Kanadas und der USA legte der Papst insbesondere die aus Deutschland vertriebenen nichtarischen Wissenschaftler ans Herz.[30] Schon seit 1936 arbeiteten Vatikan, amerikanische Bischöfe und internationales Rotes Kreuz in Genf daran, bisher lediglich im Alleingang arbeitende Hilfsorganisationen zu vernetzen. Um Emigrationsmöglichkeiten zu eröffnen, war es notwendig, Kontakte zu potentiellen Einwanderungsländern aufzubauen sowie Gelder, Visa, Arbeitsplätze, Wohnungen zu beschaffen. Nur zu oft scheiterten die Bemühungen freilich am Unwillen der Regierungen, Flüchtlinge aufzunehmen – eine Erfahrung, die der Heilige Stuhl 1939/40 besonders in der so genannten Brasilienaktion machen sollte, als 3000 von der brasilianischen Regierung bereits genehmigte Visa letztlich doch nicht ausgegeben wurden.

Bereits einige Monate vor der Pogromnacht, im Juni 1938, hatte Pius XI. den Auftrag erteilt, zusätzlich zu *Mit brennender Sorge* und Divini Redemptoris noch eine weitere Enzyklika auszuarbeiten, diesmal gegen den Rassismus – Arbeitstitel *Societatis unio*. Allerdings wurde dieses Lehrschreiben von seinem Nachfolger Pius

---

29 Orsenigo an Pacelli, 15.11.1933; ASV, AES, Germania, Pos. 742, fasc. 356, fol. 40r–41r; kommentierte Edition demnächst bei Brechenmacher (Hg.), Berichte des Apostolischen Nuntius Cesare Orsenigo, Dok. Nr. 140.

30 Blet, Papst Pius XII. und der Zweite Weltkrieg, S. 141–145; Einzelheiten über die Hilfsaktivitäten auch bei Besier, Die Kirchen und das Dritte Reich, S. 880–886.

XII. nicht vollendet. Die Gründe dafür liegen noch immer im Dunklen und vielleicht wird erst nach der Freigabe der Akten des Pacelli-Pontifikates mehr hierüber zu erfahren sein. Mit gewisser Plausibilität steht jedoch anzunehmen, dass Pacelli die von den Jesuiten John LaFarge, Gustave Desbuquois und Gustav Gundlach vorbereiteten Textentwürfe zur Enzyklika als theologisch unzureichend erachtete. Denn diese operierten auf der Basis der althergebrachten Theologie der doppelten Schutzherrschaft, verwarfen zwar rassistische Positionen, rechtfertigten jedoch unterschwellig die althergebrachten religiös-antijudaistischen Verdikte.[31] Eine Judenfrage existiere durchaus – hieß es etwa in dem Entwurf Gundlachs (in den Entwürfen der beiden anderen Autoren finden sich entweder die gleichen oder ähnlich lautende Passagen); aber diese Judenfrage sei keine Rassenfrage, sondern eine Frage des Christentums. Allein christlich-religiös sei denn auch die »gesellschaftliche Besonderung« der Juden zu begründen. Durch ihre »Ablehnung« des Herrn Jesus Christus hätten die Juden selbst eine »tiefe, von sich aus unverrückbare Grenze« gezogen. Die Juden, so implizierte dieser Passus, hätten sich selbst außerhalb der Gesellschaft gestellt und diese »Besonderung« sei unaufhebbar. Das Judentum, so Gundlach, habe seinen »erhabenen geschichtlichen Beruf im Erlösungsplan endgültig verspielt.«[32]

Ausführungen wie diese wären nach einem Erscheinen der Enzyklika durch den nationalsozialistischen Propagandaapparat mit Sicherheit aus ihrem Zusammenhang gerissen und dazu benutzt worden, gegen den Sinn der Enzyklika eine angebliche Bestätigung der Judenverfolgung durch den Papst zu konstruieren. Derartigen Missbrauch galt es unbedingt zu vermeiden. Eine neue, unmissverständliche Judentheologie als Basis eines päpstlichen Lehrschreibens war aber am Vorabend des Zweiten Weltkrieges noch nicht vorhanden. Pius' XII. Haltung gegenüber der geplanten Enzyklika zu Rassismus und Antisemitismus wird aus diesem theologischen Dilemma erklärbar: Er lehnte nicht die Idee einer Enzyklika zu diesem Thema ab, sondern die vorgelegten Entwürfe. Für neue Entwürfe sah er aber offenbar noch keine theologisch ausreichende Basis. Angesichts der bis 1939 bereits mehrfach erfolgten deutlichen Verurteilungen des Rassenantisemitismus durch die höchsten Autoritäten der Katholischen Kirche schien obendrein eine weitere Enzyklika nicht wirklich dringlich. Mit dem Kriegsbeginn im September 1939 rückten hingegen die Fragen nach konkreter Hilfeleistung in den Vordergrund. Durch die sofortige Einrichtung des vatikanischen Informationsbüros für die Opfer des Krieges trug Pius XII. dieser veränderten Lage Rechnung.

Der Weg zu einer neuen Judentheologie der Katholischen Kirche war noch weit. Die Notwendigkeit zu einer solchen Umorientierung, verbunden mit einer grundsätzlichen historischen und moralischen Reflexion über antijudaistische Strömungen in Theologie und Geschichte des Christentums, schien aber in Pacelli aufzukeimen, als er davon absah, die Enzyklika Societatis unio 1939 zu verkünden. Doch auch ohne neue Theologie war die päpstliche Position zur Verfolgung und (später) Ermordung der europäischen Juden eindeutig artikuliert und unmissverständlich

---

31 Die Texte in Passeleq/Suchecky, Die unterschlagene Enzyklika und Rauscher (Hg.), Wider den Rassismus; Vgl. Brechenmacher, Der Vatikan und die Juden, S. 186f.
32 Rauscher (Hg.), Wider den Rasssismus, S. 161f.

klar. Als solche wurde sie auch von vielen Juden wahrgenommen und gewürdigt. Der jüdische Kaufmann Joseph Salomon aus Rotterdam schrieb 1936 an Pius XI.: »Seine Heiligkeit, sowie Seine Eminenz Kardinal Faulhaber und noch viele andere hohe katholische Geistliche [haben] die Utopien der Rassen- und Religionsbekämpfungen in Deutschland öffentlich als nicht christlich und im Gegensatz zu dem Fundament aller Religionen und den zehn Geboten gebrandmarkt.«

Im Mai 1938 berichtete der zionistische Politiker Moshe Waldman nach Jerusalem über ein Gespräch mit dem Oberrabbiner von Rom. Der Oberrabbiner unterhalte gute Kontakte zum Staatssekretariat und habe die außerordentlich positive Einstellung sowohl des Papstes als auch Kardinalstaatssekretär Pacellis »jüdischen Forderungen« gegenüber betont. Kennzeichnend, so Waldmann, sei »die Bereitwilligkeit Pacellis, d.h. der Kurie […] für die Juden einzutreten«. Der Zustand sei »psychologisch« sogar so »günstig«, dass »unter Umständen sogar […] eine veränderte vatikanische Haltung gegenüber der Idee eines jüdischen Staates in Palästina« herbeigeführt werden könne. Kaum treffender als durch die Worte Waldmanns ließ sich der tiefere Grund für diese Disposition des Heiligen Stuhls auf den Punkt bringen: »Die Gegnerschaft des Vatikans gegen das Neuheidentum des Nationalsozialismus ist fundamental.«[33]

---

33 Memorandum von Moshe Waldmann über ein Gespräch mit Oberrabbiner Dr. Prato (Rom), Haifa, 26. 5. 1938 (Zionistisches Zentralarchiv Jerusalem), ediert bei Brechenmacher, Pius XII. und der Zweite Weltkrieg, hier S. 97–99.

Literatur

Ales Bello, Angela/Philippe Chenaux (Hg.), Edith Stein e il Nazismo, Roma 2005.

Besier, Gerhard, Die Kirchen und das Dritte Reich. Spaltungen und Abwehrkämpfe, 1934-1937, Berlin/München 2001.

Blet, Pierre, Papst Pius XII. und der Zweite Weltkrieg. Aus den Akten des Vatikans, Paderborn/München/Wien/Zürich 2000.

Brechenmacher, Thomas, Berichte des Apostolischen Nuntius Cesare Orsenigo aus Deutschland 1930-1939. Editionsprojekt des Deutschen Historischen Instituts in Rom in Kooperation mit der Kommission für Zeitgeschichte Bonn und dem Archivio Segreto Vaticano, 2003.

Ders. (Hg.), Das Ende der doppelten Schutzherrschaft. Der Heilige Stuhl und die Juden am Übergang zur Moderne (1775-1870), Päpste und Papsttum Band 32, Stuttgart 2004.

Ders. (Hg.), Das Reichskonkordat 1933. Forschungsstand, Kontroversen, Dokumente, Veröffentlichungen der Kommission für Zeitgeschichte Band 109, Paderborn/München/Wien/Zürich 2007.

Ders., Der Vatikan und die Juden. Geschichte einer unheiligen Beziehung vom 16. Jahrhundert bis zur Gegenwart, München 2005.

Ders., Die Enzyklika »Mit brennender Sorge« als Höhe- und Wendepunkt der päpstlichen Politik gegenüber dem nationalsozialistischen Deutschland, in: Wolfram Pyta/Giuseppe Ignesti/Christiane Liermann (Hg.), Der Katholizismus und die Herausforderung der Diktatur in Italien und Deutschland 1918-1945, Tübingen 2008.

Ders., »So kann der Tag kommen, an dem man wird sagen können, daß etwas getan worden ist.« Pius XI., Pacelli und der Judenboykott im April 1933. Interpretation einer Quelle aus den neu freigegebenen Beständen des vatikanischen Geheimarchivs, in: Gisela Fleckenstein/Michael Klöcker/Norbert Schloßmacher (Hg.), Kirchengeschichte. Alte und neue Wege Festschrift für Christoph Weber, Frankfurt a. M. 2008, S. 361-370.

Ders., Pius XII. und der Zweite Weltkrieg. Plädoyer für eine erweiterte Perspektive, in: Karl-Joseph Hummel (Hg.), Zeitgeschichtliche Katholizismusforschung. Tatsachen, Deutungen, Fragen. Eine Zwischenbilanz, Veröffentlichungen der Kommission für Zeitgeschichte, Reihe B: Forschungen, Band 100, Paderborn/München/Wien/Zürich 2004, S. 83-99.

Enzyklika Papst Pius' XI. über die Lage der katholischen Kirche im Deutschen Reich, in: Dieter Albrecht (Bearb.), Der Notenwechsel zwischen dem Heiligen Stuhl und der deutschen Reichsregierung, Band 1: Von der Ratifizierung des Reichskonkordats bis zur Enzyklika »Mit brennender Sorge«, VKfZ, A 1, Mainz 1965, S. 404-443.

Godman, Peter, Der Vatikan und Hitler. Die geheimen Archive, München 2004.

Innocenz III., Constitutio pro Iudaeis, 15. 9. 1199, in: Shlomo Simonsohn (Hg.), The Apostolic See and the Jews, Band 1, Toronto 1988, Nr. 71, S. 74/75.

Lamparter, Eduard, Evangelische Kirche und Judentum, in: Robert Raphael Geis/Hans-Joachim Kraus (Hg.), Versuche des Verstehens. Dokumente jüdisch-christlicher Begegnung aus den Jahren 1918-1933, München 1966, S. 256-302.

Nota SJ, John H., Edith Stein und der Entwurf für eine Enzyklika gegen Rassismus und Antisemitismus, in: Freiburger Rundbrief 1975, S. 35-41.

Passeleq, Georges/Bernard Suchecky, Die unterschlagene Enzyklika. Der Vatikan und die Judenverfolgung, München/Wien 1997.

Rauscher, Anton (Hg.), Wider den Rassismus. Entwurf einer nicht erschienenen Enzyklika (1938). Texte aus dem Nachlaß von Gustav Gundlach SJ, Paderborn/München/Wien/Zürich 2001.

Repgen, Konrad, Hitlers »Machtergreifung«, die christlichen Kirchen, die Judenfrage und Edith Steins Eingabe an Pius XI. vom [9.] April 1933, in: Edith Stein Jahrbuch 2004, Würzburg 2004, S. 31-68.

Volk, Ludwig, Das Reichskonkordat vom 20. Juli 1933. Von den Anfängen in der Weimarer Republik bis zur Ratifizierung am 10. September 1933, Veröffentlichungen der Kommission für Zeitgeschichte Band 5, Mainz 1972, S. 223f.

Wolf, Hubert, »Pro perfidis Judaeis.« Die »Amici Israel« und ihr Antrag auf eine Reform der Karfreitagsfürbitte für die Juden (1928). Oder: Bemerkungen zum Thema katholische Kirche und Antisemitismus, in: Historische Zeitschrift 279 (2004), S. 611-658.

Liste der verwendeten Archive
Roma, Città del Vaticano
Archivio della Congregazione per la dottrina della fede (ACDF)
Archivio Segreto Vaticano (ASV), Archivio della Congregazione per gli Affari Ecclesiastici Straordinari (AES)

Ingo Loose
Reaktionen auf den Novemberpogrom in Polen 1938–1939[1]

Einleitung und Fragestellung

Die Auseinandersetzung mit dem Novemberpogrom im nationalsozialistischen Deutschland 1938 wirft immer wieder die Frage auf, ob man diesen Gewaltexzess im Ausland als einen entscheidenden Wendepunkt hätte verstehen und Maßnahmen ergreifen können, um die weitere Eskalation zu verhindern, die nur wenige Jahre später im Holocaust kulminierte. Die französische Historikerin Rita Thalmann hat in einer Skizze des internationalen Echos, das der Novemberpogrom hervorrief, einmal unter der Überschrift *Zuschauerstaaten* in Bezug auf Polen geschrieben, dass das dortige autoritäre Regime im Pogrom »eine Ermutigung« gesehen habe, »einen härteren Kurs bezüglich der Judenfrage einzuschlagen« und dass man innerhalb der politischen Rechten der Ansicht gewesen sei, dass »brutale Maßnahmen das einzige Mittel seien, eine internationale Lösung aufzuzwingen, die Polen seiner 3 500 000 Juden entledigen würde«[2]. So sehr dies nun im Großen und Ganzen zutreffend ist, und so sehr eine Konzentration auf die *große Politik* ihre Berechtigung hat, so sehr muss es dennoch überraschen, dass die Wahrnehmung und Rezeption des Novemberpogroms durch die größte jüdische Bevölkerungsgruppe in Europa, die polnischen Juden, bislang auf kein größeres Interesse der Forschung gestoßen ist.[3]

Die Juden in Polen besaßen durch die dem Novemberpogrom unmittelbar vorangegangene so genannte Polen-Aktion einen sehr direkten Bezug zu den antijüdischen Exzessen im NS-Staat. Ende Oktober 1938 waren 17 000 Juden polnischer Staatsangehörigkeit aus Deutschland über die Grenze nach Polen getrieben worden. Zudem empfanden viele Juden in Polen ihre eigene prekäre Lage zumindest bis zum 9. November 1938 als durchaus vergleichbar mit dem Schicksal ihrer deutschen Glaubensbrüder. Schon deshalb verdienen die Meinungen, Ängste und Hoffnungen von über drei Millionen Juden im November 1938 und in den darauf folgenden Wochen und Monaten größte Aufmerksamkeit.

Im Folgenden sollen zwei Perspektiven auf den Novemberpogrom miteinander verbunden werden, nämlich einerseits skizzenhaft die Reaktionen auf Seiten der offiziellen Politik Polens auf der Grundlage der Akten des Außenministeriums und der Konsulate sowie andererseits – und dies sehr viel ausführlicher – die Reaktionen der jüdischen Bevölkerung anhand der einschlägigen jüdischen, das

---

1 Der vorliegende Aufsatz ist eine überarbeitete und stark erweiterte Fassung meines Aufsatzes: »Das war einmal…«.
2 Thalmann/Feinermann, Kristallnacht, S. 188.
3 Vgl. jedoch Kosmala, Pressereaktionen in Polen; Tomaszewski, Preludium Zagłady [dt. Auftakt zur Vernichtung].

heißt polnisch- und jiddischsprachigen Presse.[4] In welcher Weise wurde über den Novemberpogrom und sein zeitliches Umfeld berichtet? Wie reagierten die Politik einerseits und die jüdische Öffentlichkeit andererseits?[5] In welchen übergeordneten Zusammenhang wurde der Pogrom mit der internationalen Dimension der *Judenfrage* in der Folge der ergebnislosen Evian-Konferenz von Juli 1938 gestellt und welche Parallelen beziehungsweise Schlussfolgerungen wurden aus dem Novemberpogrom für die Situation der Juden in Polen gezogen?[6]

Die gegenseitige Wahrnehmung deutscher und polnischer Juden 1933 bis 1938

In den 1930er Jahren kam es in Polen zu einem signifikanten Anstieg von latenter und tätlicher Gewalt gegen Juden. Dies lässt sich am deutlichsten an einer Reihe von Ausschreitungen gegen die jüdische Bevölkerung nach 1935 ablesen, als sich der Antisemitismus nach dem Tod von Marschall Józef Piłsudski, der Zeit seines Lebens eine sichtbare Resistenz gegenüber Antisemitismus gezeigt hatte und deshalb ein hohes Ansehen bei den polnischen Juden genoss, zunehmend zu einem verbindenden Glied zwischen der Opposition und der Regierung entwickelte. So kam es beispielsweise im zentralpolnischen, in der Nähe von Radom gelegenen Przytyk im März 1936 zu einem Pogrom mit mehreren Todesopfern und Verletzten.[7] Die Unterschiede zum nationalsozialistischen Deutschen Reich lagen jedoch darin, dass es in der Zweiten Polnischen Republik keinen staatlich verordneten Antisemitismus gab, dass Juden mit einem Bevölkerungsanteil von zehn Prozent – in Warschau und Łódź sogar von über dreißig Prozent – alles andere als eine *quantité négligeable* waren[8] und dass sie nicht zuletzt auch in den politischen Gremien wie dem Sejm und den Bezirksparlamenten mit einer Reihe von Parteien vertreten waren.[9] Zwar gab es im Sejm Gesetzesinitiativen, beispielsweise ein (allerdings abgelehntes) Schächtverbot betreffend, aber niemals eine offizielle, *demokratisch* sanktionierte Diskriminierung von Juden bis September 1939.

Daneben jedoch finden sich in der polnischen nichtjüdischen Presse zahlreiche Projekte, die nicht verhehlen, dass sie ihre Inspiration aus der nationalsozialistischen *Judenpolitik* bezogen hatten und auf eine völlige Entrechtung und Enteignung aller polnischen Juden abzielten.[10] Die Juden in Deutschland wie in Polen zeigten eine rege gegenseitige Anteilnahme an der schwierigen Lage und den antisemitischen Verfolgungsmaßnahmen im jeweils anderen Land, so dass der

---

4 Fuks, Prasa żydowska.
5 Die nichtjüdische Öffentlichkeit bleibt im Folgenden unberücksichtigt; Vgl. hierzu ausführlich Żyndul, Zajścia antyżydowskie. Landau-Czajka, W jednym stali domu…; Grünberg, The Atrocities against the Jews; Beyrau, Antisemitismus und Judentum in Polen; Modras, The Catholic Church.
6 Berücksichtigt wurden im Folgenden die jiddischen Tageszeitungen *Hayntige nayes* sowie *Unzer ekspres,* ferner die polnischsprachigen Tageszeitungen *Nasz Przegląd* (überregional) und *Republika* (Łódź), ferner die in Riga erscheinende, aber vor allem in Polen gelesene, jiddische Wochenillustrierte *Idishe bilder*.
7 Vgl. zum Kontext Weiss, Deutsche und polnische Juden, S. 105–130.
8 Zahlenangaben beziehen sich auf 1931, dem Jahr der letzten Volkszählung in Polen; Vgl. Mały Rocznik Statystyczny 1938, Warszawa 1938, S. 26, 41.
9 Weiss, Polish and German Jews, S. 214.
10 Besonders drastisch beispielsweise: »Projekt ›uregulowania‹ sprawy żydowskiej lansowany przez tygodnik ›Zespół‹. – Autorzy tego ›projektu‹ pozbawiają Żydów wszelkich praw i możliwości egzystencji«, in: *Republika* [Łódź] Nr. 298 vom 30.10.1938, S. 2.

vielbeschworene Gegensatz zwischen *West-* und *Ostjuden* zumindest partiell überwunden wurde.[11] Für die polnische Wahrnehmung müssen zudem die ca. 40 000 bis 45 000 Juden polnischer Staatsangehörigkeit berücksichtigt werden[12], die Mitte Oktober 1938 noch immer in Deutschland lebten und auch um derentwillen man vergleichsweise gut über die Lage im NS-Staat informiert war.[13] Sie hatten als nichtdeutsche Juden zumindest bis 1937 eine geringfügig bessere Position im NS-Staat besessen als die deutschen Juden, waren überdies seit Mitte der 1930er Jahre in eigenständigen Vereinen organisiert und konnten sich zur Wahrnehmung ihrer Interessen nach 1933 zunächst der Hilfe der polnischen Konsulate sicher sein. Letztere hatten mit dem Abfassen von Protestschreiben an die nationalsozialistischen Behörden nach 1933 alle Hände voll zu tun gehabt, bis schließlich den deutschen Behörden bewusst wurde, wie wenig nur mehr der polnischen Seite in der zweiten Hälfte der 1930er Jahre an ihren jüdischen Staatsbürgern im Deutschen Reich gelegen war.[14]

Vom Märzgesetz zur *Polen-Aktion*

Besonders deutlich wurde dies durch ein Ende März 1938 in Polen erlassenes Gesetz, durch das den meisten dieser in Deutschland schon viele Jahre lebenden Juden der Verlust ihrer polnischen Staatsbürgerschaft drohte.[15] Auch wenn das Gesetz Juden explizit gar nicht erwähnte, so war die Zielrichtung doch völlig unzweideutig. Zudem prüften die polnischen Konsulate namentlich in Deutschland bei Beschwerden über Diskriminierungen zunächst, ob den Petenten möglicherweise die Staatsbürgerschaft entzogen werden konnte, um in der jeweiligen Angelegenheit gar nicht erst tätig werden zu müssen.[16] Als die antisemitischen Übergriffe in Polen 1937 zunehmend zu negativen Reaktionen und Protesten im Ausland führten, wies das polnische Außenministerium seine Konsulate im Ausland an, alle antipolnischen Äußerungen polnischer Juden akribisch zu registrieren.[17]

Die Flüchtlingskonferenz von Evian vom 6. bis 15. Juli 1938 war im Vorfeld von großen Hoffnungen begleitet worden, die sich besonders darauf bezogen, dass die USA die Emigration erleichtern würden.[18] Obwohl die Lage der deutschen Juden die Konferenz angestoßen hatte, so versuchten besonders Polen und Rumänien, Evian für eigene Zwecke zu instrumentalisieren, das heißt eine Erhöhung der

---

11 Als *pars pro toto* vgl. Chronistische Notizen, in: *Breslauer Jüdisches Gemeindeblatt* 14 (1937), Nr. 9 (10. 5. 1937), S. 14.
12 Archiwum Akt Nowych (Warszawa) [AAN], Ambasada RP w Berlinie, Nr. 875, Bl. 40–48, hier Bl. 40: Aktennotiz des polnischen Generalkonsuls in Berlin vom 13. 12. 1938.
13 Hagen, Before the ›Final Solution‹.
14 Melzer, No Way Out; Ders., Antisemitism; Ders., Relations between Poland and Germany; Maurer, Ausländische Juden in Deutschland.
15 Weiss, Deutsche und polnische Juden, S. 194ff.
16 Vgl. ganz ähnlich auch für die Freie Stadt Danzig: AAN, Ministerstwo Spraw Wewnętrznych, Nr. 1069, Bl. 1f.: Komisarz Generalny RP w Gdańsku (gez. Roman Kwiatkowski) do Ministerstwa Spraw Wewnętrznych, Departament Publiczny, z dnia 20 grudnia 1938 r.
17 AAN, Ambasada RP w Berlinie, Nr. 3892, Bl. 190–193: Ministerstwo Spraw Zagranicznych, Departament Konsularny (gez. Wiktor Tomir Drymmer) – do wszystkich PP. Kierowników Urzędów zagranicznch R.P. (do rąk własnych) z dnia 27 kwietnia 1937 roku; Vgl. auch Weiss, Das Gespräch zwischen Jerzy Potocki, Stephan Wise und Louis Lipsky.
18 Amerika vet ferleykhtern di imigratsye, in: *Hayntige nayes* Nr. 149 A vom 29. 6. 1938, S. 1.

jüdischen Emigration aus ihren Ländern zu erreichen. So groß die Hoffnungen, so groß war auch die Enttäuschung über die mageren Ergebnisse. Im Zusammenhang mit der Konferenz titelte der nationalsozialistische *Reichswart* zynisch: »Juden preiswert abzugeben – wer will sie?«[19]

Im Übrigen war die Berichterstattung in den jüdischen Zeitungen zeitgleich dominiert von Meldungen über antisemitische Exzesse in Österreich sowie Terroranschläge in Palästina. Der Ausgang der Evian-Konferenz war womöglich sogar weniger von der Lage der Juden in Deutschland bestimmt, als vielmehr von der Befürchtung Englands und der USA, dass sich die *jüdische Frage* in Osteuropa (vor allem in Polen und Rumänien) mit einer ähnlichen Virulenz stellen und zu einer riesigen Auswanderungswelle führen könnte, die weit über die Verhältnisse in Deutschland hinausgehen würde. Resigniert notierte der protestantische Schriftsteller Jochen Klepper, der sich zusammen mit seiner jüdischen Frau und seiner Tochter im Dezember 1942 das Leben nahm, am 23. August 1938 in sein Tagebuch: »Seit die Konferenz von Evian erwiesen hat, daß das Ausland den Juden nicht hilft, ist alles noch viel tragischer.«[20]

Allerdings geriet das Thema Antisemitismus im Herbst 1938 noch aus einem anderen Grund auf die Seiten der jüdischen Presse: Zum 25. Mal jährte sich der Freispruch von Mendel Bejlis, der 1911 in Kiev eines angeblichen Ritualmordes angeklagt worden war.[21] Alle jüdischen Zeitungen druckten teils ausführliche Berichte über den Prozess; *Nasz Przegląd (Unsere Rundschau)* druckte ab Ende Oktober 1938 die Erinnerungen von Bejlis' Anwalt, Oskar Gruzenberg, und *Hayntige nayes (Heutige Nachrichten)* brachte aus diesem Anlass sogar einen Fortsetzungsroman mit dem Titel *Bejlis,* dessen Abdruck auch während der Berichterstattung über den Novemberpogrom fortgesetzt wurde.

Die Zeit zwischen der Konferenz in Evian und der *Polen-Aktion* war von Unruhe geprägt, die beinahe schon so etwas wie eine neuerliche Katastrophe erahnen ließ.[22] Die Sudetenkrise gab Anlass zu sorgenvollen Überlegungen, wie weit die Nationalsozialisten noch gehen würden, der Bau des Konzentrationslagers Mauthausen wurde ebenso gemeldet[23] wie auch der antisemitische Aktionismus im eigenen Lande, beispielsweise die geplante Einführung eines *Arierparagraphen* in der Polnischen Industrie- und Handelskammer.[24]

Ein Situationsbericht des polnischen Generalkonsulats in Berlin über die allgemeine Stimmung der Juden in Deutschland vom 13. August 1938 zeugte von der verzweifelten Lage, in der sich viele Juden polnischer Staatsangehörigkeit bereits im Sommer 1938 befanden: »Juden polnischer Staatsangehörigkeit dagegen schätzen die Situation sehr pessimistisch ein und unterstreichen die Effizienz und Direktheit vor allem von Liquidationsmaßnahmen wie die massenhafte Kündigung von Mietverträgen für Wohnungen, Läden und Werkstätten, sehr weitgehende steuerliche

---

19 Reichswart. Wochenschrift für nationale Unabhängigkeit und deutschen Sozialismus vom 14. 7. 1938, S. 1.
20 Klepper, Unter dem Schatten deiner Flügel, S. 631.
21 Loose, »In der Seele ein Gefühl des 16. Jahrhunderts«.
22 AAN, Ambasada RP w Berlinie, Nr. 1893, passim.
23 Z Trzeciej Rzeszy, in: *Nasz Przgląd* vom 24. 10. 1938, S. 3.
24 Rada Naczelna Zrzeszeń Kupiectwa Polskiego domaga się eliminacji Żydówz Izb Przem.-Handlowych, in: *Nasz Przegląd* vom 27. 10. 1938, S. 11.

Diskriminierungen [...] sowie die Begrenzungen bei der Teilnahme an Messen und Märkten, was vor allem die ärmeren jüdischen Schichten stark trifft.«[25]

Ende September herrschte in den deutsch-polnischen Beziehungen zumindest hinsichtlich der Lösung der *Judenfrage* durch forcierte Emigration jedoch noch weitgehende Übereinstimmung, und der polnische Botschafter in Berlin, Józef Lipski, erklärte Hitler sogar, man würde ihm, dem Führer, »ein schönes Denkmal in Warschau« errichten, wenn ihm auf diese Weise die Lösung des »jüdischen Problems« gelänge.[26]

Das polnische *Märzgesetz* und sein herannahendes Inkrafttreten Ende Oktober 1938 nahm die Gestapo jedoch drei Wochen später zum Vorwand und begann am 27. Oktober mit der Deportation polnischer Juden über die deutsch-polnische Grenze beziehungsweise ins Niemandsland. In den folgenden zwei Tagen schob sie 17 000 Menschen nach Polen ab. Da Polen seinerseits mit der Ausweisung von Deutschen reagierte, wurde die Aktion rasch wieder eingestellt. Auch wenn dies alles nicht unbemerkt verlief, so blieb es in der polnischen jüdischen Presse doch zunächst überwiegend bei kleinen Meldungen darüber. Das Ausmaß der humanitären Katastrophe, die sich in Zbąszyn und andernorts in der deutsch-polnischen Grenzregion abspielte[27], drang erst mit einigen Tagen Verspätung nach Warschau – zu groß war die Aufmerksamkeit, die den arabischen Gewalttaten in Palästina in jenen Wochen gewidmet wurde. Dann jedoch zeigte sich eine überwältigende Solidarität mit den Deportierten aus Deutschland. Praktisch jede Zeitung initiierte ihre eigene Hilfsaktion; beispielsweise sammelte allein *Nasz Przegląd,* eine der renommiertesten jüdischen Tageszeitungen der Zwischenkriegszeit mit liberal-zionistischer Ausrichtung, bis Januar 1939 knapp 200 000 Złoty (entsprechend etwa 94 000 Reichsmark) von seiner Leserschaft. Demgegenüber hielten sich die Aktivitäten der offiziellen polnischen Stellen in engen Grenzen und die finanziellen sowie die humanitären Belange der Deportierten waren überwiegend jüdischen Institutionen wie dem *American Jewish Joint Distribution Committee (Joint)* und den Hilfskomitees der Jüdischen Gemeinden in Polen aufgegeben.[28]

Über das von der *Polen-Aktion* maßgeblich motivierte Attentat von Herschel Grynszpan auf den Legationssekretär Ernst vom Rath am 7. November 1938 in Paris wurde einen Tag später als »Attentat eines verzweifelten jungen Juden« berichtet,

---

25 AAN, Ministerstwo Spraw Zagranicznych [MSZ], Nr. 11981, Bl. 164f.: Konsulat Generalny RP (gez. Roman Wodzicki, Konsul) w Berlinie do Ministerstwa Spraw Zagranicznych z dnia 13 sierpnia 1938 r; Vgl. Wodzicki, Wspomnienia, S. 548–598, bes. S. 561: »Wie vorauszusehen war, hinterließ diese ganze unmoralische, gedankenlose und schädliche Aktion der Aberkennung der Staatsangehörigkeit [...], in wessen Interesse sie auch immer war, ganz sicher nicht im polnischen, bedauerliche Spuren in der öffentlichen Meinung im Ausland, und in Deutschland endete sie einfach fatal.«

26 Diplomat in Berlin 1933–1939, S. 411: »From other long deliberations of the Chancellor the following results were clear: [...] that he has in mind an idea for settling the Jewish problem by way of emigration to the colonies in accordance with an understanding with Poland, Hungary, and possibly also Rumania (at which point I told him that if he finds such a solution we will erect him a beautiful monument in Warsaw).«

27 H. Szoszkies: Wizyta w Zbąszyniu, in: *Nasz Przegląd* vom 3. 12. 1938, S. 9; Vgl. Milton, The Expulsion of Polish Jews from Germany. Einen Überblick über die immensen logistischen Bemühungen der Hilfskomitees der Jüdischen Gemeinden in Polen findet sich bei Ringelblum, Zbonshin.

28 Akcja pomocy dla uchodźców i wysiedleńców, in: *Nasz Przegląd* vom 9. 11. 1938, S. 9; Weiss, Deutsche und polnische Juden, S. 208–211; Tomaszewski, Auftakt zur Vernichtung, S. 179ff., 261ff.

allerdings erst hinter den Ergebnissen der jüdischen Kandidaten bei den Sejmwahlen zwei Tage zuvor (darunter Persönlichkeiten wie Lejb Mincberg oder Ignacy Szwarcbard). Bis auf die Kennzeichnung der Schüsse als *Verzweiflungstat* enthielten sich *Nasz Przegląd* und die übrigen Zeitungen zunächst jeglicher Kommentare und übernahmen lediglich die Informationen verschiedener Nachrichtenbüros. Sie gaben wieder, dass Grynszpan die wenige Tage zuvor aus Deutschland ausgewiesenen Juden – darunter seine Eltern – hatte rächen wollen.[29] Am 9. November schon wurde das Verbot jüdischer Presseerzeugnisse in Deutschland gemeldet, ebenso ausführlich die antisemitischen Invektiven in der NS-Presse, aber auch die Debatten in der französischen Öffentlichkeit über die Verschärfung des Ausländerrechts in Frankreich.[30]

Nach einer besonderen Anteilnahme oder großem Verständnis für die Tat Grynszpans sucht man in den jüdischen Zeitungen jener Tage vergeblich. Vielmehr waren die Kommentare durchsetzt von der nur allzu berechtigten Befürchtung, die Nationalsozialisten könnten kollektive Vergeltung an den Juden in Deutschland üben. Grynszpans Tat sei nicht nur moralisch zu verurteilen, sie könne auch niemals einem politischen Ziel dienen und führe vielmehr zu einer Verschärfung der Lage. Derlei Verzweiflungstaten seien nicht nur sinnlos, sondern schädlich, denn – so schrieb der *Haynt (Heute)*, die seinerzeit wichtigste jiddische Tageszeitung in Polen und ganz Ostmitteleuropa, am 9. November 1938 – »die blutrünstigen Judenfresser warten nur auf solche Dinge, um sich mit verdoppelter Brutalität auf die Juden stürzen zu können«. Andererseits jedoch dürfe die Welt nicht tatenlos zu sehen, wenn Menschen »wie wilde Tiere« von einem Land in das nächste getrieben würden und antisemitische Repressionen gegen alle Juden mit der Tat eines Einzelnen gerechtfertigt würden.[31]

Die Pogromnacht und die Reaktionen in Polen

Der polnische Nationalfeiertag am 11. November – zugleich auch der 20. Jahrestag der staatlichen Souveränität – hatte zur Folge, dass der Novemberpogrom in der Presse jenes Tages ungeachtet erstaunlich umfangreicher Informationen über seinen Verlauf erst auf den hinteren Zeitungsseiten erschien. Während der Nationalfeiertag in der jüdischen Presse für den Hinweis genutzt wurde, dass auch die Juden zu Polen gehörten: »Polen – das sind auch wir!«[32], waren dann vor allem die Ausgaben vom 13. November 1938 – der 12. November fiel auf einen Schabat – voll mit Meldungen über die Gräuel des Pogroms im Deutschen Reich. Angesichts des Schocks brachte man möglichst viele Details verschiedener Presseagenturen; mit Wertungen und Interpretationen jedoch hielt man sich noch zurück.

---

29 Zamach zrozpaczonego młodzieńca żydowskiego na sekretarza ambasady niemieckiej w Paryżu, in: *Nasz Przegląd* vom 8. 11. 1938, S. 2; Dochodzenie w sprawie zamachu w ambasadzie niemieckiej, in: Ebd., S. 4.
30 Po zamachu paryskim. Pierwsze represje przeciwko Żydom niemieckim, in: *Nasz Przegląd* vom 9. 11. 1938, S. 4.
31 17-jehriger grinshpan erklert farvos er hot geshosn tsum daytshen ambasador-sekretar, in: *Hayntige nayes* vom 9. 11. 1938, S. 1; Zamach paryski, in: *Nasz Przegląd* vom 10. 11. 1938, S. 3; Prasa żydowska o zamachu paryskim, in: Ebd. Die beiden am 10. 11. publizierten Artikel waren noch in Unkenntnis des Pogroms verfasst worden.
32 Poylen – dos zenen oykh mir!, in: *Unzer ekspres* vom 11. 11. 1938, S. 4.

Immerhin wurde bereits einen Tag nach dem Pogrom einhellig vermutet, dass es sich keineswegs um den Ausbruch des *Volkszornes,* sondern um eine geplante Aktion gehandelt haben müsse.[33] In den folgenden Tagen füllten *Hiobsbotschaften* die Blätter und machten mitunter den überwiegenden Teil der gesamten Berichterstattung aus: »Görings Dekret beraubt Juden der Hälfte ihres Vermögens – Weitere Verhaftungen – Das Gespenst des Hungers – Massenhafte Selbstmorde – Jüdische Krankenhäuser ohne Ärzte – Kinder aus Waisenheimen geworfen.«[34]

Starke Beachtung fanden hierbei auch die weniger offensichtlichen Schauplätze des Pogroms, namentlich in der *nota bene* unter Aufsicht des Völkerbundes stehenden, jedoch ebenfalls seit 1933 nationalsozialistisch dominierten Freien Stadt Danzig und im kurz zuvor erst vom Deutschen Reich annektierten Sudetengebiet.[35] Zuvor hatte der *Jüdische Weltkongress (WJC)* angesichts der Sudetenkrise Edouard Daladier und Neville Chamberlain am 19. September 1938 ersucht, nicht zu dulden, dass sich das nationalsozialistische Deutschland Gebiete einverleibe, in denen Juden lebten.

Da die jüdischen Zeitungen in Polen aus naheliegenden Gründen keine eigenen Korrespondenten in Deutschland (mehr) besaßen und auch die Nachrichten der *Jüdischen Telegraphen-Agentur (J.T.A.)* spärlich blieben, speiste sich das Gros der Detailinformationen über »das Schicksal unserer Brüder im Dritten Reich«[36] aus den Meldungen in der deutschen (!) und englischen, zum geringeren Teil der französischen bzw. US-amerikanischen Presse. Jedoch wurde ihre Verlässlichkeit in Einzelheiten stets kritisch hinterfragt.[37] Einzig für *Nasz Przegląd* schrieb Włodzimierz Lencki in den Wochen nach dem 10. November 1938 eine Reihe beklemmender Reportagen über jüdisches Leben in Deutschland.[38]

Bald folgten den zahlreichen Meldungen differenziertere Überlegungen zu den Absichten der Nationalsozialisten. Die Journalisten versuchten, den Novemberpogrom im Zusammenhang mit der deutschen *Judenpolitik* der vorangegangenen Jahre zu deuten und verstanden ihn als einen integralen Teil der antisemitischen Politik des Nationalsozialismus.[39] Das Ausmaß der Gewalt überraschte und bestürzte, nicht so sehr mehr der Umstand, dass Pogrome im vermeintlich zivilisierten Mitteleuropa überhaupt stattfanden. Und so lag es nahe, den Pogrom (richtigerweise) in einen engen Zusammenhang mit den nachfolgenden Verordnungen des NS-Regimes zu bringen, die die letzten Reste wirtschaftlicher Selbst-

---

33 Straszliwy pogrom Żydów w Niemczech, in: *Nasz Przegląd* vom 11. 11. 1938, S. 5.

34 Hiobowe wieści z Rzeszy Niemieckiej, in: *Nasz Przegląd* vom 14. 11. 1938, S. 2.

35 Ekscesy antyżydowskie w Gdańsku, in: *Nasz Przegląd* vom 13. 11. 1938, S. 4; Pogrom Żydów w Gdańsku i Sopotach. Wybijano szyby w sklepach, demolowano i rabowano mieszkania. – Synagoga w Sopotach spłonęła, in: *Republika* Nr. 314 vom 15. 11. 1938, S. 3; Der hitleristisher shturm oyf di iden fun dantsig un memel, in: *Hayntige nayes* vom 30. 12. 1938, S. 2.

36 N. S.: Koszmar, in: *Nasz Przegląd* vom 13. 11. 1938, S. 3.

37 Vgl. 35.000 Żydów niemieckich wtrącono do więzień. Dalsze budzące grozę szczegóły pogromu Żydów w Niemczech, in: *Nasz Przegląd* vom 13. 11. 1938, S. 2.

38 Sklepy Berlina, in: *Nasz Przegląd* vom 25. 11. 1938, S. 7; Jestem głodny… Berlin stolica ersatzów, in: Ebd. vom 2. 12. 1938, S. 7; Drugie oblicze Niemiec, in: Ebd. vom 13. 12. 1938, S. 8; Drugie oblicze Niemiec III, in: Ebd. vom 15. 12. 1938, S. 7; Impresje tyrolskie, in: Ebd. vom 22. 12. 1938, S. 8; Impresje tyrolskie II, in: Ebd. vom 25. 12. 1938, S. 8.

39 In meshekh fun di nohntste 5 yohr zol keyn eyn id nisht zayn in daytshland, in: *Hayntige nayes* vom 16. 11. 1938, S. 2.

bestimmung der deutschen Juden endgültig zerschlagen – »Was der Pogrom nicht zerstört hat, wird die ›Arisierung‹ vernichten«.[40]

Bereits unmittelbar nach dem Pogrom wurde angesichts dieser Maßnahmen vermutet, Deutschland wolle sich mit Hilfe der Ausraubung der Juden wirtschaftlich sanieren.[41] Derlei Überlegungen hatte man schon früher angestellt, als nämlich die Verordnung vom 26. April 1938[42], die die »Anmeldung des Vermögens von Juden« im Deutschen Reich dekretierte, zu einer umfangreichen Korrespondenz mit den polnischen Konsulaten und dem Außenministerium darüber geführt hatte, inwieweit es zulässig sei, diese Regelung auch auf Juden polnischer Staatsangehörigkeit anzuwenden.[43]

In der jüdischen Presse artikulierte sich dabei allerdings auch Anerkennung für die ökonomische Bedeutung der deutschen Juden. Hingewiesen wurde ebenfalls auf den funktionalen Zusammenhang des nationalsozialistischen Antisemitismus, dem es darum gehe, die »verführten deutschen Massen« von der »katastrophalen Wirtschaftslage« im »Dritten Reich« abzulenken – eine These, der namentlich Götz Aly mit seinen Überlegungen über eine nationalsozialistische »Gefälligkeitsdiktatur« unlängst größere Aufmerksamkeit gewidmet hat.[44]

Zeitgleich setzte eine ausführliche Berichterstattung über die weltweiten Reaktionen auf den Novemberpogrom ein. Ausführliche, stellenweise sogar euphorische Artikel über die Proteste des Erzbischofs von Canterbury, der Regierungen und der Öffentlichkeit in England, den USA und Frankreich besaßen zwischen den Zeilen allerdings noch eine zweite Facette: Dass nämlich ähnliche Reaktionen und Zeichen der Solidarität in Polen seitens der Regierung, der Parteien und der nichtjüdischen Bevölkerung mehrheitlich ausblieben. Mehr noch, das autoritäre Regime in Polen mochte im Pogrom tatsächlich eine Ermutigung gesehen haben, die Politik gegenüber den jüdischen Staatsbürgern zu radikalisieren[45], denn es war klar, dass der Pogrom die Zahl der Emigrationswilligen auch in Polen schlagartig erhöhen würde.

Bereits im Oktober 1938 kursierten Gerüchte, in Deutschland würden bald Gettos errichtet werden. Wie begründet diese Befürchtungen waren, beweist die am 12. November 1938 von Hermann Göring einberufene Arbeitssitzung im Reichsluftfahrtministerium, auf der die Einrichtung von Gettos intensiv diskutiert wurde.[46] Der Reichspropagandaminister und Berliner Gauleiter Joseph Goebbels hatte

---

40 Dos vos hot nisht tsershtert der pogrom, vet khorev makhen di ›arizatsye‹, in: *Hayntige nayes* vom 24. 11. 1938, S. 2.
41 35.000 Żydów niemieckich wtrącono do więzień, in: *Nasz Przegląd* vom 13. 11. 1938, S. 2; Za kulisami pogromu i wywłaszczenia Żydów niemieckich. Niemcy na progu brankructwa. Chcą się ratować konfiskatą mienia żydowskiego, in: *Nasz Przegląd* vom 18. 11. 1938, S. 10.
42 Verordnung über die Anmeldung des Vermögens von Juden vom 26. 4. 1938 (RGBl. I 1938, S. 414).
43 AAN, Ambasada RP w Berlinie, Nr. 881, Bl. 66: Verbalnote des Auswärtigen Amtes an die Polnische Botschaft vom 30. 6. 1938.
44 Antysemityzm ma odwrócić uwagę zawiedzonych mas niemieckich od katastrofalnej gospodarki narodowo-socjalistycznej, in: *Republika* vom 16. 11. 1938, S. 4; Vgl. Aly, Hitlers Volksstaat.
45 Juden in poylen zolen veren birger fun der driter kategorie, in: *Unzer ekspres* vom 6. 1. 1939, S. 1; zu Forderungen in der nationalpolnischen und antisemitischen Presse vgl. Kosmala, Pressereaktionen in Polen, bes. S. 1036–1041.
46 Thalmann/Feinermann, Kristallnacht, S. 155ff.

bereits seit Mai 1938 in seinem Tagebuch wiederholt von einem »Berliner Antijudenprogramm« geschrieben, das er in Angriff nehmen wolle[47], und dabei war verschiedentlich auch von einem einzurichtenden »Judenghetto« die Rede, das er in Berlin errichten würde und das von den »reichen Juden« selbst bezahlt werden sollte.[48] Die jüdische Presse in Polen kennzeichnete die nationalsozialistischen Diskriminierungsmaßnahmen nun dergestalt, dass die Deutschen das mittelalterliche Getto gleichsam neu erfinden würden.[49] Mit besonderer Empörung reagierte man daher, als in deutschen Pflegeeinrichtungen für behinderte Menschen faktisch Gettos eingeführt, das heißt die jüdischen Patienten abgesondert wurden[50] – kaum eineinhalb Jahre später fielen diese ab Juni 1940 als erste deutsche Juden dem systematischen Massenmord der Nationalsozialisten im Rahmen der *Aktion T4* zum Opfer.

Für viele Juden in Ostmittel und Osteuropa waren die deutschen Juden seit dem 19. Jahrhundert in vielerlei Hinsicht ein Vorbild gewesen. Nun jedoch wurde allen bewusst, dass mit dem Novemberpogrom eine Epoche ihr grausames Ende gefunden hatte: »Das war einmal … die jüdische Glanzepoche in Deutschland« titelte die Wochenillustrierte *Idishe bilder* Anfang Dezember 1938.[51] Waren sich *Ost-* und *Westjuden* auch vielfach fremd geblieben, so wurde der immense Verlust der »jüdischen Glanzepoche« in Deutschland im polnischen Judentum dennoch wie ein persönlicher Verlust empfunden. Auch die Flüchtlingsfrage nahm man als Herausforderung für das Zusammengehörigkeitsgefühl der Juden insgesamt wahr und überlegte, ob nicht möglicherweise das »Weltjudentum« die »Kontribution« bezahlen solle, das heißt die »Sühneleistung«, die die Nationalsozialisten den deutschen Juden nach dem Pogrom in Höhe von einer Milliarde Reichsmark auferlegt hatten.[52]

Auffällig an der gesamten Berichterstattung ist der Mangel an Bildmaterial von dem Zerstörungswerk. Während des Pogroms waren zahlreiche Ausländer verhaftet worden, die Plünderungen, Brandstiftungen und Misshandlungen von Juden fotografiert hatten.[53] Was in den Zeitungen gedruckt wurde, vor allem in der genannten Illustrierten *Idishe bilder*, waren zumeist ältere Aufnahmen der Synagogen, die nunmehr in Ruinen lagen.[54] Demgegenüber kursierten nur sehr wenige Bilder von den Zerstörungen, allen voran die Aufnahme einer verwüsteten

---

47 Fröhlich (Hg.), Die Tagebücher von Joseph Goebbels, Bd. 5: Einträge vom 30. und 31. 5. 1938, S. 325f.; Vgl. Gruner: »Lesen brauchen sie nicht zu können…«.

48 Fröhlich, Die Tagebücher von Joseph Goebbels, Eintrag vom 2. 7. 1938, S. 366; Gruner, »Lesen brauchen sie nicht zu können…«, S. 322f.

49 Oficjalne ghetto w Niemczech. Odrębne dzielnice dla Żydów. – Zakaz przyjmowania chrztu, in: *Republika* vom 15. 11. 1938, S. 4; A. Gelernter: Dos eynfihren geto's in daytshland, in: *Hayntige nayes* vom 8. 12. 1938, S. 2; Geto. Di idishe gezetsn in daytshland, in: *Idishe bilder* Nr. 52 vom 30. 12. 1938, S. 10f.

50 Mieczysław Braun, Ghetto w domu obłąkanych, in: *Nasz Przegląd* vom 7. 1. 1939, S. 6.

51 Dos iz geven amol … Di idishe glantsepoche in daytshland, in: *Idishe bilder* vom Nr. 48 vom 2. 12. 1938.

52 Zol dos velt-identum aroysleygen zikh aleyn a kontributsye far di daytshe pleytim?, in: *Hayntige nayes* vom 23. 11. 1938, S. 2.

53 Vgl. 35.000 Żydów niemieckich wtrącono do więzień, in: *Nasz Przegląd* vom 13. 11. 1938, S. 2.; Vgl. Hesse, »Vorläufig keine Bilder bringen«.

54 Shuln in flamen, in: *Idishe bilder* Nr. 46 vom 18. 11. 1938, S. 24. Oyf di khurbes fun di shuln in daytshland, in: *Idishe bilder* Nr. 47 vom 25. 11. 1938, S. 4–6. Hinzu kamen Bilder aus den polnischen Flüchtlingslagern nach der *Polen-Aktion*: Di idishe heymloze in ›keynems land‹, in: *Idishe bilder* Nr. 46 vom 18. 11. 1938, S. 15.

Filiale der *Berliner Schirm-Fabrik Eugen Lichtenstein,* die in mehreren Zeitungen abgedruckt wurde.[55]

Ende November 1938 schwächte sich die Berichterstattung über den Pogrom ein wenig ab. Verschiedentlich zeigte sich im weiteren Verlauf die Hoffnung, der Stern der Nationalsozialisten würde nach dem Fanal des Novemberpogroms zu sinken beginnen.[56] Die Isolation, in der sich das *Dritte Reich* nach dem Pogrom in der Weltöffentlichkeit befand[57], auch die Abberufung des amerikanischen Botschafters Hugh R. Wilson aus Berlin am 14. November 1938, führte zu Spekulationen, dass der Druck des internationalen und vor allem US-amerikanischen Protestes Hitler und Goebbels zum Einlenken würde bewegen können.[58] Eine ähnliche Hoffnung begleitete auch das Verhalten Englands, wegen des *Münchener Abkommens* und der englischen Palästinapolitik jedoch in etwas geringerem Maße. Allerdings schossen in den Tagen nach dem Pogrom auch wilde Spekulationen ins Kraut, etwa dass einzelne Wehrmachtsführer Reichspropagandaminister Goebbels wegen des Pogroms zum Rücktritt aufgefordert hätten.[59] Überhaupt versuchte man auch die kleinste Form von Protest oder Widerstand in Deutschland aufzufinden und aus ihr eine wachsende Opposition gegen das NS-Regime herauszulesen.[60] So registrierte etwa *Hayntige nayes,* die Abendausgabe des *Haynt,* aufmerksam, dass über einhundert Christen wegen ihrer Solidarität mit den Juden verhaftet worden seien.[61] *Nasz Przegląd* berichtete darüber, dass der Pogrom bei der deutschen Minderheit in Polen auf einhellige Ablehnung gestoßen sei.[62]

Hatte schon der enttäuschende Ausgang der Flüchtlingskonferenz in Evian im Juli 1938 die Emigrationsproblematik weiter verschärft, so umso mehr der 9./10. November. Die jüdischen Zeitungen diskutierten in den folgenden Wochen dutzende Länder als potenzielle Emigrationsziele – in der Befürchtung, Polen könnte in Bezug auf seine jüdische Minderheit einen ähnlichen Weg wie das nationalsozialistische Deutschland einschlagen. Angesichts der Bedrohung führte der fehlende Rückhalt in der polnischen Regierung nur zu einer stärkeren Orientierung der polnischen Juden an England und den USA. Und in der Tat stellte man in der polnischen Ministerialbürokratie und den Konsulaten in den Herbst und Wintermonaten 1938/1939 intensive Überlegungen an, sich in klandestiner Fortsetzung des März-Gesetzes insbesondere der Zuständigkeit für die in Deutschland noch lebenden ca. 25 000 bis 30 000 jüdischen Staatsbürger Polens zu entledigen und ihnen möglichst rasch die Staatsbürgerschaft zu entziehen. Humanitäre Erwägungen spielten dabei keine nachweisbare Rolle, im Vordergrund stand vielmehr die

---

55 *Nasz Przegląd Ilustrowany* vom 20.11.1938, S. 4.
56 Der shtern fun d«r Gebels geht unter. Er hot zikh benarisht mit zayne juden-pogromen un zikh kompromitirt, in: *Unzer ekspres* vom 12.1.1939, S. 4 und öfter.
57 N. S.: Koszmar, in: *Nasz Przegląd* vom 13.11.1938, S. 3.
58 Daytshland zikh dershroken!, in: *Hayntige nayes* vom 17.11.1938, S. 1.
59 Demisye fun gebels foderen daytshe armey-fihrer, in: *Hayntige nayes* vom 18.11.1938, S. 1.
60 Czy sumienie narodu niemieckiego zaczyna się budzić? Znamienne fakty, in: *Nasz Przegląd* vom 22.11.1938, S. 3. Niemcy się burzą, in: *Nasz Przegląd* vom 7.1.1939, S. 3.
61 Hekher 100 kristen arestirt in Berlin far steren dem pogrom oyf iden, in: *Hayntige nayes* vom 15.11.1938, S. 1; Vgl. Thalmann/Feinermann, Kristallnacht, S. 101ff.
62 Protest polskich niemców-socjalistów przeciwko ekscesom antysemickim w Niemczech, in: *Nasz Przegląd* vom 25.11.1938, S. 11.

Frage, welchen zusätzlichen Personalbedarf die polnischen Konsulate in Deutschland dabei hätten – zweifellos beschämende Dokumente der polnischen Zwischenkriegsdiplomatie, die allerdings bei einzelnen Konsuln auch auf Ablehnung und Widerspruch stießen.[63] Hinzu kam eine wachsende Zahl antisemitischer Vorfälle in den politischen Gremien von Seiten rechtsnationaler Sejmabgeordneter, die unter anderem forderten, eine halbe Million polnischer Juden kurzerhand auszubürgern (und auszuweisen).[64]

Erneute Aufmerksamkeit richtete sich dann im Dezember 1938 vorübergehend auf den so genannten *Schachtplan*. Mit Billigung Hitlers führte Hjalmar Schacht Verhandlungen mit George Rublee vom *Intergovernmental Committee (IGC)*[65], um mittels eines neuen Vermögenstransfer-Abkommens hunderttausende Juden zur Emigration zu bringen, zugleich aber aus dem Eigentum der deutschen Juden den rüstungsbedingt zusammengeschmolzenen Devisenbestand des Deutschen Reiches massiv aufzustocken – zu Recht verstand man den Plan daher als die Erpressung von Lösegeld für die jüdischen Geiseln im NS-Staat.[66] Bekanntlich erwiesen sich die trotz allem mit der Person Schachts verbundenen Hoffnungen vieler Juden als unbegründet – spätestens seine Absetzung als Reichsbankpräsident am 19. Januar 1939 verstand man zu Recht als seine Entmachtung. Allerdings ist auch die Geschichtsforschung auf die die deutschen Juden angeblich *schützende Hand* Schachts jahrzehntelang hereingefallen[67]; wie hätte die damalige jüdische Presse dies angesichts der allgemeinen Erwartungshaltung anders interpretieren können?

Zusammenfassung

In den Wochen und Monaten nach dem Pogrom wandelten sich allmählich die Zeitungsrubriken: Statt Berichten über *Flüchtlingshilfe* erschienen solche über Flüchtlinge und Emigranten. Dies zeigt, dass die im Oktober 1938 deportierten Juden Anfang 1939 nur mehr Teil eines viel größeren, polnischen und europäischen Problems geworden waren. Insgesamt betrachtet hatten die Deportation der polnischen Juden aus Deutschland, das Attentat Grynszpans sowie der Novemberpogrom nur für einige Wochen die Aufmerksamkeit von dem Thema abgelenkt, das 1938 die Überschriften nicht nur der zionistischen Presse in Polen bestimmt hatte: die britische Palästinapolitik, die Arbeit der Woodhead-Kommission, deren Bericht am 7. November 1938 vorlag, und die arabischen Gewalttaten in Erez Israel.

Mit Ausnahme der von England noch im November 1938 initiierten Kindertransporte, über die in der jüdischen Presse in Polen euphorisch berichtet wurde[68],

---

63 AAN, Ambasada RP w Berlinie, Nr. 875, Bl. 40–48: Memoriał [Konsulatu Generalnego RP w Berlinie] w sprawie załatwienia sprawy żydów polskich w Niemczech z dnia 13 grudnia 1938 r; vgl. AAN, Konsulat RP in Stettin, Nr. 63, Bl. 5–29: MSZ, Departament Konsularny (gez. W. T. Drymmer) do wszystkich Urzędów R.P. zagranicą z dnia 1 grudnia 1938 r. (tajne); Vgl. Drymmer, Zagadnienie żydowskie w Polsce w latach 1935–1939; Wodzicki, Wspomnienia, S. 548ff.

64 Entbirgern 600 toyzend juden fodern drey poyzener deputaten in seym, in: *Unzer ekspres* vom 25. 1. 1939, S. 1.

65 Vgl. Tenenbaum, The Crucial Year 1938, S. 70–77; McClure, Earnest Endeavors.

66 Wizyta p. Schachta, in: *Nasz Przegląd* vom 24. 12. 1938, S. 10. Niemcy żądają zapłaty za pogromy Żydów, in: *Nasz Przegląd* vom 25. 12. 1938, S. 6.

67 Vgl. Barkai, Vom Boykott zur *Entjudung,* S. 158–160; Vgl. ferner zu Schacht ebd., S. 69–73.

68 Idishe kinder gefinen a nayne heym, in: *Idishe bilder* Nr. 50 vom 16. 12. 1938, S. 10f.; 3000 judishe Kinder

hatte nicht einmal der Novemberpogrom dazu geführt, die Immigrationskontingente der meisten Staaten für jüdische Flüchtlinge aus Deutschland signifikant zu erhöhen. Und so blieb auch die Lage der polnischen Juden prekär[69], ohne dass jemand hätte ahnen können, dass der eigentliche *Zivilisationsbruch* (Dan Diner) des Holocaust erst noch bevorstand.

Niemals war die Hoffnung größer, angesichts der humanitären Katastrophe, die sich buchstäblich vor aller Augen in Europa abspielte, England endlich zur Öffnung der »Tore von Erez Israel« bewegen zu können.[70] Schwer zu überschätzen waren die Hoffnungen von Millionen osteuropäischer Juden auf den Ausgang der Londoner Konferenz im Februar 1939, die die Palästinafrage einer Lösung näher bringen sollte.

So schwer die Friktionen in den offiziellen deutsch-polnischen Beziehungen in jenen Monaten auch waren – über die Lösung der *Judenfrage* blieb man im Gespräch und wusste sich einig in einem gemeinsamen Grundkonsens. Der Oberbürgermeister Stettins, Werner Faber (amtierte 1935–1945), bekannte im Februar 1939 gegenüber dem polnischen Konsul ganz unverhohlen, dass seiner Auffassung nach das Ziel des Nationalsozialismus die »Ausrottung« der Juden sein müsse. Auf die Frage des Konsuls, warum denn nicht schon längst alle Juden ermordet worden seien, antwortete Faber, dies sei nach 1933 noch nicht möglich gewesen, jedoch könnten die Deutschen jetzt diesen Schritt gehen. Es komme die Zeit der vollständigen »Ermordung der Juden«, nur werde man 10 000 reiche und einflussreiche Juden als Geiseln am Leben lassen, um das Weltjudentum im Ausland zu Zugeständnissen zwingen zu können.[71] In furchtbarer Weise bewahrheitete sich die Prognose, mit der *Hayntige nayes* bereits am 15. November 1938 getitelt hatte: »Was Deutschland mit den Juden getan hat, wird es auch England, Frankreich und anderen Ländern antun.«[72]

Dass die Deutschen kurz darauf tatsächlich zum organisierten Massenmord schritten, ist allgemein bekannt und muss hier nicht näher ausgeführt werden. Für

---

fun daytshland zoln teykef kumen ken england, in: *Unzer ekspres* vom 28. 11. 1938, S. 7.

69 Demokracja polska wobec Żydów, in: *Nasz Przegląd* vom 25. 2. 1939, S. 3. Di zbonshin-tragedie in seym, in: *Unzer ekspres* vom 15. 1. 1939, S. 2; Vgl. jedoch: Dep. Zomershteyn fodert shuts far juden poylishe birger in daytshland un in dantsig, in: *Unzer ekspres* vom 22. 1. 1939, S. 7.

70 Shmuel Gluz, Efenen di toyrn fun erez-israel. Der yishuv hert nitsht oyf dos tsu fodern, in: *Unzer ekspres* vom 5. 1. 1939, S. 3.; Efenen erez-israel far iden, in: *Unzer ekspres* vom 5. 2. 1939, S. 1.

71 AAN, Ambasada RP w Berlinie, Nr. 3896, Bl. 210f.: Konsulat RP w Szczecinie (gez. W. Russocki) do Ambasady RP w Berlinie z dnia 8 lutego 1939 r.: »Zadaniem nar.-socjalizmu jest zupełne wytępienie (Ausrottung) żydów, w pierwszym rzędzie niemieckich, jednakże w dalszej akcji także i wszystkich innych, gdyż są oni i będą śmiertelnymi wrogami Niemiec dzisiejszych, które ›pierwsze zrozumiały istotę żydowstwa [sic]‹, zdemaskowały i rozpoczęły z nim walkę. Walka ta, jak i wszystkie inne rozpoczęte przez nar.-socjalizm, musi być doprowadzona do końca. Na moje zapytanie dlaczego zatem nie wymordowano dotąd w Niemczech wszystkich żydów, p. Faber odpowiedział, że w r. 1933 takie prześladowanie żydów (użył słowa Verfolgung) jak obecne było niemożliwe, ale czas i postępy nar.-socjalizmu zrobiły swoje i Niemcy mogą sobie już na to pozwolić. Przyjdzie więc i czas na całkowite wykonanie planu niemieckiego (t. j. wymordowanie żydów), ale wówczas Niemcy zatrzymają ok. 10.000 co najwpływowszych i najbogatszych żydów jako zakładników w stosunku do żydowstwa [sic] światowego, by ›odpowiednimi‹ środkami (podał dla przykładu bastonadę) wymusić na zagranicy w danej chwili potrzebne ustępstwa.«

72 Dos vos daytshland hot gethon mit iden, vet zi oykh thon mit england, frankraykh un andere lender, in: *Hayntige nayes* vom 15. 11. 1938, S. 1.

Polen jedoch bleibt die auch für die Forschung neuralgische Frage, inwieweit die Minderheitenpolitik Polens während der 1930er Jahre den Boden für Formen der Kollaboration oder auch nur der Gleichgültigkeit gegenüber dem Schicksal der polnischen Juden nach 1939 ebnete[73] – ein Zusammenhang, wie er zeitgenössisch bereits von dem Historiker Emanuel Ringelblum, dem Initiator der berühmtem *Oneg-Shabat*-Bewegung im Warschauer Getto, problematisiert wurde.[74]

Für die Reaktionen der polnischen Juden insgesamt wiederum scheinen zwei Befunde von besonderer Relevanz zu sein. Vor dem Hintergrund der präzisen und ausführlichen Berichterstattung in der jüdischen Presse in Polen über die Zustände im NS-Staat nach 1933 und insbesondere während und nach dem Novemberpogrom 1938 – bis hin zu den Massenmördern[75] – ist erstens die in der Forschung noch immer anzutreffende These substanzlos, dass die polnischen Juden im September 1939 von der Grausamkeit der Nationalsozialisten überrascht gewesen wären. Diese Kenntnis, verbunden mit einer überwältigenden Anteilnahme am Schicksal der deutschen Juden, scheint zweitens ein guter Grund zu sein, das damals wie heute sattsam kolportierte Bild von Konflikten und einer tiefen Kluft zwischen *Ost-* und *Westjuden* einer kritischen Revision zu unterziehen.

Literatur

Aly, Götz, Hitlers Volksstaat. Raub, Rassenkrieg und nationaler Sozialismus, Frankfurt a. M. 2005.
Barkai, Avraham, Vom Boykott zur *Entjudung*. Der wirtschaftliche Existenzkampf der Juden im Dritten Reich 1933-1943, Frankfurt a. M. 1988.
Beyrau, Dietrich, Antisemitismus und Judentum in Polen, 1918–1939, in: *Geschichte und Gesellschaft 8* (1982), H. 2, S. 205–232.
Diplomat in Berlin 1933–1939. Papers and Memoirs of Józef Lipski, Ambassador of Poland, edited by Wacław Jędrzejewicz, New York/London 1968.
Drymmer, Wiktor Tomir, Zagadnienie żydowskie w Polsce w latach 1935–1939: Wspomnienie z pracy w Ministerstwie Spraw Zagranicznych, in: *Zeszyty Historyczne* [Paris] 13 (1968), S. 55–75.
Engelking, Barbara/Helga Hirsch (Hg.), Unbequeme Wahrheiten. Polen und sein Verhältnis zu den Juden, Frankfurt a. M. 2008.
Fröhlich, Elke (Hg.), Die Tagebücher von Joseph Goebbels. Im Auftrag des Instituts für Zeitgeschichte und mit Unterstützung des Staatlichen Archivdienstes Rußland, bearb. von Jana Richter, Teil I: Aufzeichnungen 1923–1941, Band 5: Dezember 1937 – Juli 1938, München 2000.
Fuks, Marian, Prasa żydowska w Warszawie 1823–1939, Warszawa 1979.
Gilbert, Martin, Kristallnacht: Prelude to Destruction, New York 2006.
Grünberg, Karol, The Atrocities against the Jews in the Third Reich as seen by the National-Democratic Press (1933–1938), in: *Polin V* (1990), S. 103–113.
Gruner, Wolf, »Lesen brauchen sie nicht zu können...«. Die Denkschrift über die Behandlung der Juden in der Reichshauptstadt vom Mai 1938, in: *Jahrbuch für Antisemitismusforschung 4* (1995), S. 305–341.
Hagen, William W., Before the ›Final Solution‹: Toward a Comparative Analysis of Political Anti-Semitism in Interwar Germany and Poland, in: *Journal of Modern History 68* (1996), Nr. 2 (Juni), S. 351–381.
Hesse, Klaus, »Vorläufig keine Bilder bringen«. Zur bildlichen Überlieferung des Novemberpogroms, in: Andreas Nachama/Uwe Neumärker/Hermann Simon (Hg.), »Es brennt!« Antijüdischer Terror im November 1938, Berlin 2008, S. 136–144.
Klepper Jochen, Unter dem Schatten deiner Flügel. Aus den Tagebüchern der Jahre 1932–1942, hg. von Hildegard Klepper, Stuttgart 1962.
Kosmala, Beate, Pressereaktionen in Polen auf den Novemberpogrom 1938 in Deutschland und die Lage der polnischen Juden, in: *Zeitschrift für Geschichtswissenschaften 46* (1998), Heft 11, S. 1034–1045.

---

73 Vgl. Engelking/Hirsch (Hg.), Unbequeme Wahrheiten.
74 Ringelblum, Polish-Jewish Relations.
75 Dzieje kariery Himmlera – szefa Gestapo, in: *Nasz Przegląd* vom 13. 12. 1938, S. 8. Henrik Himler, der shef fun gestapo, nekhten gekumen ken poylen, in: *Unzer ekspres* vom 19. 2. 1939, S. 5.

Landau-Czajka, Anna, W jednym stali domu… Koncepcje rozwiązania kwestii żydowskiej w publicystyce polskiej lat 1933–1939, Warszawa 1998.

Loose, Ingo, »In der Seele ein Gefühl des 16. Jahrhunderts« – Der Ritualmordprozess gegen Mendel' Bejlis in Kiew 1913, in: *Jahrbuch für Antisemitismusforschung 12* (2003), S. 281–304.

Ders., ›Das war einmal… die jüdische Glanzepoche in Deutschland‹. Reaktionen auf den Novemberpogrom in der jüdischen Presse in Polen 1938/39, in: Andreas Nachama/Uwe Neumärker/Hermann Simon (Hg.), »Es brennt!« Antijüdischer Terror im November 1938, Berlin 2008, S. 128–135.

Maurer, Trude, Ausländische Juden in Deutschland 1933–1939, in: Arnold Paucker (Hg.), Die Juden im Nationalsozialistischen Deutschland/The Jews in Nazi Germany 1933–1943, Tübingen 1986, S. 189–210.

McClure, Marc E., Earnest Endeavors, The Life and Public Work of George Rublee, Westport/London 2003.

Melzer, Emanuel, Relations between Poland and Germany and Their Impact on the Jewish Problem in Poland (1935–1938), in: *Yad Vashem Studies 1977*, S. 193–229.

Ders., Antisemitism in the Last Years of the Second Polish Republic, in: The Jews of Poland between Two World Wars, Hanover/London 1989, S. 126–137.

Ders., No Way Out, The Politics of Polish Jewry 1935–1939, Cincinnati 1997.

Milton, Sybil, The Expulsion of Polish Jews from Germany, October 1938 to July 1939. A Documentation, in: *Leo Baeck Institute Year Book XXIX* (1984), S. 169–199.

Modras, Ronald, The Catholic Church and Antisemitism: Poland, 1933–1939, Amsterdam u. a. 2000.

Ringelblum, Emanuel, Zbonshin (Der letster reportazh ongeshribn in 1939 yor), in: Bleter far Geszichte. Czasopismo Żydowskiego Instytutu Historycznego w Polsce XIX (1980), S. 27–30.

Ringelblum, Emmanuel [sic], Polish-Jewish Relations during the Second World War, Jerusalem 1974.

Tenenbaum, Joseph, The Crucial Year 1938, in: *Yad Vashem Studies 2* (1958), S. 49–77.

Thalmann, Rita/Emmanuel Feinermann, Die Kristallnacht, Hamburg 1993.

Tomaszewski, Jerzy, Preludium Zagłady. Wygnanie Żydów polskich z Niemiec w 1938 r. Warszawa 1998 [dt. Auftakt zur Vernichtung. Die Vertreibung polnischer Juden aus Deutschland im Jahre 1938, Osnabrück 2002].

Weiss, Yfaat, Das Gespräch zwischen Jerzy Potocki, Stephan Wise und Louis Lipsky am 31. März 1938, in: Eberhard Jungfer/Christoph Dieckmann (Hg.), Arbeitsmigration und Flucht. Vertreibung und Arbeitskräfteregulierung im Zwischenkriegseuropa, Berlin 1993, S. 205–212.

Dies., Deutsche und polnische Juden vor dem Holocaust. Jüdische Identität zwischen Staatsbürgerschaft und Ethnizität 1933–1940, München 2000.

Dies., Polish and German Jews Between Hitler's Rise to Power and the Outbreak of the Second World War, in: *Leo Baeck Institute Year Book XLIV* (1999), S. 205–223.

Wodzicki, Roman, Wspomnienia, Gdańsk/Warszawa/Berlin 1928–1939, Warszawa 1972.

Żyndul, Jolanta, Zajścia antyżydowskie w Polsce w latach 1935–1937, Warszawa 1994.

Alejandro Baer
Zwischen Aufhetzung und Verurteilung. Die geteilte Rezeption des Novemberpogroms im Spanien des Bürgerkrieges[1]

Einleitung

Im November 1938 tobte in Spanien die letzte Phase des Bürgerkrieges, der zweieinhalb Jahre zuvor mit einem Aufstand unter Leitung von General Francisco Franco begonnen hatte. Das Land war in zwei Sektoren geteilt, den nationalen und den republikanischen. November war der Monat, in dem die Truppen Francos bedeutende Triumphe erzielten und nach der längsten Schlacht des Krieges den Ebro überquerten. Zu diesem Zeitpunkt hatte sich der Kampf unaufhaltsam zu Gunsten der nationalen Kriegspartei gewendet.

Die Nachrichten von der Front, die Leiden der Zivilbevölkerung und der Flüchtlinge in den bombardierten Städten, die Zerstörung und der Hunger, die das Leben in den beiden Teilen Spaniens bestimmten, könnten zu der Annahme Anlass geben, das von den deutschen Juden erlittene Schicksal dieser Tage hätte kaum Widerhall in den spanischen Medien gefunden. Das ist jedoch keineswegs der Fall. Ganz im Gegenteil. Die spanische Tagespresse veröffentlichte im November 1938 zahlreiche Berichte. Sie reichten vom Attentat auf den deutschen Diplomaten vom Rath in Paris bis zu den internationalen Reaktionen auf die Pogrome und die neuen antisemitischen Maßnahmen der Naziregierung. Die Wahrnehmung und Deutung der Ereignisse in dem von kriegerischen Zusammenstößen zerrissenen Spanien erfolgte innerhalb eines spezifischen politischen und kulturellen Rahmens. Dieser war einerseits bestimmt durch ein stereotypes Judenbild – vor allem im konservativ-katholischen geistigen Umfeld, das sich mit Klarheit während der Republik herausgebildet hatte. Andererseits wurde der Interpretationsrahmen von den Ereignissen des spanischen Bürgerkrieges beeinflusst – ganz besonders von den Beziehungen Francos zum italienischen Faschismus und zu Nazideutschland. Die mediale Widerspiegelung der Ereignisse war deshalb nicht nur unterschiedlich, sondern diametral entgegengesetzt.

In der von den nationalen Kräften dominierten Zone berichtete die Presse in rechtfertigender Weise über die antijüdischen Ausschreitungen. Sie reproduzierte damit zum Einen die antisemitische Version der deutschen Propaganda. Zum Anderen verbreitete sie eine Interpretation, die im historischen katholischen Antijudaismus in Spanien verwurzelt ist. Die republikanische Presse hingegen reagierte mit harschen Verurteilungen auf die Naziaktionen und brachte ihre Solidarität mit den Verfolgten explizit zum Ausdruck. Bevor ich auf diese Reaktionen im Einzelnen eingehe, möchte ich sie zunächst in ihrem historischen Kontext verorten. Dafür bewegen wir uns einige Jahre zurück in die Zeit der Zweiten Spanischen Republik und die ersten beiden Jahre des spanischen Bürgerkrieges.

---

1 Für hilfreiche Kommentare bedanke ich mich bei Bernt Schnettler.

Die Spanische Republik und das *jüdische Gespenst*

In den 1930er Jahren gab es nahezu keine reale jüdische Präsenz in Spanien. So wird die Zahl der in Spanien lebenden Juden im Jahr 1936 auf rund 6000 geschätzt.[2] Allerdings florierten in der damaligen politischen Mythologie in wachsendem Maße Vorstellungen über das *jüdische Schreckgespenst*.

Antisemitismusforscher wie zum Beispiel Gonzalo Alvarez Chillida oder Isabelle Rohr verweisen auf zwei Mythen, die hier eine tragende Rolle spielten: (1) Der Mythos der *Reconquista*, also die *Wiedereroberung* Spaniens und die Vertreibung der Araber und Juden durch die katholischen Könige und (2) der Mythos der *jüdischen Weltverschwörung*. Der erste Mythos stand in enger Verbindung mit einem urwüchsigen Nationalismus und gründete sich auf die katholische Essenz Spaniens. Der zweite Mythos, der auf dem modernen Antisemitismus basierte, sah im Juden – allein oder in Verbindung mit Freimaurern, Kommunisten oder Separatisten – einen Agenten, der die Strippen Spaniens zog. Beide Mythen waren unter den Widersachern der Republik weit verbreitet und zwar nicht allein in der klerikalen Minderheit, sondern im Gesamtverbund der konservativen Klassen, die sich durch die von der republikanischen Regierung in den ersten zwei Jahren eingeführten Reformen bedroht sahen. Das waren auf dem Gebiet der Religion die Religionsfreiheit und die Erziehungsreform (welche den Einfluss der religiösen Orden beschnitten), die Zivilehe sowie das Scheidungsrecht. Auf dem Gebiet der Territorialorganisation wurde Katalonien eine Teilautonomie zugestanden und im Bereich der Wirtschaft eine Agrarreform durchgeführt, was auf heftige Kritik stieß.

Der Antisemitismus wirkte als Kohäsionsmittel des intern höchst facettenreich gespaltenen nationalen Lagers. Jüdisch-freimaurerisch-bolschewistische Konspirationstheorien erlaubten es verschiedenen rechten Fraktionen, die Aufmerksamkeit auf eine imaginäre Feindgruppe zu lenken. Die tatsächlichen Feinde – Republikaner, Separatisten und Sozialisten – wurden als Verbündete oder gar Untergebene dieser imaginären jüdischen Feindgruppe hingestellt.[3]

Weltweit begrüßten viele jüdische Gemeinschaften die Errichtung der Spanischen Republik. Diese gestand in ihrer Verfassung allen Konfessionen dieselben Rechte zu und vertiefte ihre Beziehungen zu den jüdischen Gemeinden, sowohl zu den kleinen Gemeinden in Madrid und Barcelona, den großen im Protektorat Marokko als auch den zahlreichen sephardischen Gemeinden auf dem Balkan. Angesehene republikanische Repräsentanten sympathisierten mit *der jüdischen Sache*. Wie der Sozialist und zweimalige Minister Fernando de los Ríos erklärte, hatte die neue Spanische Republik die Schmach der Vertreibung der Juden im Jahr 1492 getilgt.[4] Diese judenfreundliche Haltung nährte zugleich die erwähnten politischen Mythen bei den Feinden der Republik.

Die vom Aufstieg des Nazismus ab 1933 in Deutschland ausgelöste starke Auswanderungswelle veranlasste zahlreiche jüdische Flüchtlinge, sich in spanischen Städten niederzulassen. 1935 lebten in Barcelona zwischen 2500 und 3000 deutsche

---

2   Avni, España, Franco y los judíos.
3   Vgl. Alvarez Chillida, El antisemitismo en España, S. 349.
4   Vgl. Rohr, The Spanish Right and the Jews, S. 44.; Vgl. Lisbona, Retorno a Sefarad.

und polnische Juden, in Madrid waren es 500. Konservative spanische Zeitungen reagierten darauf mit antisemitischen Äußerungen. Zum Beispiel wurden in der Zeitung *Informaciones* am 30. April 1935 Juden als »unerwünscht« eingestuft und in *El Debate* vom 26. Oktober wurde ihnen vorgeworfen, »pornografische Schriften«, »unmoralische Vergnügungen« und »korrumpierende« Einflüsse nach Spanien zu bringen. Mitunter wurden sie als Verschwörer bezeichnet und mit dem katalonischen Separatismus in Verbindung gebracht.[5]

Ebenfalls wurde die Verfolgung der Juden im nationalsozialistischen Deutschland im Rahmen von *Reconquista-* und Konspirationsmythen gedeutet, indem reaktionäre Denker eine Beziehung zwischen den Dreißigerjahren und dem Spanien des 15. Jahrhunderts herstellten. Sie behaupteten, der Einfluss der Juden auf die Weimarer Republik sei dem im mittelalterlichen Spanien ähnlich gewesen. Folglich seien die aktuellen Maßnahmen Hitlers auch mit den damals von den katholischen Königen getroffenen vergleichbar. In der Zeitschrift *Acción Española*, der in konservativen politischen Kreisen breit rezipierten spanischen Version der *Action Française,* präsentierte der Monarchist Jorge Vigón die Nazis als Opfer einer *jüdischen Verschwörung.* Dasselbe Organ hatte im März 1933 von einer »jüdischen Kampagne gegen Deutschland« berichtet und Monate später die Bücherverbrennung als »gerechtfertigt« und »angemessen« eingestuft.[6]

Der Spanische Bürgerkrieg
Zwei Elemente sind fundamental bedeutsam für die zunehmende Verschärfung des antisemitischen Diskurses in dieser Epoche. Zum Einen ist die hervorgehobene Rolle der Kirche zu nennen, denn die religiöse Frage wirkte als Bindemittel zwischen den verschiedenen Fraktionen innerhalb der Republikgegner. Hier wurde der Aufstand gegen die Republik als religiöser *Kreuzzug* und *Heiliger Krieg* zwischen zwei Kulturen verstanden. Dieser Diskurs verschärfte die antisemitische Rhetorik nicht allein durch die jüdisch-kommunistisch-freimaurerische Verschwörungsthese, sondern ebenso durch die Vorstellung der Nationalen Kräfte, die sich als Erben der Katholischen Könige verstanden und das Ziel verfolgten, das *echte* Spanien wieder zu errichten.

Andererseits erfuhr die deutsche antisemitische Propaganda im Verlauf des Bürgerkrieges immer größeren Aufschwung – vor allem durch die *Falange Española,* die Partei der spanischen Faschisten, welche die Führerschaft auf der nationalen Bürgerkriegsseite übernahm.[7]

Mit übersteigerter Begeisterung nahm die nationale Presse die Berichte über die deutsche Außenpolitik auf und bekundete ihr volles Einverständnis mit dem deutschen Expansionismus. So charakterisierte beispielsweise die Zeitung *El Pensamiento Navarro* das *Dritte Reich* nach der Besetzung der *Rest-Tschechei* durch die Nationalsozialisten als »nach Frieden und Freundschaft mit allen Völkern strebend« und kritisierte zugleich die Verweigerungshaltung der Tschechoslowakei, die alle friedlichen Angebote Deutschlands ausgeschlagen hätte. Hitler wurde

---

5   Vgl. Rohr, The Spanish Right and the Jews, S. 60.
6   Accíon Española, Vol.5. n°26, zit. n. Ebd., S. 75.
7   Vgl. Alvarez Chillida, El antisemitismo en España.

mit Kaiser Karl V. verglichen und die deutsche Außenpolitik als »Kreuzzug« zur Errettung des christlichen Abendlandes bezeichnet.[8]

Die in Italien in Kraft gesetzten antisemitischen Maßnahmen erfuhren ihren Widerhall in der spanischen Presse. So kommentierte die in San Sebastian herausgegebene Tageszeitung *Voz de España (Stimme Spaniens)* am 4. September 1938: »Einmal mehr erhält die jüdische Rasse ihre gerechte Strafe für ihre endlosen Bestrebungen, die Völker zu ersticken, die sie beherbergen.«[9]

Auf den antisemitischen Diskurs treffen wir ebenso in Verbindung mit Berichten über die Internationalen Brigaden. Nach Schätzungen der Historiker Arno Lustiger und David Diamant waren über 7 000 der insgesamt 40 000 Interbrigadisten in Spanien Juden.[10] Die Propaganda Francos unterstrich diese Tatsache, wie Meldungen in den Tageszeitungen *ABC* aus Sevilla – (»Tausende Juden aus allen Teilen der Welt eilen den Roten in Verteidigung zur Hilfe«[11]) und *Ideal* aus Granada belegen (»Zwei Gestalten der Internationalen Brigaden. Unverwechselbar sind ihre hebräischen Merkmale.«).[12]

Die Pogromnacht im Spiegel Franco-Spaniens: »Die Juden vergiften die Beziehungen zwischen den Völkern«

Die Ereignisse des November 1938 wurden in der Presse im nationalen Teil Spaniens durch zwei miteinander verbundene Diskurse bestimmt: ersteren könnte man als »urwüchsig«, letzteren als »importiert« bezeichnen. Einerseits wurde hervorgehoben, Spanien stünde an der Speerspitze des Kampfes gegen die Juden und die Faschisten und die Nazis setzten lediglich die von den katholischen Königen initiierte antijüdische Politik fort. Andererseits wurde die antisemitische deutsche Nazipropaganda in Spanien reproduziert. So wurde etwa das Attentat auf den Diplomaten vom Rath vom 7. November als Ergebnis einer internationalen jüdischen Verschwörung gegen Deutschland präsentiert: »Ein Jude griff mit Schüssen den deutschen Botschaftssekretär in Paris an« schrieb die Zeitung *El correo de Andalucía* am 8. November. In der *La Gaceta del Norte* aus Bilbao las man am 9. November folgende Schlagzeile: »Das Attentat auf vom Rath in Paris. Es handelt sich ersichtlich um ein von jüdischen Vereinigungen ausgehecktes politisches Attentat.« Die Zeitung *El Pensamiento Navarro* titelte am 11. November auf der ersten Seite: »Die Juden vergiften die Beziehung zwischen den Völkern.«[13]

Die antisemitischen Angriffe wurden in der Mehrzahl der Zeitungen als »spontane Ausschreitungen gegen die Juden« bezeichnet. Mit Bezug auf die Anordnungen, mit denen die deutsche Regierung die Juden aus der nationalen Wirtschaft

---

8 Ben-Dror, La iglesia católica ante el Holocausto, S. 77.
9 *La Voz de España*, 14. 9. 1938 und *El Ideal Gallego*, 30. 9. 1938, zit. n. Domínguez Arribas, L'ennemi judéo-maçonnique dans la propagande franquiste (1936–1945).
10 Vgl. Lustiger, ¡Shalom Libertad!; Diamant, Combatants Juifs dans l'armée républicaine espagnole.
11 So lautet der Titelsatz eines Leitartikels von der Tageszeitung *ABC* (Sevilla) vom 14. 10. 1938, S. 13. Es muss darauf hingewiesen werden, dass *ABC* ab Juli 1936 (Beginn des Krieges) der Name von zwei diametral verschieden Zeitungen wird. Das in Madrid veröffentlichte republikanische *ABC* und das *ABC* von Sevilla, welches für das aufständische Franco-Spanien steht.
12 *Ideal*, Granada vom 9. November 1938.
13 Zit. n. Ben Dror, La iglesia católica ante el Holocausto, S. 79.

ausschloss, schrieb die Zeitung *El Progreso (Der Fortschritt)* von »gerechtfertigten Repressalien gegen die Juden als angemessene Antwort auf das Attentat« beziehungsweise von »gerechter Strafe«. Ebenso war zu lesen: »Das Judentum hat es geschafft, die Geduld des deutschen Volkes zu erschöpfen und es ist an der Zeit, daß sie erkennen, daß es [das deutsche Volk, A. B.] sich solcher Angriffe zu erwehren weiß.«[14] In ähnlicher Weise hieß es in der Tageszeitung *Amanecer (Morgendämmerung)* am 11. November, dass »niemand über die von Deutschland getroffenen Verteidigungsmaßnahmen überrascht sein sollte«. Erwähnt wurden allerdings weder die Ermordungen und Verhaftungen von Juden, noch die hunderte in Brand gesetzten Synagogen.[15] *Ideal* titelte am 13. November 1938: »Deutschland führt energische Maßnahmen gegen die Hebräer ein. Eine klare Warnung für das internationale Judentum, damit es nie wieder Attentate auf Deutsche verübt.«[16]

Über die vom Nazipogrom weltweit ausgelösten Protestreaktionen wurde in der nationalen Presse im Lichte der Verschwörungstheorien und gemäß der deutschen Propaganda berichtet. *El Pensamiento Navarro* titelte am 24. November: »Eine Offensive des internationalen Judentums.« Ebenso wurden diese Nachrichten in Anlehnung an die spanische politische Mythologie betrachtet: »Dies ist der große Feind Franco-Spaniens: das internationale Judentum. Es hat seit vielen Jahren aus den politischen Turbulenzen und schmerzhaften Zugeständnissen unseres Vaterlands, die durch den 14. April [den Tag der Proklamation der Zweiten Spanischen Republik, A. B.] eröffnet wurden, sichere Beute geschlagen.«[17]

Insgesamt betrachtet erweisen sich die Pressereaktionen der verschiedenen nationalspanischen Zeitungen auf die Novemberereignisse als wenig differenziert. Sie unterscheiden sich lediglich marginal voneinander und sind durchgängig von extremer antisemitischer Propaganda gekennzeichnet. Diese Homogenität hat propagandistische Gründe, weil angenommen werden darf, dass der von den Falangisten kontrollierte *Nationale Pressedienst* den Zeitungen die publizistische Behandlung dieses Themas vorschrieb.[18]

Die Pogromnacht im Spiegel des republikanischen Spaniens: »Furiose Welle antisemitischer Barbarei«

Die republikanische Presse reduzierte sich Ende 1938 auf Madrid, Barcelona und die Levante, die südwestliche Küstenregion Spaniens. Aufgrund von Papiermangel konnten Tageszeitungen dort im Umfang von lediglich sechs bis acht Seiten erscheinen. Die Presse berichtete vornehmlich über die Kämpfe an der Front, die Bombardierungen gegen die Zivilbevölkerung in den Städten, über die Verabschiedungszeremonien der Internationalen Brigaden sowie über die Veranstaltungen zum Gedenken an den 7. November, den zweiten Jahrestag des heroischen Madrider Widerstands. Die bedeutendsten internationalen Nachrichten, die kritisch kommentiert wurden, waren das *Münchener Abkommen*, die Annektierung des

---

14 *El Progreso*, 13. 22. 1938.
15 Vgl. Rohr, The Spanish Right and the Jews, S. 91.
16 *Ideal*, Granada vom 9. November 1938.
17 *El Ideal*, Granada, 25. 11. 1938, S. 3., zit. n. Ben Dror, La Iglesia Católica y el Holocausto.
18 Vgl. Domínguez Arribas, L'ennemi judéo-maçonnique dans la propagande franquiste.

Sudetenlandes, Chamberlains *Appeasement*-Politik; die *Nichteinmischungsdoktrin*, welche die Waffenlieferung an die Spanische Republik unterband sowie die italienische und deutsche Intervention im spanischen Bürgerkrieg. In diesem Kontext waren die Nachrichten über die Novemberpogrome angesiedelt.

Am 11. November titelte *La Vanguardia* in Barcelona breit über vier Spalten: »In Deutschland ist der antisemitische Hass entfesselt worden« und führte nachfolgend aus: »der Mob, der alle Berliner Synagogen in Brand gesetzt und jüdische Geschäfte und Privatwohnungen geplündert hat, hat Akte wahrlichen Vandalismus angerichtet«. In Artikeln wurden ausführliche Informationen über die Aktionen geliefert und die Orte erwähnt, an denen diese verübt worden waren. Die Tageszeitung *ABC (Madrid)* schrieb am 11. November in einer Kolumne auf S. 2 unter dem Titel »Demokratie und Faschismus«, zahlreiche Synagogen seien angezündet worden. Am 13. November berichteten republikanische Tageszeitungen ausführlich über die Ereignisse: »In der ganzen Welt wächst die Empörung über die Gewaltakte in Deutschland«, titelte *La Vanguardia* über vier Spalten. Der *ABC* (Madrid) eröffnete am 13. November auf der Titelseite mit der Schlagzeile »Das Nazipogrom« eine Serie von Berichten über die Aktionen in der Nacht vom 9. auf den 10. November, die internationalen Reaktionen, die diese hervorgerufen hatten sowie über die antisemitischen Dekrete im Anschluss an die Ausschreitungen. Ebenso wurden Nachrichten veröffentlicht, die den angeblich »spontanen« Charakter des Pogroms dementierten und »Göbbels unvorstellbare antisemitische Dekrete« brandmarken. In den folgenden Tagen wurde über die »weltweiten Reaktionen auf die Barbarei Hitlers« geschrieben und Schlagzeilen der angelsächsischen Presse wie »›Die den Juden auferlegte Strafe ist ein Raub‹ schreibt die New York Times«[19] reproduziert. Die in Alicante erscheinende Tageszeitung *Fragua Social*, das Organ der anarchistischen Gewerkschaftsorganisation *Central Nacional de Trabajadores (CNT)*, fand eine noch schärfere Formulierung für ihre Verurteilung des Attentats auf vom Rath: »Es war ein von einem Juden ausgeübter wahrlicher Akt der Gerechtigkeit.«[20] Am 11. November titelte die Zeitung: »In Deutschland ist eine furiose Welle antisemitischer Barbarei entfesselt worden. Brandstiftungen, Plünderungen und andere Exzesse.« Zwei Tage später verkündete sie: »Alle rechtsstaatlichen und zivilisatorischen Errungenschaften sind unter dem despotischen Regime der Nazibarbarei beerdigt worden.«[21] Ebenso wurden die Aktionen auch im internationalen Zusammenhang beurteilt, der dem Nazitotalitarismus Konzessionen zugestand. Diese bedrohten auch die Spanische Republik: »Ohne die Zugeständnisse von München hätte die Nazibestie sich nicht getraut, diese Akte der Barbarei gegen die Juden zu verüben.«[22]

In anderer, aber ebenfalls herausgehobener Tonlage, veröffentlichte die satirische katalanische Wochenzeitung *La Esquella de la Torratxa* aus Barcelona in ihrer Ausgabe am 18. November einen humoristischen Artikel über die Ereignisse der Pogromnacht. Sie schrieb über eine angebliche »Judenbestellung«, welche die fran-

---

19 *ABC* (Madrid), 15., 16. und 18. 11. 1938.
20 *Fragua Social,* 9. 11. 1938.
21 *Fragua,* 13. 11. 1938.
22 *Fragua Social,* 12. 11. 1938, Schlagzeile S. 3.

quistische Regierung in Burgos an ihre Alliierten in Deutschland gerichtet habe. Weil in Spanien wegen der vor Jahrhunderten erfolgten Vertreibung keine Juden mehr lebten, hätten sie folgende Bestellung aufgegeben: Man möge bitte »zwischen der einen und anderen Bombenfracht« »eine Ladung Juden in guten Zustand« senden und sie versprächen, dass »diese durch das Volk in Sevilla, Salamanca, Bilbao und Burgos mit derselben Sympathie behandelt würden, wie die Juden, die sich in Berlin, München oder Wien aufhalten«[23].

Schließlich verdient eine Protestnote der republikanischen Regierung Erwähnung, die nach der Sitzung des Ministerrats in Barcelona am 16. November 1938 publiziert wurde. Republikanische Zeitungen veröffentlichten diese Note im ihrem gesamten Wortlaut: »Die spanische Regierung erhebt ihre Stimme mit energischer Verurteilung gegen die bestialische Verfolgung der jüdischer Rasse durch Nazideutschland«. *La Vanguardia* platzierte diese Nachricht auf der Titelseite und versah sie mit der folgenden Schlagzeile: »Die schändlichen Nazi›pogrome‹ sind ein Affront gegen die menschliche Rasse.« Gleichzeitig bot die spanische Regierung den Verfolgten Zuflucht an. Abgesehen von der Verurteilung der Verfolgungen betonte das Regierungscommuniqué, »dass die Verantwortlichen dieser Verbrechen identisch sind mit denjenigen der Verleumdungskampagne, die sich seit Juli 1936 gegen Spanien gerichtet hat«. Die Regierung der Republik biete, sobald der Bürgerkrieg beendet sei, »allen wegen ihrer Abstammung und den politisch oder religiös Verfolgten Zuflucht«, sofern sie sich in Spanien niederlassen wollten.

Barcelona fiel zwei Monate später Franco in die Hände und Ende März 1939 marschierten die nationalen Verbände in Madrid ein, wo der *Generalísimo* seine berühmte, letzte offizielle Proklamation des Bürgerkriegs verkündete: »nach Gefangennahme und Entwaffnung der Roten Armee haben die nationalen Truppen ihr letztes militärisches Ziel erreicht. Der Krieg ist beendet.«

Schluss

Das von den jüdischen Interbrigadisten in Spanien verlegte Bulletin *Der Freiheitskämpfer* titelte auf Jiddisch und Spanisch folgende Botschaft: »Por vuestra libertad y por la nuestra« (Für eure Freiheit und für unsere).[24] Dieser kurze Blick in die spanischen Zeitungen von November 1938 weist deutlich darauf hin, dass das Schicksal der Spanischen Republik und das der europäischen Juden eng miteinander verknüpft waren. Republikanische Zeitungen identifizierten schon damals sehr genau, was in Nazideutschland geschah und bemerkten mit nahezu prophetischer Klarheit, welche Folgen Konzessionen gegenüber dem Faschismus haben würden. Andererseits lässt die Analyse der Presse aus dem nationalen Lager die Eigentümlichkeiten des spanischen Antisemitismus und seiner Geschichte zu Tage treten, die teilweise bis heute aktuell sind. Die tief verwurzelten antisemitischen Stereotype, mit denen diejenigen, die wenig später den Bürgerkrieg gewannen, im November 1938 auftraten, haben über Jahrzehnte in Spanien überlebt. Ihr Nachhall und ihre späten Ableger reichen noch bis in unsere Gegenwart hinein.

---

23 *La Esquella de la Toratxa*, 18. 11. 1938, S. 11.
24 Vgl. Diamant, »Prensa idish en el frente de guerra español.« *Raíces*, 28, S. 40–44.

Literatur

Alvarez Chillida, Gonzalo, El antisemitismo en España. La imagen del judío *(1812, 2002),* Madrid 2002.
Avni, Haim, España, Franco y los judíos, Madrid 1982.
Ben-Dror, Graciela, La iglesia católica ante el Holocausto. España y América Latina, Madrid 2003.
Diamant, David, Combatants Juifs dans l'armée républicaine espagnole 1936–1939, Paris 1979.
Ders., »Prensa idish en el frente de guerra español.«, in: *Raíces:* revista judía de cultura (1996), 28, S. 40–44.
Domínguez Arribas, Javier, L'ennemi judéo-maçonnique dans la propagande franquiste (1936–1945), 2008, unveröffentlichte Promotionsschrift.
Lisbona, José Antonio, Retorno a Sefarad, Barcelona 1993.
Lustiger, Arno, ¡Shalom Libertad! Judíos en la Guerra Civil Española, Barcelona 2001.
Rohr, Isabelle, The Spanish Right and the Jews, 1898–1945, Sussex 2007.

Eberhard Jäckel
Der Novemberpogrom 1938 und die Deutschen

Der Pogrom ist von der Forschung seit Jahrzehnten immer wieder behandelt worden. Dabei wurden viele Fragen geklärt. In den letzten Jahren hat sich die Quellengrundlage noch einmal beträchtlich erweitert. Ich stütze mich im Folgenden vor allem auf die von Otto Dov Kulka und mir herausgegebene Sammlung *Die Juden in den geheimen NS-Stimmungsberichten 1933–1945*, die nach jahrelanger Arbeit 2004 publiziert wurde.[1]

In der Folge erschienen nicht nur eine thematisch gleiche Arbeit[2], sondern auch zwei Monographien über die Deutschen und die Judenverfolgung, von Peter Longerich[3] und von Bernward Dörner[4], die insbesondere der Frage nachgehen, was die Deutschen vom Mord an den europäischen Juden wussten.

Beide behandeln auch den Novemberpogrom, obwohl sich hier die Frage nicht stellt, was die Deutschen davon wussten. Denn der Pogrom vollzog sich öffentlich und vor aller Augen und auch die Medien berichteten zwar nicht vollständig, aber doch vielfach darüber. Insofern ist unsere Frage eine andere als in den späteren Phasen, den Deportationen und besonders den Morden, die zumeist an nichtdeutschen Juden und im Ausland verübt wurden.

Trotzdem ist das Grundproblem insofern das gleiche, als es sich um die Erforschung von Reaktionen handelt. Wenn man darüber zuverlässige und wissenschaftlich abgesicherte Kenntnisse gewinnen will, steht man vor einem schwierigen methodischen Problem. Es gab damals in Deutschland noch keine Meinungsforschung, die ohnehin nur in freiheitlichen Staaten möglich ist. Meinungsforschung hatte gerade in den USA begonnen, etwa mit dem 1935 von George H. Gallup gegründeten *American Institute of Public Opinion*, das bei der Präsidentenwahl von 1936 schon hohe Verlässlichkeit bewies. 1946 wurde dafür der Begriff *Demoskopie* geprägt.

Diktaturen sind an Meinungsforschung wenig interessiert. Doch auch das Nazi-Regime wollte wissen, was die Leute dachten und wie die Stimmung der Bevölkerung war. Dazu wurden die Gestapo und der SD, der Nachrichtendienst der Partei, aber auch andere Behörden, wie etwa die Ortspolizei oder die Regierungspräsidenten, angewiesen, weniger die Meinung als die Stimmung zu erkunden. Sie bedienten sich dazu zahlloser Späher, die berichteten, was die Volksgenossen auf der Straße, in den Wirtshäusern, auf der Eisenbahn oder sonstwo sagten.

Tausende solcher Berichte sind erhalten und in den Archiven zugänglich. Es gab sie auf der lokalen Ebene, auf der regionalen und häufig auch für das ganze Reich.

---

1 Kulka/Jäckel (Hg.), Die Juden, im Folgenden zit. n. Buch bzw. CD-ROM.
2 Korb, Reaktionen der deutschen Bevölkerung.
3 Longerich, »Davon haben wir nichts gewusst!«.
4 Dörner, Die Deutschen und der Holocaust.

Natürlich waren sie geheim und selbstverständlich sollten sie ungeschminkt sein, da sie sonst für die Führung wertlos gewesen wären. Diese Berichte dienen den Historikern nun als Grundlage für eine gewissermaßen nachträgliche Meinungsforschung.

Die Berichte über den Pogrom

Die Forschung verwendet diese Berichte seit langem. Schon 1965 erschien eine Auswahl der reichsweiten SD-Berichte und 1984 folgte eine Gesamtausgabe in 17 Bänden.[5] Die Sammlung von Kulka und mir unterscheidet sich insofern von ihnen, als sie sich einerseits thematisch auf die Berichte über die Juden beschränkt, aber andererseits alle auffindbaren Berichte von allen Dienststellen und auf allen Ebenen enthält, insgesamt 3744 Dokumente.

Über den Novemberpogrom liegen etwa 260 Berichte vor. Zumeist berichten sie zunächst von den örtlichen Vorfällen, von den Tätern, den Zerstörungen von Synagogen und anderen jüdischen Einrichtungen, von den Misshandlungen und Inhaftierungen in Konzentrationslagern. Sehr viele Berichte handeln danach aber auch von den Reaktionen der Bevölkerung.

Selbstverständlich ist die den Historikern geläufige Quellenkritik auch hier unabdingbar. Die bornierten Parteifunktionäre schreiben oft mit deutlichen Vorurteilen, während die Staatsbeamten, die Regierungspräsidenten, Landräte und Bürgermeister sachlicher berichten und manchmal sogar ihre Ablehnung nicht verbergen. Die Berichte der Gendarmerie sind oft primitiv; diejenigen der SD-Außenstellen und besonders die reichsweiten Zusammenfassungen des SD-Hauptamtes erscheinen am zuverlässigsten.

Ein besonderes Problem sind die Quantifizierungen. Selbst die reichsweit zusammenfassenden Berichte enthalten keine Prozentangaben, sondern sagen nur, dass eine bestimmte Stimmung allgemein oder in gewissen Gruppen der Bevölkerung, etwa in kirchlichen Kreisen, verbreitet war und auch diese Angaben sind in der Regel nicht überprüfbar. So wird sich der Historiker mit ungefähren Annäherungen begnügen müssen. Angaben über *alle* oder selbst *die meisten Deutschen* wird er tunlichst vermeiden. Es ist eine grobe Vereinfachung, wenn es im Untertitel des Buches von Dörner heißt: »Was niemand wissen wollte, aber jeder wissen konnte.« Dass viele dieses oder jenes dachten oder sagten, scheint das Höchste an Präzision zu sein, das wir erreichen können.

Zum Novemberpogrom erstattete das Amt II 112 des SD-Hauptamtes in Berlin, das für die *Judenfrage* zuständig war, am 7. Dezember 1938 einen ersten zusammenfassenden Bericht, der übrigens erst kurz vor unserer Edition im Sonderarchiv Moskau zugänglich geworden war. Darin ist im Grunde alles Wesentliche bereits gesagt. Es heißt dort: »Die Sühneaktion gegen die Juden Deutschlands setzte einheitlich im gesamten Reichsgebiet in der Nacht vom 9. auf den 10. November ein.« Das widerlegt schon die in den Massenmedien verbreitete Behauptung, es habe sich ein *Ausbruch von Volkszorn* ereignet. Wenn etwas einheitlich im ganzen Land

---

5   Boberach (1965), Meldungen aus dem Reich; Ders. (1984), Meldungen aus dem Reich; Vgl. auch Steinert, Hitlers Krieg und die Deutschen.

einsetzt, kann es sich kaum um spontane Aktionen der Bevölkerung gehandelt haben.

Der SD-Bericht macht dies auch deutlich, indem er fortfährt: »Träger der Aktionen waren im allgemeinen die Politischen Leiter, Angehörige der SA, der SS und in Einzelfällen auch Mitglieder der HJ. Die Zivilbevölkerung hat sich nur in ganz geringem Maße an den Aktionen beteiligt.«

Weiter heißt es: »Die Stellungnahme der Bevölkerung zu den Aktionen, die anfänglich zustimmend war, änderte sich grundsätzlich, als der angestellte Sachschaden allgemein zu übersehen war. Es wurde immer wieder betont, daß ein Vorgehen gegen die Juden als Sühne für den Mord an dem Gesandtschaftsrat vom Rath wohl gebilligt werde, die Zerstörungen von Geschäfts- und Wohnräumen sich jedoch nicht mit den für die Verwirklichung des Vierjahresplanes geforderten Maßnahmen vereinbaren ließe. Außerdem wurde zum Ausdruck gebracht, daß dieses allzu krasse Vorgehen gegen die Juden neue außenpolitische Schwierigkeiten bringen könnte.«

Die Wortwahl lässt Missbilligung erkennen: Der »angestellte«, nicht der »eingetretene Sachschaden«, das »allzu krasse Vorgehen«. Offenbar war der SD nicht nur nicht der Urheber der Aktion, er distanzierte sich auch davon.

»Die Juden sollen einmal den Volkszorn zu verspüren bekommen.«

Wie der Pogrom ausgelöst wurde, ist seit langem bekannt. Kurz vor einem Kameradschaftsabend der alten Parteikämpfer, die zur Feier des Jahrestages des Marsches auf die Feldherrnhalle von 1923 in München versammelt waren, erhielt Hitler am Nachmittag des 9. November 1938 die Nachricht, dass vom Rath seinen Verletzungen erlegen war und dass am 8. November nach Bekanntwerden des Attentats (das am 7. erfolgt war) und nach einem scharfen Kommentar im *Völkischen Beobachter* an einigen Orten antijüdische Demonstrationen stattgefunden hatten.

Hitler sprach während des Kameradschaftsabends mit Goebbels, der tags darauf in sein Tagebuch schrieb: Der Führer »bestimmt: Demonstrationen weiterlaufen lassen. Polizei zurückziehen. Die Juden sollen einmal den Volkszorn zu verspüren bekommen. Das ist richtig. Ich gebe gleich entsprechende Anweisungen an Polizei und Partei. Dann rede ich kurz dementsprechend vor der Parteiführerschaft. Stürmischer Beifall. Alles saust gleich an die Telephone.«[6]

Himmler war zunächst nicht informiert. Als er in der Nacht davon erfuhr, diktierte er einen Vermerk: »Der Befehl kommt von der Reichspropaganda-Leitung und ich vermute, daß Goebbels in seinem mir schon lange aufgefallenem Machtstreben und in seiner Hohlköpfigkeit gerade jetzt in der außenpolitischen schwersten Zeit diese Aktion gestartet hat.«[7]

Himmler wusste nicht, dass Goebbels eine Bestimmung Hitlers ausführte. Auch sein Hinweis auf die außenpolitische Lage war wohl ein Irrtum. Es gibt im Gegenteil, wie Stefan Kley in einem Aufsatz[8] nachwies, Indizien, dass Hitler die

---

6 Fröhlich (Hg.), Die Tagebücher von Joseph Goebbels, Bd. 6: Eintrag vom 10. 11. 1938.
7 Erstmals überliefert in einer Eidesstattlichen Erklärung vom 5. 7. 1946, Nürnberger Dokument SS-5; Vgl. Longerich, Heinrich Himmler.
8 Kley, Hitler and the Pogrom of November 9–10, 1938, S. 87 ff.

Demonstrationen gerade aus außenpolitischen Gründen anordnete oder billigte. Er war wenige Wochen zuvor an der Entfesselung des Krieges gegen die Tschechoslowakei und auch gegen die Westmächte gehindert worden und war zusätzlich enttäuscht von der Erleichterung der Bevölkerung, dass der Friede erhalten geblieben war. Der Pogrom war demnach für ihn ein Mittel, ihn seinem Ziel der Kriegsentfesselung durch Provozierung des Auslandes näher zu bringen.

Ausgerechnet am nächsten Tag, dem 10. November 1938, sagte er in seiner Rede vor der Presse: »Die Umstände haben mich gezwungen, jahrzehntelang fast nur vom Frieden zu reden.« Das habe aber auch seine »bedenklichen Seiten«. Und dann: »Es war nunmehr notwendig, das deutsche Volk psychologisch allmählich umzustellen und ihm langsam klarzumachen, daß es Dinge gibt, die […] mit Mitteln der Gewalt durchgesetzt werden müssen.«[9]

Offenbar hatte Hitler jedoch nicht die Initiative ergriffen. Es ist zu berücksichtigen, dass zuvor spontane Demonstrationen ausgebrochen waren. Dazu eröffnen die SD-Berichte aufschlussreiche Einsichten. In der Jahresübersicht vom 1. November 1938, also noch *vor* dem Pogrom, heißt es: »Die Einstellung der Bevölkerung zur Judenfrage zeigte sich in den besonders in den letzten Monaten sehr zahlreichen Einzelaktionen, die zumeist eine Förderung durch die örtlichen Parteiorganisationen erfuhren.«[10]

Der SD machte einen feinen Unterschied zwischen staatlichen Maßnahmen und so genannten Einzelaktionen. Die Einzelaktionen waren Ausschreitungen von Naziaktivisten aus eigener Initiative, die mehrfach von den Behörden aus unterschiedlichen Gründen (etwa aus Rücksicht auf das Ausland oder wegen Störung der öffentlichen Ordnung) unterbunden wurden.

Die örtlichen Berichte zeigen, dass derartige Einzelaktionen in der Zeit vom 1. März bis zum 8. November 1938 beträchtlich zunahmen. In einem Bericht des Regierungspräsidenten der Pfalz für Oktober 1938 heißt es etwa, »diese Vorkommnisse [entstünden] spontan aus dem Willen der Gesamtbevölkerung […]. Die Bevölkerung will die Juden aus den Dörfern forthaben und rächt sich auf diese Art für das freche Auftreten der Juden während der Spannungszeit im September. Diese Begründung des Vorgehens der Bevölkerung klingt durch alle Berichte.«[11]

Der Novemberpogrom war demnach keineswegs allein eine Reaktion auf das Attentat in Paris, sondern auch eine Fortsetzung und Steigerung der vorhergegangenen örtlichen Einzelaktionen. Man könnte von einer dialektischen Wechselwirkung zwischen einem *Druck von unten* und *Anordnungen von oben* sprechen, wenn man hinzufügt, dass der *Druck von unten* seinerseits weithin durch die antijüdische Propaganda des Regimes erzeugt worden war. Insgesamt aber war die Auslösung des Novemberpogroms noch vielschichtiger und eröffnet einen Einblick in die Herrschaftsstruktur des Naziregimes, besonders im Hinblick auf die Judenpolitik.

Himmler und Heydrich waren natürlich keineswegs gegen eine Verfolgung der Juden. Sie wollten nur keine Pogrome, sondern die Auswanderung der Juden.

---

9 Treue (Hg.), Rede Hitlers vor der deutschen Presse (10.11.1938), S. 182; siehe auch: Domarus (Hg.), Hitler, S. 974.
10 Kulka/Jäckel, Die Juden, Buch, Nr. 354, S. 301, CD-ROM 2549.
11 Ebd., Buch Nr. 355, S. 302 f., CD-ROM 2538.

Um den Zwang dazu zu verstärken, ließen sie nun über 30 000 Juden durch die Polizei verhaften und in Konzentrationslager verbringen, aus denen viele wieder entlassen wurden, wenn sie zusagten, auszuwandern. Auch Göring wollte keine Pogrome, sondern die Ausschaltung der Juden aus der Wirtschaft, die er bald danach durchsetzte.

Sie glaubten, im Sinne Hitlers zu handeln, ohne zu wissen, dass er es war, der den Anstoß zum Novemberpogrom gegeben hatte. Sie wussten, dass Hitler sich früher wiederholt gegen Pogromantisemitismus ausgesprochen hatte und verdächtigten Goebbels, den Pogrom gestartet zu haben. Sie nahmen damit gewissermaßen etwas vorweg, was später in Teilen der Forschung die *polykratische Struktur des Regimes* genannt wurde, was heißen sollte, dass verschiedene Machthaber eigenmächtig und gegeneinander handelten. Sie verkannten jedoch, dass Goebbels in diesem Fall zuvor eine Ermächtigung Hitlers eingeholt oder erhalten hatte.

Hitler hatte aus bestimmten Gründen den Pogrom ausgelöst oder gebilligt[12] und unterstützte zugleich sowohl die forcierte Auswanderung wie die Ausschaltung der Juden aus der Wirtschaft. Nur wussten das seine Gefolgsleute nicht, da es ja keine gemeinsame Beratungen und Beschlussfassungen in Gremien gab, sondern Hitler spielte sie gegeneinander aus und setzte so seine Ziele durch. Es war mithin der polykratische Wettbewerb, der die Monokratie Hitlers ermöglichte.

Übrigens waren es dieselben SS- und SD-Leute, die kurz darauf – nachdem sie im September 1939 im Reichssicherheitshauptamt organisiert worden waren – zunächst die Deportationen und dann den Mord ausführten. Inzwischen hatten sie erkannt, was Hitler wünschte. Sie folgten ihm in allen Phasen, erst bei der Regelung auf dem Gesetzes- und Verordnungswege, dann bei der erzwungenen Auswanderung und schließlich bei der *Endlösung*.

Die Reaktionen der Bevölkerung

Indem ich nach diesem Exkurs zu den Reaktionen der Bevölkerung auf den Novemberpogrom zurückkehre, zitiere ich zunächst aus dem Rückblick, den das SD-Hauptamt im Jahresbericht für 1938 gab: »Es war zu beobachten, daß die Maßnahmen gegen das Judentum im Süden (mit Ausnahme der Ostmark) und im Westen des Reiches (katholisch, dichter besiedelt, überwiegend städtische Bevölkerung) weit stärkere Ablehnung erfuhren als im Norden (protestantisch, weniger dicht besiedelt, Landbevölkerung).«[13] Das sind immerhin Spezifizierungen: Stärkere Ablehnung im katholischen, urbanen Süd- und Westdeutschland als im protestantischen, agrarischen Norddeutschland. (Sehr grob entspricht dies übrigens den Ergebnissen der Wahlforschung zu den Erfolgen der NSDAP bei den Wahlen 1930–1933.)

Aus den örtlichen Berichten nenne ich die folgenden, mehrfach genannten Befunde, ohne sie zu zählen, also ohne Quantifizierung:

Dass auf das Attentat des Juden Grynszpan auf den deutschen Diplomaten vom Rath Reaktionen erfolgten, fand vielfach Verständnis. Dass diese Reaktionen

---

12 Vgl. jetzt auch Hermann, Hitler und sein Stoßtrupp, S. 603 ff.
13 Kulka/Jäckel, Die Juden, Buch, Nr. 414, S. 376, CD-ROM 2766.

spontan gewesen seien, wurde dagegen nicht geglaubt. Es war weithin »sofort bekannt, daß es sich hier nicht um eine spontane Entrüstung des Volkes gehandelt hat, sondern, daß hier ein Vorgang zur Auslösung kam, der organisiert war«[14]. Dass die »Aktion in den Händen der Partei lag, [war] in der Bevölkerung selbstverständlich allgemein bekannt«; »die dauernde Behauptung der Presse, es handle sich um eine spontane Empörung des Volkes [wirke] geradezu lächerlich«,[15] wurde »nur mit leiser Ironie erzählt«[16]. »Aus Parteikreisen stammt die Äußerung, daß die Presse mit ihrer Behauptung von ›spontanen Kundgebungen‹ dem Reiche ins Gesicht geschlagen habe«, denn wenn solche Kundgebungen möglich wären, könnten sie sich »auch einmal gegen Kreise der Partei wenden«[17].

Auf Ablehnung stieß ganz überwiegend die Vernichtung von Sachwerten.[18] Dabei kam es auch zu Plünderungen und Diebstählen, gegen die »Polizeischutz eingesetzt«[19] wurde. Empört war übrigens auch Göring. In der großen Besprechung vom 12. November 1938 sagte er in Anwesenheit von Goebbels: »Mir wäre lieber gewesen, ihr hättet 200 Juden erschlagen und hättet nicht solche Werte vernichtet.«[20]

Auf weite Missbilligung stieß die Zerstörung der Synagogen, teils mit dem Argument, das seien auch Gotteshäuser, teils mit der Befürchtung, die nächsten würden die Kirchen sein[21] und es könne »jederzeit auch anderen Gruppen der Bevölkerung geschehen«[22].

Daneben begegnet auch moralische Missbilligung: Das sei »barbarisch«, »kulturlos«, »eines Kulturvolkes unwürdig«[23], »eine Kulturschande und Glaubensverfolgung«[24], »mit dem deutschen Ansehen und der deutschen Würde nicht […] vereinbar«[25], »daß Derartiges in einem Kulturstaate nicht vorkommen dürfe«[26]. »Man schämt sich.«[27]

Im Regierungsbezirk Aachen wurden Flugblätter erfasst, in denen stand, »daß 99% der Bevölkerung mit diesen ›Schandtaten‹ nichts zu tun haben wollten«[28].

Vielfach begegnet »Mitleid mit den armen unterdrückten Juden«[29], »die doch meistens völlig harmlos und zurückgezogen lebten«[30].

Viele Geistliche beider Konfessionen protestierten öffentlich. Sie haben »für die Juden gebetet, auch aktive Hilfe geleistet«[31]. »In den Predigten und Andachten

---

14 Ebd., S. 316.
15 Ebd., S. 324.
16 Ebd., CD-Rom 2621.
17 Ebd., S. 361.
18 Ebd., S. S. 319, 329, 331, 334, 337f., 340, 361, 376.
19 Ebd., CD-Rom 2615.
20 Nürnberger Dokument PS-1816.
21 Kulka/Jäckel, Die Juden, S. 318, 320ff., 327, 329, 334, 375.
22 Ebd., S. 340.
23 Ebd., S. 376.
24 Ebd., S. 357.
25 Ebd., S. 318.
26 Ebd., S. 333.
27 Ebd., S. 328.
28 Ebd., S. 357.
29 Ebd., S. S. 319, 326, 332, 339, 366.
30 Ebd., S. 340.
31 Ebd., S. 331.

wurde immer wieder über die christliche Nächstenliebe gesprochen, die bedingungslos ist und auch den Feinden zuteil werden muß.«[32] Getaufte Juden seien auch Christen.[33] Das Alte Testament müsse im Religionsunterricht weiter behandelt werden.[34]

Ablehnend äußerten sich auch Sozialdemokraten, Kommunisten und Liberale. »Es ist beobachtet worden, daß ehemalige Sozialdemokraten, die sich auf Grund der Leistungen der nat. soz. Regierung offen zum Nationalsozialismus bekannt haben, durch die Judenaktion wieder sehr schwankend geworden sind.«[35]

Wiederholt begegnet die Meinung, das Vorgehen sei »außenpolitisch sehr ungeschickt gewesen […], weil dadurch die erst kürzlich gebannte Kriegsgefahr erneut heraufbeschworen wurde«[36]. Das »gerade von der Kriegsangst befreite Bürgertum wies auf die gefährlichen Auswirkungen hin, die im Ausland entstehen könnten«[37].

Öfter begegnet die Auffassung, Hitler wisse nicht von der Aktion und habe mit ihr nichts »zu tun«[38]: »Das will der Führer bestimmt nicht.«[39]

Gewiss wurde auch von Zustimmung der Bevölkerung berichtet, aber manche dieser Berichte erscheinen weniger glaubwürdig, wenn es etwa heißt: »Zu Selbstmorden oder Todesfällen unter den Juden ist es in dieser Zeit leider nicht gekommen.«[40] Im Januar 1939 wurde berichtet, die »Aufregung weiter Kreise über die Judenaktionen [habe] sich im allgemeinen wieder gelegt«[41].

Wenn bei aller kritischen Vorsicht eine Zusammenfassung versucht werden soll, so scheint sich der schon früher festgestellte Befund verstärkt zu bestätigen, dass der Pogrom in sehr weiten Kreisen der Bevölkerung mehr Missbilligung als Zustimmung hervorrief. Bemerkenswert erscheint ferner, dass die gelenkte Pressepropaganda vielfach als unwahr durchschaut wurde. Und: Die jahrelange antisemitische Propaganda hielt viele noch immer nicht davon ab, Mitleid mit den Juden zu empfinden.

---

32 Ebd., S. 326.
33 Ebd., S. 342.
34 Ebd., S. 329f.
35 Ebd., S. 327.
36 Ebd., S. 334.
37 Ebd., S. 376.
38 Ebd., S. 329.
39 Ebd., S. 331.
40 Ebd., S. 320.
41 Ebd., S. 344.

Literatur

Boberach, Heinz (Hg.), Meldungen aus dem Reich. Auswahl aus den geheimen Lageberichten des Sicherheitsdienstes der SS 1939–1944, Neuwied 1965.

Ders., Meldungen aus dem Reich. Die geheimen Lageberichte des Sicherheitsdienstes der SS 1938–1945, Herrsching 1984.

Domarus, Max (Hg.), Hitler. Reden und Proklamationen 1932–1945, Band I, München 1962, S. 974.

Dörner, Bernward, Die Deutschen und der Holocaust. Was niemand wissen wollte, aber jeder wissen konnte, Berlin 2007.

Fröhlich, Elke (Hg.), Die Tagebücher von Joseph Goebbels, im Auftrag des Instituts für Zeitgeschichte und mit der Unterstützung des Staatlichen Archivdienstes Rußlands, bearb. von Jana Richter, Teil I: Aufzeichnungen 1923–1941, Band 6: August 1938–Juni 1939, München 1997.

Hermann, Angela, Hitler und sein Stoßtrupp in der *Reichskristallnacht,* in: *Vierteljahrshefte für Zeitgeschichte* 56 (2008), S. 603 ff.

Kley, Stefan, Hitler and the Pogrom of November 9–10, 1938, in: *Yad Vashem Studies XXVIII,* Jerusalem 2000, S. 87 ff.

Korb, Alexander, Reaktionen der deutschen Bevölkerung auf die Novemberpogrome im Spiegel amtlicher Berichte, Saarbrücken 2007.

Kulka, Otto Dov/Eberhard Jäckel (Hg.), Die Juden in den geheimen NS-Stimmungsberichten 1933–1945, Düsseldorf 2004.

Longerich, Peter, »Davon haben wir nichts gewusst!« Die Deutschen und die Judenverfolgung 1933–1945, München 2006.

Ders., Heinrich Himmler. Biographie, München 2008.

Nürnberger Dokument SS-5, Der Prozeß gegen die Hauptkriegsverbrecher vor dem Internationalen Militärgerichtshof, Bd. XLII (1949), S. 512.

Nürnberger Dokument PS-1816, Der Prozeß gegen die Hauptkriegsverbrecher vor dem Internationalen Militärgerichtshof, Bd. XXVIII (1948), S. 518.

Steinert, Marlis G., Hitlers Krieg und die Deutschen. Stimmung und Haltung der deutschen Bevölkerung im Zweiten Weltkrieg, Düsseldorf 1970.

Treue, Wilhelm (Hg.), Rede Hitlers vor der deutschen Presse (10.11.1938), in: *Vierteljahrshefte für Zeitgeschichte* 6 (1958) S. 182.

Alan E. Steinweis
Wer waren die Täter des Novemberpogroms?

Um die Frage beantworten zu können, wer die Täter des Pogroms waren, muss man zuerst die Frage beantworten, was es bedeutet, Täter zu sein. In manchen Fällen war der Novemberpogrom oder, genauer gesagt, waren *die* Novemberpogrome paramilitärische Aktionen, die von SA- bzw. SS- Einheiten durchgeführt wurden.[1] Aber in vielen anderen Fällen waren die Pogrome komplexe, vielschichtige Ausschreitungen, an denen sich Menschen aus unterschiedlichen Kontexten und Schichten der deutschen Gesellschaft beteiligten. Täter waren nicht nur jene, die unmittelbar an Gewalttaten gegen Juden, jüdische Institutionen und jüdisches Eigentum teilnahmen oder diese befohlen und organisiert haben. Täter waren auch jene, die solche Gewalttaten inspiriert, psychologisch unterstützt und materiell ausgenutzt haben. Ich sollte betonen, dass mein Konzept von Täterschaft nicht juristisch, sondern historisch ist. Das heißt, Täter waren nicht nur alle, die nach 1945 angeklagt worden sind oder hätten angeklagt werden können. Diese Prozesse wurden nur gegen einen kleinen Teil der Beteiligten geführt und nur selten zum Beispiel gegen minderjährige Täter.[2] Das soll keinesfalls heißen, dass eine Mehrheit der Deutschen am Pogrom beteiligt war. Dennoch war das Ausmaß der aktiven Unterstützung stärker, als es bisher in der Geschichtswissenschaft dargestellt worden ist und der Kreis der Täter größer, als dies nach dem historischen Verständnis der meisten Deutschen der Fall war.

Wellen der Gewalt
Auch die Tatmotive der Pogromtäter waren sehr verschieden: unter anderen sind hier Antisemitismus, Gruppendynamik, persönliche Rachegefühle, und Geldgier zu nennen. In bestimmten NS-Kreisen wirkte die Gewalt kathartisch erlösend. In dieser Hinsicht muss der Pogrom im Zusammenhang mit früheren antijüdischen Ausschreitungen gesehen werden. Das Ausmaß und die Intensität der Gewalt gegen Juden im November 1938 waren sicherlich neu. Aber NS-Historiker, die sich mit den Jahren 1933–38 befassen, haben inzwischen die bekannte Trennung zwischen legalistischem, bürokratischem Antisemitismus einerseits und gewalttätigem Antisemitismus andererseits revidiert. Obwohl die legalistisch-bürokratische Strategie die zentrale Rolle bei der Marginalisierung der deutschen Juden spielte, waren gewalttätige Ausschreitungen gegen Juden viel häufiger als bisher angenommen. In vielen wissenschaftlichen Arbeiten wurde nur von vereinzelten Taten gesprochen, tatsächlich jedoch war Gewalt gegen Juden nach Januar 1933 in

---
1 Wolf-Arno Kropat betonte als erster die Rolle der SS während des Pogroms, vgl. Kropat, *Reichskristallnacht*.
2 Eichmüller, Die Strafverfolgung von NS-Verbrechen seit 1945, S. 621–640.

Deutschland an der Tagesordnung.³ In den meisten Fällen waren die Täter SA-Mitglieder. Gewaltsame Angriffe gegen Juden nahmen im Laufe des Jahres 1938 zu. Sowohl der so genannte Anschluss Österreichs als auch die Kriegs- oder Maikrise 1938 führten zu regelrechten Wellen der Gewalt. Die Zunahme der Gewalttaten hielt dann im Sommer und Herbst 1938 an und wurde durch die Sudetenkrise nochmals verstärkt. In gewissen Kreisen intensivierte die Angst vor einem Krieg gegen die äußeren Feinde die Hassgefühle gegen die mutmaßlichen inneren, das heißt jüdischen Feinde. Angesichts dieser Spirale der Gewalt dürfen wir die strikte Trennung in eine legalistisch-bürokratische Phase und eine gewalttätige Phase, die mit dem Pogrom begann, in Frage stellen und den Pogrom vielmehr als Kulmination einer Serie von Gewaltwellen sehen, die sich über Monate aufbaute und nicht plötzlich ausbrach.

Im Vorfeld der lokalen antijüdischen Aktionen

In diesem Kontext ist der unmittelbare Hintergrund des Pogroms besonders relevant. Das Ereignis, das den Pogrom auslöste, geschah am Morgen des 7. November, als der jüdische Junge Herschel Grynszpan auf den deutschen Diplomaten in Paris, Ernst vom Rath, schoss. Im deutschen Radio wurde einige Stunden später darüber berichtet. Noch bevor die Nacht des 7. November anbrach, kam es zu antijüdischen Ausschreitungen in Kassel. Von dort breiteten sie sich am nächsten Abend weiter in der Kurhessischen Umgebung aus.⁴ Diese Ausschreitungen werden zwar in den meisten Darstellungen zur *Kristallnacht* erwähnt, aber selten analysiert. Historiker haben bisher den kausalen Zusammenhang zwischen den regionalen Ausschreitungen am 7. und 8. November und dem landesweiten Pogrom, der am Abend des 9. November begann, unterschätzt. Wenn man den gesamten Zeitraum vom 7. bis 10. November betrachtet und nicht nur den 9. und 10., dann sieht der Pogrom weniger wie eine Gewaltorgie aus, die von *ganz oben* geplant und organisiert war, sondern wie eine Ausbreitung lokaler antijüdischer Aktionen *von unten,* die am Ende von der NS-Führung als Gelegenheit wahrgenommen wurde. Aus einigen kleineren Feuern wurde ein nationaler *Flächenbrand.*

Der deutsche Historiker Dieter Obst hat die Prozessakten der Nachkriegszeit bisher am umfassendsten analysiert.⁵ Für seine Dissertation wertete Obst 1991 die Akten zu mehreren hundert Prozessen in den westlichen Zonen aus. Die Dissertation spiegelt den soziologisch-quantitativen Zugang zur Geschichtswissenschaft wider, der in den 1970er und 80er Jahren modern war. Obst sammelte Material über viele Deutsche, die am Pogrom beteiligt gewesen waren und analysierte sie nach Kriterien wie zum Beispiel Alter, soziale und regionale Herkunft und NSDAP-Mitgliedschaft. Sein Buch zur *Kristallnacht* ist bis heute aktuell und wichtig. Der vielleicht wertvollste Beitrag von Obst liegt in seiner Betonung der zahlreichen verschiedenen Faktoren, die das Verhalten der Täter 1938 bestimmten. Der harte Kern der Täter bestand aus SA-Mitgliedern. Diese gedachten am Abend

---

3   Wildt, Volksgemeinschaft.
4   Kropat, Kristallnacht in Hessen.
5   Obst, *Reichskristallnacht.*

des 9. November dem Putsch von 1923 und waren mit exzessivem Bierkonsum beschäftigt. Die Anweisungen zu den Ausschreitungen erhielten sie oft während ihrer Trinkgelage. Die Gewaltbereitschaft der SA-Leute lässt sich somit nicht nur mit Antisemitismus erklären, sondern auch mit einer tief verwurzelten maskulinen Tradition von Wirtshausschlägereien und alkoholbedingtem Aktionismus. Die Trunkenheit und Aufgeregtheit der SA-Männer erklärt vielleicht auch, warum die Gewalt in vielen Fällen über das hinausging, was der Parteiführung vorgeschwebt hatte und schließlich zu Mord, Vergewaltigung und zahlreichen Diebstählen jüdischen Eigentums führte.

Die Taten der SA während der *Kristallnacht* müssen auch in Bezug auf bestimmte nationalsozialistische Rituale betrachtet werden. Vor 20 Jahren hat der amerikanische Psychologe und Historiker Peter Loewenberg die These vertreten, dass die *Kristallnacht* als *Ritual kultureller Erniedrigung* verstanden werden könne.[6] Leider sind wenige Historiker auf diese interessante These aufmerksam geworden. Ein wichtiger Beitrag kam in diesem Zusammenhang von dem deutschen Soziologen und Psychoanalytiker Franz Maciejewski.[7] Das Gedenken an den Putsch vom 9. November 1923 markierte den Höhepunkt im rituellen Kalender der Nationalsozialisten. Das zentrale Element in diesem Gedenken war die emotionale Zelebration nationalsozialistischen Märtyrertums. Die Erniedrigung der Juden während der *Kristallnacht* muss, zumindest partiell, als erweiterter Bestandteil dieses Rituals gesehen werden. In der historischen Erinnerung der Nationalsozialisten zählten die Juden zu den Hauptverantwortlichen für die deutsche Niederlage im Ersten Weltkrieg, für den Versailler Vertrag und die Weimarer Republik – also den *verhassten* politischen Realitäten, die Hitler und die *alten Kämpfer* zum Putsch veranlasst hatten. 1938 fand das Gedenken an den Putsch unmittelbar nach dem Mord an Ernst vom Rath statt, den die deutsche Presse zum jüngsten Opfer in einer langen Reihe nationalsozialistischer Märtyrer stilisierte, die der »jüdische Terror« gefordert hätte. Damit wurde die *Kristallnacht* für viele Täter zu einem rituellen Akt kollektiver Rache an einem Tag des Gedenkens an *nationalsozialistische* Opfer.

Tatbeteiligung und Zustimmung

Obwohl die SA den organisierten Pogrom dominierte, müssen wir auch andere beteiligte Gruppen erwähnen. Ein wichtiges Forschungsergebnis des Historikers Wolf-Arno Kropat, das noch nicht genügend Aufmerksamkeit gefunden hat, ist die Teilnahme von SS-Angehörigen am Pogrom. Sie war offenbar sehr viel umfangreicher, als zum Beispiel Dieter Obst behauptet hat. Dies ist ein bedeutsamer Aspekt, da er die gängige Behauptung widerlegt, die SS hätte Straßenschlachten, zerstörerische Ausschreitungen und Pogrome der SA überlassen.

Auch wenn die Gewalt in der Nacht vom 9. zum 10. November ganz überwiegend von SA und SS ausging, erweiterte sich der Kreis der Täter im Laufe des 10. November erheblich.[8] In vielen Orten wurden ganze Firmenbelegschaften für

---

6 Loewenberg, »The Kristallnacht as Public Degradation Ritual«, S. 309–323.
7 Maciejewski, »Der Novemberpogrom in ritualgeschichtlicher Perspektive«, S. 65–84.
8 Zur weitgehenden Beteiligung der deutschen Bevölkerung am Pogrom siehe Benz, »Applaus, Beteiligung, Missbilligung (...)«, S. 961–971. Demnächst auch Steinweis, Kristallnacht 1938.

die Zerstörung jüdischer Häuser und die Schändung der Synagogen gewonnen. Vollzählige Gruppen der Hitlerjugend (HJ) waren ebenso am Werk. Sogar ganze Schulklassen wurden von den Schulen zu den Tatorten gebracht und dort von ihren Lehrern, die oft zugleich HJ-Führer waren, ermutigt, sich am Geschehen aktiv zu beteiligen. In mehreren Prozessen haben Zeugen beschrieben, wie die Kinder eine riesige Party der Verwüstung veranstalteten, die kaum noch unter Kontrolle zu bekommen war, als die Behörden schließlich beschlossen, den Zerstörungen ein Ende zu setzen.

Viele Augenzeugen berichteten, dass große Menschenmengen zusahen als Synagogen brannten, jüdische Läden verwüstet wurden und Juden geschlagen und erniedrigt wurden. Diese Menschen werden meist als *passive* Zuschauer beschrieben, aber aus den Prozessakten und den Berichten jüdischer Opfer wird deutlich, dass viele dieser Zuschauer keineswegs unbeteiligt waren. Mit Gelächter, Applaus, Zurufen und Gesängen drückten sie ihre Zustimmung zu den Taten aus und sorgten für psychologische Unterstützung für die, die Gewalt anwendeten. In dem Maß, in dem Gewalt als rituelle Inszenierung von antisemitischem Hass verstanden werden kann, bildeten die zahlreichen Zuschauer ein wohlwollendes, dankbares Publikum. Außerdem wurden sehr viele von ihnen schließlich zu unmittelbaren Tätern, die sich an den Verwüstungen beteiligten. Das wird deutlich, wenn man die Prozessakten liest, ist aber in seinem ganzen Umfang von der historischen Forschung noch nicht wahrgenommen worden.

Der Kreis der Täter wird noch größer, wenn man auch die Plünderungen berücksichtigt. Als die NS-Führung zu den Ausschreitungen am 9. November grünes Licht gab, hat sie das Plündern jüdischen Eigentums ausdrücklich verboten. Diese explizite Anordnung war die Folge massiver Plünderungen während der Pogrome in Kassel und Kurhessen am 7. und 8. November. Trotzdem wurde das Plünderungsverbot am 9. November weitgehend missachtet. Tausende Deutsche, die sich an den eigentlichen Zerstörungen nicht beteiligten, zögerten nicht, Beute zu machen. Nach dem Krieg betrachteten einige Gerichte diese Plünderungen als Teil der Gewalt und der Erniedrigung gegen die deutschen Juden, auch wenn diese Taten nicht mehr strafbar waren. Viele der Plünderer waren Frauen, so dass hier von einer geschlechtsspezifischen Gewaltausübung gesprochen werden kann. Während der Verhandlungen in den späten 1940er Jahren gaben einige der Frauen an, sie wollten dadurch den Lebensstandard ihrer Familien verbessern. Andere erklärten, durch die Gehirnwäsche der Nazipropaganda hätten sie geglaubt, sie könnten sich an jüdischem Eigentum bedienen, da die Juden es sowieso nicht rechtmäßig erworben hätten.[9] Solche Aussagen waren sicherlich juristische Rechtfertigungen, aber das schließt die Möglichkeit nicht aus, dass es auch die Wahrheit war.

Die Behauptung, dass weite Kreise der deutschen Gesellschaft am Pogrom beteiligt gewesen seien, ist nicht der Vorwurf einer kollektiven Schuld. Ohne Zweifel haben viele Deutsche – vielleicht die Mehrheit – die antijüdische Gewalt abgelehnt. Außerdem haben viele den jüdischen Mitbürgern geholfen. Der Novemberpogrom

---

9 Zum Beispiel Urteil, LG Gießen, 12. April 1950, IfZ, Gg 01.33.

hat nicht gezeigt, dass die Mehrheit der Deutschen bereit war, Gewalttaten gegen Juden zu begehen oder zu unterstützen. Vielmehr offenbarte er, dass eine beträchtliche Minderheit dazu bereit war. Das war wie bei der späteren *Endlösung* genug, um eine Katastrophe zu verursachen.

Literatur

Benz, Wolfgang, »Applaus, Beteiligung, Missbilligung: Zum Verhalten des Publikums in der ›Reichskristallnacht‹«, *Zeitschrift für Geschichtswissenschaft 46* (1998), pp. 961–971.

Eichmüller, Andreas, Die Strafverfolgung von NS-Verbrechen seit 1945: Eine Zwischenbilanz, *Vierteljahrshefte für Zeitgeschichte 56*, No. 4 (2008), S. 621–640.

Kropat, Wolf-Arno, Kristallnacht in Hessen. Der Judenpogrom vom November 1938. Eine Dokumentation, Schriften der Kommission für die Geschichte der Juden in Hessen, Band 10, Wiesbaden 1988.

Ders., *Reichskristallnacht:* Der Judenpogrom vom 7. bis 10. November 1938 – Urheber, Täter, Hintergründe, Schriften der Kommission für die Geschichte der Juden in Hessen, Band 15, Wiesbaden 1997.

Loewenberg, Peter, »The Kristallnacht as Public Degradation Ritual«, *Leo Baeck Institute Yearbook 32* (1987), S. 309–323.

Maciejewski, Frank, »Der Novemberpogrom in ritualgeschichtlicher Perspektive«, Jahrbuch für Antisemitismusforschung 15 (2006), S. 65–84.

Obst, Dieter, *Reichskristallnacht:* Ursachen und Verlauf des antisemitischen Pogroms vom November 1938, Frankfurt 1991.

Wildt, Michael, Volksgemeinschaft als Selbstermächtigung: Gewalt gegen Juden in der deutschen Provinz 1919 bis 1939, Hamburg 2007.

Liste der verwendeten Archive
Archiv des Instituts für Zeitgeschichte in München (IfZ).

Kurt Schilde
»... aus dem Gefühl der nachbarlichen Verbundenheit und Zusammengehörigkeit mit der Wahrheit zurückgehalten.« Der Pogrom in Felsberg am 8. November 1938 und dessen strafrechtliche Behandlung 1948/49

Bereits wenige Stunden nach dem Attentat des jungen Juden Herschel Grynszpan auf den Diplomaten Ernst vom Rath am Morgen des 7. November 1938 in der Deutschen Botschaft in Paris fand in der nordhessischen Stadt Kassel der »Auftakt der Novemberpogrome«[1] in Deutschland statt: In den Abendstunden wurde die Synagoge in der Unteren Königsstraße gestürmt und neben dem jüdischen Schul- und Gemeindezentrum und mehreren in jüdischem Besitz befindlichen Geschäften Opfer des Vandalismus. Die Urheberschaft für diese frühzeitigen Ausschreitungen wird der Geheimen Staatspolizei (Gestapo) in Kassel und den in Arolsen stationierten SS-Einheiten zugeschrieben.[2] Die Pogrome gingen am darauf folgenden Tag in der Umgebung von Kassel in einen »Flächenbrand«[3] über: »Zumeist drangen mehrere Personen in die Wohnungen der Juden ein, demolierten die Einrichtungsgegenstände oder plünderten diese und misshandelten und verhöhnten die Besitzer. Daneben zerstörten die Täter in nicht wenigen nordhessischen Orten und Städten die Synagogen teilweise oder vollständig. Diese Aktionen wurden zumeist von NSDAP-, SS- oder SA-Führern der Landkreise geleitet, und an ihnen nahmen neben Angehörigen der örtlichen NS-Organisationen ebenso in großer Zahl die Einwohner – auch Frauen und Kinder – der entsprechenden nordhessischen Dörfer und Städte teil.«[4] In der südlich von Kassel gelegenen Stadt Felsberg führten diese Ausschreitungen am 8. November zu dem ersten Todesopfer der Pogrome.

Als Reichspropagandaminister Joseph Goebbels in der Nacht vom 9. auf den 10. November die reichsweiten Pogrome auslöste, nahm er in seiner Hetzrede auf die bereits »im Vorfeld«[5] erfolgten Ausschreitungen in Kurhessen und Magdeburg-Anhalt[6] Bezug. Seine Worte erfüllten offensichtlich ihren Zweck: »der Hinweis

---

1 So Neebe/Wenz-Haubfleisch, Pogromnacht, S. 13. Die Forschungen zu dem Felsberger Pogrom wurden von der Ernst-Ludwig-Chambré-Stiftung (Lich) finanziert. Ich danke Klaus Konrad-Leder für die Unterstützung. Für weitere Hilfe geht der Dank an den verstorbenen Alt-Bürgermeister Adolf Herwig sowie Franziska Herwig, Gerd Romahn, Reinhard Habich und Kornelia Schmid (Historisches Archiv der Stadt Felsberg) – alle Felsberg-Gensungen; Petra Krenz (Stadtarchiv Kassel), Renate Klein (Redaktionsarchiv Hessisch-Niedersächsische Allgemeine) – Kassel; Katharina Stengel (Fritz Bauer Institut) – Frankfurt a. M sowie Sabine Hering (Universität Siegen).
2 Vgl. Prinz, Die Judenverfolgung in Kassel, S. 144–222; Kropat, *Reichskristallnacht*, S. 56–66. Die Kasseler Pogrome haben nicht zu einem Strafprozess geführt, vgl. Kropat, Kristallnacht in Hessen, S. 249.
3 Kropat, *Reichskristallnacht,* S. 56.
4 Maier, NS-Kriminalität vor Gericht, S. 329. Die Autorin war so freundlich, mir vorab eine Datei ihrer Dissertation zur Verfügung zu stellen.
5 Nachama/Neumärker/Simon (Hg.), »Es brennt!«, S. 28.
6 Mit dem Hinweis auf Magdeburg-Anhalt müsste der »Judenpogrom am 9. November 1938« in Dessau gemeint sein, wo die Unruhen an diesem Tag bereits um 15 Uhr begonnen haben sollen; Vgl. Bericht des Stadtarchivars Bernhard Heese aus dem Jahre 1953, für dessen Übermittlung ich Antje Geiger danke; Vgl. Stadtarchiv Dessau, Signatur: E 1707.

auf die bereits erfolgten Ausschreitungen bezeichnete im Zusammenhang der Hetzrede die Richtung des gewünschten Handelns.«[7]

Bemerkenswert ist, dass nach dem Ende des Nationalsozialismus dem Phänomen dieser frühen Ausschreitungen nur relativ geringe Aufmerksamkeit zuteil geworden ist. Auch bei den Ende 1945 beginnenden Ermittlungen zu den Felsberger Ausschreitungen ist anfangs vom »9. November 1938« die Rede – eine frühe Form von Geschichtspolitik?[8]

Auslösung des Strafverfahrens

Am 15. Dezember 1945 eröffnete der am Landgericht (LG) Kassel tätige Oberstaatsanwalt Robert Hafke ein strafrechtliches Vorverfahren gegen Unbekannt wegen »schweren Landfriedensbruchs und Gemeinschädlicher Sachbeschädigung«. Die Ermittlungen hatte am 1. Dezember ein Artikel in den in Kassel erscheinenden *Hessischen Nachrichten* ausgelöst: Mit der (falsch datierten) Überschrift »Der 9. November 1938«[9] wurde über den tatsächlich schon am 8. November in Felsberg stattgefundenen Pogrom informiert: »SA erschlägt den jüdischen Kaufmann Robert Weinstein und zerstört Synagoge und Friedhof.« In dem Artikel wurde Sühne für die Verbrechen gefordert und mehrere Verdächtige genannt: Dem früheren Felsberger NSDAP-Ortsgruppenleiter Dr. Karl Berthold Korte wurde die Anstiftung und dem Amtsgerichtsrat und SA-Führer Wilhelm Meyer, Metzgermeister Hans Göbel, Vizebürgermeister Heinrich Orth, dem Hitlerjugend-Führer Max Wolfram (zur Zeit der Ermittlungen als Lokführer tätig) sowie dem stellvertretenden SA-Sturmführer Hans Bischoff Tatbeteiligung vorgeworfen: »So wurde *Felsberg total judenrein* gemacht.«[10]

Hafke beauftragte die Polizei in Felsberg mit den Ermittlungen: »Wer kommt als Rädelsführer in Betracht, wem können im einzelnen Plünderungen oder Gewalttätigkeiten nachgewiesen werden? Wer war an den Zerstörungen in der Synagoge beteiligt? Ich bitte, die Ermittlungen mit besonderem Nachdruck und beschleunigt durchzuführen.«[11] Die Bewältigung dieser Aufgaben ist der örtlichen Polizei allerdings nicht gelungen und es konnte ihr vielleicht auch nicht gelingen. Sie hat es nicht geschafft, die *Mauer des Schweigens* aufzubrechen.

---

7 Graml, Reichskristallnacht, S. 18; Vgl. Fröhlich (Hg.), Die Tagebücher von Joseph Goebbels, Bd. 6: S. 178, 180; Obst, *Reichskristallnacht,* S. 70 f.

8 Vgl. Schmid, Erinnern an den »Tag der Schuld«; Vgl. zur Geschichte der ›eigentlichen‹ Novemberpogrome neben den genannten Literaturangaben den Überblick von Benz, Der Novemberpogrom 1938, S. 499–544.

9 Falsche Datierungen hat es wiederholt gegeben. Sie wurden z. B. auch beim Prozess gegen die Kriegsverbrecher vor dem Internationalen Militärgerichtshof 1945/46 nicht bemerkt; Vgl. Adam, Wie spontan war der Pogrom?, S. 81 f.

10 Schmidt, Der 9. November 1938, in: *Hessische Nachrichten* vom 1.12.1945, zit. n. Staatsanwaltschaft bei dem Landgericht Kassel, Ermittlungsakten gegen Göbel, Hans u. a. wegen schwerem Landfriedensbruch (Aktion Felsberg), HStA Marburg, Bestand 274 Kassel, Nr. 112, Acc. 1983/86, Bd. 1, Bl. 1. Hervorhebungen im Original. Auf eine Anonymisierung der in den Justizakten erwähnten Namen wird verzichtet, da die Personen in mehreren hier berücksichtigten zeitgenössischen Zeitungsartikeln genannt werden und insofern keine schutzwürdigen Belange Betroffener oder Dritter zu wahren sind.

11 Staatsanwaltschaft bei dem Landgericht Kassel, Ermittlungsakten gegen Göbel, Hans u. a. wegen schwerem Landfriedensbruch (Aktion Felsberg), HStA Marburg, Bestand 274 Kassel, Nr. 112, Acc. 1983/86, Bd. 1, Bl. 1.

Vorgeschichte

Seit dem 16. Jahrhundert gab es in Felsberg jüdisches Leben.[12] Mit den Ereignissen am 7. und 8. November 1938 endete diese mehrere hundert Jahre anhaltende Geschichte der Juden in Nordhessen. Die 1847 eingeweihte Felsberger Synagoge mit 100 Männer- und 80 Frauenplätzen bestand aus einem Steinbau aus Sandbausteinen in Schichtmauerwerk.[13] Auf dem 1866 errichteten Totenhof fanden bis 1939 Beerdigungen statt. Eine jüdische Schule hat es bis 1931 gegeben. Das rituelle Bad (Mikwe) war seit den 1920er Jahren nicht mehr in Betrieb. 1932 lebten noch 85 vorwiegend orthodoxe Angehörige der jüdischen Minderheit in direkter Nachbarschaft mit den übrigen Einwohnern. Verwandtschaftliche Verbindungen zu der Mehrheitsbevölkerung bestanden keine. Die Juden in Felsberg trieben Handel mit Manufakturwaren, arbeiteten als Vertreter für landwirtschaftliche Maschinen sowie als Schuhmacher, Viehhändler, Metzger und Makler oder besaßen Geschäfte für Kolonial- bzw. Tabakwaren. Es gab ausschließlich jüdische Viehhändler.

Das ursprünglich weitgehend konfliktfreie Zusammenleben endete 1933 und schlug in offenen Antisemitismus (der in der Region durchaus schon eine Tradition hatte) um: so wurden zum Beispiel im März und April 1934 die Fensterscheiben der Synagoge und jüdischer Häuser und Geschäfte eingeschlagen.[14] Im Jahr darauf verabschiedete die Felsberger Gemeinde sogar eine *Judenordnung,* welche die jüdische Minderheit Repressalien aussetzte und Nichtjuden, die mit ihnen verkehrten, Strafen androhte. Obwohl diese *Judenordnung* zurückgezogen und damit nicht rechtswirksam wurde, zeugt sie vom damaligen *Zeitgeist* in der Ortschaft.

Schwierige Ermittlungen und eine schwache Anklage

Die Ereignisse am 8. November 1938 in Felsberg lassen sich anhand der Gerichtsakten nur unvollständig rekonstruieren. Die hauptsächlich vom örtlichen Landjägermeister Jansohn vom Landjägergruppenposten Gensungen (Kreis Melsungen) angestellten Ermittlungen basierten auf den Recherchen von Wilhelm Leimbach, dem Autor des Zeitungsartikels vom 1. Dezember 1945. Dieser hatte mehrere der beteiligten Personen identifiziert, so zum Beispiel »Max Wolfram, der die Jugend anfeuerte«. Als der Führer der *Hitler-Jugend-Gefolgschaft Gensungen-Felsberg im Bann 162* in der Vernehmung am 7. Januar 1946 darauf angesprochen wurde, antwortete er: »darauf kann ich mich nicht mehr besinnen«. Leimbach bezeugte weiterhin gehört zu haben, dass der spätere Tote, Robert Weinstein, in einer Straßenrinne lag, während seine sich um ihn bemühende Frau, Dina Weinstein, weggerissen und eingesperrt wurde.

Die Befragungen aller Beschuldigten erwiesen sich als schwierig. Die Ereignisse wurden – auch von den Zeugen – zwar durchaus treffend beschrieben, aber fast ausnahmslos konnte oder wollte sich niemand an Einzelheiten erinnern. Trotzdem

---
12 Vgl. zur Geschichte der jüdischen Gemeinde in Felsberg Prinz/Tal-Rüttger, Die jüdische Gemeinde in Felsberg, S. 84–94; Arnsberg, Die jüdischen Gemeinden in Hessen, S. 174–176.
13 Vgl. Altaras, Synagogen in Hessen, S. 48–50.
14 Vgl. Bericht der Staatspolizeistelle Kassel an das Geheime Staatspolizeiamt in Berlin, in: Klein, Die Lageberichte, S. 80.

gelang es im Ermittlungsbericht vom 8. Februar 1946 immerhin einen Verdächtigten als Haupträdelsführer zu identifizieren: »Es dürfte als erwiesen zu betrachten sein, dass Göbel sich hervorragend an den Gewalttätigkeiten beteiligt hat.«[15] Neben diesem Metzgermeister sollte der SA-Obertruppführer Oskar Trittmacher »die Einleitung der Aktion im Beisein eines SA-Führers der SA-Standarte oder -Gruppe bei der Dienstversammlung der SA in Felsberg am Abend der Ausschreitung befohlen haben«. Mehrere Verdächtige konnten damals nicht beziehungsweise noch nicht vernommen werden, weil sie sich in Haft befanden, verzogen, nicht ermittelbar oder bereits verstorben waren.

Die Vernehmungen führten zwar zur Beschreibung der auf den Straßen liegenden Scherben, Möbel, Papiere, Bettwäsche und aus der Synagoge heraus geworfenen Thorarollen, aber nicht zur Benennung von Tätern. Ein Zeuge gab zum Beispiel an, gesehen zu haben, »dass [Robert] Weinstein dickes Blut aus der Nase quoll. Von wem W[einstein] die Verletzungen hatte, oder wer denselben getreten hatte, konnte ich nicht feststellen«.[16]

Die ermittelnden Felsberger Polizisten waren – möglicherweise wegen persönlicher Nähe zu den Vernommenen – nicht in der Lage, gegen die *Mauer des Schweigens* im Ort anzukommen. Sie verfügten vermutlich auch nicht über die entsprechenden kriminalpolizeilichen Methoden, um die Beschuldigungen gegenüber den Hauptverdächtigen zu klären. Die dürftigen Ermittlungsergebnisse bestätigen die These von Regina Maier, die in einer aktuellen Studie zu NS-Strafverfahren unter anderem vor dem LG Kassel festgestellt hat, »dass alle wegen NS-Verbrechen angeklagten Personen versucht haben, sich gegen die Beschuldigungen zu verteidigen oder diese teilweise oder ganz zu leugnen«[17].

Die Ermittlungen sind also (vielleicht auch aus Personalmangel?) eher nachlässig und routinemäßig durchgeführt worden und zogen sich hin. Nach fast einem Jahr schaltete sich im November 1946 die amerikanische Militärregierung des Landkreises Melsungen ein: Ihr war aus den USA ein anonymes Schreiben zugegangen, in dem Namen mehrerer an den Ausschreitungen beteiligter Personen genannt wurden. Parallel dazu meldeten sich der Felsberger Theresienstadt-Überlebende Leopold Dannenberg sowie die ebenfalls aus Felsberg stammenden Siegmund Weinstein und Siegfried Weinstein – ein Sohn des Toten – aus New York bei der Staatsanwaltschaft und beschuldigten mehrere einheimische Männer und Frauen, die nun von der Besatzungsbehörde vernommen wurden.[18]

Eine Sonderuntersuchung der örtlichen Militärregierung entdeckte, dass der Felsberger Ermittlungsbericht gar nicht zu der Kasseler Staatsanwaltschaft gelangt war. Ein Grund konnte nicht festgestellt werden. Vielleicht lag es daran, dass die

---

15 Landjägerposten Gensungen, Ermittlungsbericht in Sachen ./. Unbekannt wegen schw. Landfriedensbruchs, gemeinschaftlicher Sachbeschädigung pp. in Felsberg, Kreis Melsungen, 8. 2. 1946, HStA Marburg, Bestand 274 Kassel, Nr. 112, Acc. 1983/86, Bd. 1, Bl. 4. Zu den weiteren Aussagen vgl. die Vernehmungsprotokolle, ebd., Bl. 6 ff. Hier und im Folgenden folgt die Schreibweise dem Original.

16 Landjägerposten Gensungen, Kreis Melsungen (Aussage von Ludwig Bernhard vom 5. 1. 1946), HStA Marburg, Bestand 274 Kassel, Nr. 112, Acc. 1983/86, Bd. 1, Bl. 12.

17 Maier, NS-Kriminalität vor Gericht, S. 126.

18 Vgl. Sonderuntersuchung in der Sache der Judenaktion in Felsberg (26. 11. 1946), HStA Marburg, Bestand 274 Kassel, Nr. 112, Acc. 1983/86, Bd. 1, Bl. 70–73.

Felsberger Polizei nicht nur für das LG Kassel, sondern gleichfalls für die Spruchkammer Melsungen mit Vernehmungen derselben Personen beauftragt war und der Bericht an die falsche Adresse geschickt wurde? Wieder vergingen mehrere Monate, ohne dass konkrete Ergebnisse vorlagen. Im September 1947 forderten die amerikanischen Besatzungsbehörden erneut die Berichte an und kritisierten die lange Dauer der bereits 1945 begonnenen Ermittlungen.[19]

Am 9. Februar 1948 kam es mehr als zwei Jahre nach dem Beginn der Ermittlungen endlich zur Anklageerhebung. Der Oberstaatsanwalt Hafke beschuldigte allerdings nicht den im Zeitungsartikel vom 1. Dezember 1945 als Anstifter verdächtigten NSDAP-Ortsgruppenleiter Korte und auch nicht den SA-Obertruppführer Trittmacher.[20] Vermutlich konnte gegen die *NS-Elite* des Ortes nicht genügend Belastungsmaterial vorgelegt werden. Stattdessen wurden *normale* Bewohner von Felsberg wie Hans Göbel, Heinrich Orth, Max Wolfram, der Elektromonteur Hans Bischoff und die im Zuge der Ermittlungen beschuldigten Arbeiter Christoph Schanze, der Elektromeister Erich Küken, Dachdecker Andreas Prior, Buchhalter Willy Bönsel, Schreiner Heinrich Haake, Eisenbahner Wilhelm Heinze sowie elf weitere Personen angeklagt. Sie wurden beschuldigt, in der Nacht vom 8. zum 9. November 1938 »an der öffentlichen Zusammenrottung einer Menschenmenge, welche mit vereinten Kräften gegen Personen und Sachen Gewalttätigkeiten beging, als Rädelsführer teilgenommen zu haben und selbst Gewalttätigkeiten begangen zu haben, und durch dieselbe Handlung zu mehreren gemeinschaftlich Körperverletzungen begangen, und [...] durch Körperverletzung den Tod des Robert Weinstein [...] verursacht zu haben.« Weitere Anschuldigungen richteten sich auf die Zerstörung oder Vernichtung von Sachen »die dem Gottesdienst gewidmet sind«[21].

Gerichtsverhandlung in Tatortnähe
Am 3. Mai 1948 begann die Gerichtsverhandlung im Gasthaus Lichau in der Untergasse 13 in unmittelbarer Nähe des Tatortes.[22] Das Gericht setzte sich aus dem Landgerichtspräsidenten Konrad Hübner als Vorsitzendem und dem Amtsgerichtsrat Dr. Erich Wagener als Beisitzer sowie einem Kaufmann, einem Maurer, einer Hausfrau, einem Direktor, einem Steinmetz und zwei Angestellten als Geschworene zusammen. Die Anklage vertrat Oberstaatsanwalt Robert Hafke. Ein Assessor als Urkundsbeamter der Geschäftsstelle komplettierte das Gremium.

Am ersten Verhandlungstag hörte das Schwurgericht zunächst die Angeklagten in eigener Sache und begann mit der Vernehmung der zahlreichen Zeugen und Zeuginnen. Als medizinischer Sachverständiger berichtete Dr. Heinz Roepke

---

19 Vgl. Maier, NS-Kriminalität vor Gericht, S. 285 f.
20 Auf die beiden Personen wird auch hingewiesen bei: Obst, *Reichskristallnacht*, S. 69, 201.
21 Der Oberstaatsanwalt, 3a Js 28/47, Anklageschrift vom 9. 2. 1948, HStA Marburg, Bestand 274 Kassel, Nr. 112, Acc. 1983/86, Bd. 2, S. 59 ff.
22 Die Darstellung des Prozesses folgt dem Zeitungsartikel von Bl.: Staatsanwalt Hafke, »Einmal kommt die Gerechtigkeit« – Acht Freisprüche im Felsberger Prozeß/Wolfram und Schanze/13 Anwälte verteidigten die 16 Angeklagten, in: *Hessische Nachrichten* vom 8. 5. 1948; Vgl. das handschriftliche Protokoll der Öffentlichen Sitzung des Schwurgerichts im Saal der Gastwirtschaft Lichau in Felsberg am 3.–5. Mai 1948, in: HStA Marburg, Bestand 274 Kassel, Nr. 112, Acc. 1983/86, Bd. 2, Bl. 202–219.

zunächst über die Feststellung der Todesursache bei Robert Weinstein. Der Schreck habe genügt, um den Herzschlag bei dem alten, schwerkranken ehemaligen Felsberger Stadtverordneten Robert Weinstein eintreten zu lassen. Am Körper des Toten habe er die Folgen von Schlägen mit stumpfen Gegenständen festgestellt. Der Oberstaatsanwalt Hafke wies darauf hin, dass nach § 226 des Strafgesetzbuches (StGB) die »starke Gemütserregung des Robert Weinstein, die den Herzschlag hervorgerufen habe, als Körperverletzung mit tödlichem Ausgang« definiert werden könne. Diese Auslegung blieb allerdings ohne strafrechtliche Folgen.

Der »als Antifaschist bekannte« Ludwig Bernhardt bezeugte vor Gericht Körperverletzungen gegenüber weiteren Personen: Der Angeklagte Wolfram beteiligte sich an den Ausschreitungen gegen den 75-jährigen Isaak Kruck – »das kann ich mit Bestimmtheit sagen« – und der Angeklagte Heinze rief dem damaligen Gendarmeriemeister Erich Troch Drohungen hinterher, als er gegen weitere Ausschreitungen vorgehen wollte. Diese Aussage wurde von Troch bestätigt.

Der am zweiten Verhandlungstag als Zeuge vernommene Wilhelm Leimbach – der Zeitungsartikel des Kommunisten hatte den Strafprozess ausgelöst – belastete nicht nur den Angeklagten Wolfram, sondern erneut auch den ehemaligen NSDAP-Ortsgruppenleiter von Felsberg, Dr. Karl Berthold Korte. Dieser Vorwurf blieb jedoch ebenfalls folgenlos.

Am gleichen Tag fand in Anwesenheit der Angeklagten eine Ortsbesichtigung der prozessrelevanten von Juden bewohnten Felsberger Häuser, der Synagoge, der *Judenschule* und der Verbindungswege statt.

Am letzten Gerichtstag überraschte Rechtsanwalt Arthur Borgmann aus Kassel das Gericht im Auftrage seines Mandanten Wolfram mit der Feststellung, der ehemalige Hitlerjugend-Führer sei früher ein Antisemit gewesen und in der Absicht zu den Ausschreitungen gegangen, daran teilzunehmen. Es sei sein Glück gewesen, dass er überall zu spät gekommen sei. Landgerichtspräsident Hübner: »Angeklagter Wolfram, haben Sie die ›Hitlerjungen‹ aufgefordert, mitzumachen?« – Wolfram: »Ich habe sie wohl nicht in lauten Zurufen aufgefordert, aber ich habe gesagt, ›nun man zu …‹, so durfte es aber nicht kommen …, das ist meine heutige Überzeugung.«

Als Vertreter der Anklagebehörde bemängelte Oberstaatsanwalt Hafke zunächst die Ermittlungen und das Verfahren: »Wir haben in den letzten zwei Tagen nur einen Bruchteil der Vorgänge in Felsberg gehört.« Wegen schwerem Landfriedensbruch beantragte er gegen den Angeklagten Max Wolfram die höchste Strafe (drei Jahre Zuchthaus) und Aberkennung der bürgerlichen Ehrenrechte für drei Jahre; gegen Christoph Schanze zwei Jahre und sechs Monate Gefängnis (unter Anrechnung der Untersuchungshaft) und gegen Hans Bischoff zehn Monate. Wegen einfachen Landfriedensbruches plädierte er bei weiteren Angeklagten auf Strafen von drei Monaten bis zu einem Jahr Gefängnis. Für Freispruch wegen erwiesener Unschuld trat er in drei Fällen und wegen mangelnden Beweises in einem Fall ein. Trotz dieser vom Staatsanwalt beantragten sehr geringen Strafen bemühten sich die Verteidiger um eine noch mildere Beurteilung der Taten.

Nach dem Ende der Gerichtsverhandlung warteten mehr als hundert Zuschauer stundenlang auf die Urteilsverkündung, die um 22 Uhr erfolgte: Nach drei Verhandlungstagen und fünfstündiger Beratung lautete das Urteil gegen die wegen Beteiligung am Felsberger Judenpogrom angeklagten Personen: Wegen schwerem Landfriedensbruch verurteilte das Gericht Max Wolfram zu einer dreijährigen Gefängnis- statt Zuchthausstrafe (und drei Jahren Ehrverlust) und Christoph Schanze zu einem Jahr und sechs Monaten Gefängnis – statt zweieinhalb Jahre, wie vom Staatsanwalt verlangt. Analog blieb das Gericht auch bei den übrigen wegen einfachem Landfriedensbruch Verurteilten weit unter den Forderungen des Staatsanwalts: Willy Bönsel bekam nicht ein Jahr, sondern nur sechs Monate Gefängnis, Wilhelm Heinze statt neun nur fünf Monate, Hans Bischoff statt zehn nur vier Monate, Heinrich Haake statt acht nur vier Monate und Andreas Prior statt fünf nur drei Monate. Die übrigen Angeklagten wurden freigesprochen.

Urteilsbegründung

In der später vorgelegten schriftlichen Urteilsbegründung[23] ging das Gericht zunächst kurz auf die lokale Situation ein und bemühte sich, die Ereignisse vom 8. November 1938 zu rekonstruieren: »Bereits im Laufe des Nachmittags wurden Steine gegen die Tür der Judenschule geworfen. Später, nach Einbruch der Dunkelheit, wurde die Synagoge, ein massiver Bau, der mit der einen Ecke direkt an die in der Obergasse gelegene Judenschule anstösst, heimgesucht. Das Gestühl wurde umgekippt, der Judenstern zerschlagen, die Empore stark beschädigt und alle rituellen Gegenstände vernichtet oder beschmutzt. In den Häusern der jüdischen Familien wurden die Wohnungseinrichtungen, die Schmuckgegenstände, Kleider, Wäsche und Lebensmittelvorräte zerstört, […]. Robert Weinstein, der seit mehr als einem Jahr schwer krank war (er litt an einer unheilbaren Krankheit an Leber und Nieren und konnte nur durch fast tägliche Einspritzungen am Leben erhalten werden), musste ebenfalls die [zum Wohnhaus umgebaute ehemalige] Judenschule verlassen. Auf dem Wege zum Hause der Wwe. [Ida] Dannenberg bekam er in der Nähe des Hauses Diehling [richtig: Dieling] in der Obergasse einen Herzschlag und starb.«

Als wesentliches Ergebnis der Gerichtsverhandlung wurde festgestellt: »An den Ausschreitungen gegen die Juden beteiligten sich die Angeklagten Schanze, Wolfram, Prior, Bönsel, Haake, Bischoff und Heinze. Allen anderen Angeklagten konnte eine Beteiligung nicht nachgewiesen werden. Die Vorfälle liegen fast 10 Jahre zurück. Offensichtlich haben auch viele Zeugen aus Furcht vor Nachteilen und im Bewusstsein eigener Schuld, aus dem Gefühl der nachbarlichen Verbundenheit und Zusammengehörigkeit mit der Wahrheit zurückgehalten.«

Da es dem Gericht nur unzureichend gelang, den Angeklagten ihre jeweilige Tatbeteiligung nachzuweisen, zog es sie nur wegen Landfriedensbruch zur Rechenschaft: »Diejenigen Bewohner von Felsberg, die sich an den Vorgängen gegen die Juden irgendwie beteiligt haben, haben sich des Landfriedensbruchs schuldig gemacht. Landfriedensbruch ist die öffentliche Zusammenrottung einer Menschenmenge, die mit vereinten Kräften gegen Menschen oder Sachen Gewalttätig-

---

23 Vgl. Staatsanwaltschaft bei dem Landgericht Kassel, Ermittlungsakten gegen Göbel, Hans u.a. wegen schwerem Landfriedensbruch (Aktion Felsberg), HStA Marburg, Bestand 274 Kassel, Nr. 112, Acc. 1983/86, Bd. 2, Bl. 225–244.

keiten begeht. (§ 125 Abs. 1 StGB.) Jeder ist an einem solchen Landfriedensbruch beteiligt, der irgendwie in räumlicher Berührung mit denjenigen steht, die sich zusammengerottet haben. Er braucht nicht die Absicht zu haben, sich an Plünderungen oder anderen Gewalttätigkeiten zu beteiligen; es genügt, dass er die Ansammlung von Menschen durch seine Anwesenheit vermehrt und sich dieser Verstärkung der Zusammenrottung durch seine Anwesenheit bewusst ist. Auch der Neugierige ist unter diesen Umständen ein Landfriedensbrecher. Beteiligt sich ein Mitglied der Zusammenrottung an Gewalttätigkeiten gegen Menschen oder Sachen oder ist er Anführer bei dem Landfriedensbruch (sogen. ›Rädelsführer‹), so macht er sich des schweren Landfriedensbruchs schuldig, eines Verbrechens, das mit Zuchthaus bis zu 10 Jahren zu bestrafen ist (§ 125 Absatz 2 StGB.).

Die Zusammenrottungen in Felsberg am 8. November 1938 betrafen alle erwähnten Judenhäuser. [...] Wer sich in diesen Stunden der Plünderungen, Misshandlungen und Zerstörungen in Felsberg auf der Strasse irgendwie im Zusammenhang mit der gewalttätigen Menge befand, ist also im allgemeinen als beteiligt an dem Landfriedensbruch anzusehen.«

Nur in Ausnahmefällen konnte das Gericht den Angeklagten eine konkrete Beteiligung an den Ausschreitungen nachweisen: »Der Angeklagte *Wolfram* war damals der Führer der örtlichen Hitlerjugend. [...] Er ging überall hin in der Absicht, etwas zu zerstören. [...] Schliesslich traf der Angeklagte den 70- bis 75-jährigen Juden Kruck auf der Untergasse, [...]. Er packte Kruck an den Schultern und drehte ihn um 90 Grad und gab ihm einen Stoß mit dem Knie oder der Faust oder einen Tritt ins Gesäss mit den Worten: ›Da sollst Du hingehen!‹ Kruck stolperte infolgedessen die Untergasse herauf auf das Haus der Ww. Dannenberg zu, wohin die Juden zusammengetrieben wurden.« Dies hielt das Gericht durch eidliche Aussagen von mehreren Zeugen für bewiesen und wertete Wolframs Geständnis nicht zu seinen Gunsten: »In Wirklichkeit gab er nur zu, was das Gericht auch ohne sein Zugeständnis auf Grund der Angaben von glaubwürdigen Zeugen als erwiesen angesehen hatte. Was aber sein Verhalten zu einem schweren Landfriedensbruch mache – Plünderungen und Misshandlung – leugnet er. [...] Der Angeklagte Wolfram hat sich also des schweren Landfriedensbruches schuldig gemacht. Eine Bestrafung dieses Angeklagten mit Zuchthaus hat das Gericht im Hinblick auf die Verantwortungslosigkeit, die Rohheit und Erbärmlichkeit des Verhaltens des Angeklagten erwogen, aber doch noch mildernde Umstände darin erblickt, dass er unbestraft ist, dass er unter Alkohol stand, dass er durch die Lehren des Nationalsozialismus verhetzt war. Die Gefängnisstrafe muss aber eine gerechte Sühne für die Untaten dieses Angeklagten sein. Eine Gefängnisstrafe von 3 Jahren ist angemessen.«[24]

Im Falle des Angeklagten Schanze argumentierte das Gericht: »Am 8. November 1938 [...] erfuhr er, dass eine Menschenmenge in die Synagoge eingedrungen wäre, um sie zu zerstören.«[25] Er beobachtete die Plünderung in der Synagoge. »Schanze

---

24 Solche Milderungsgründe waren und sind üblich, vgl. z.B. Kurt Schilde, »... beschuldigt, ... «, S. 229–252.
25 Vgl. Staatsanwaltschaft bei dem Landgericht Kassel, Ermittlungsakten gegen Göbel, Hans u. a. wegen schwerem Landfriedensbruch (Aktion Felsberg), HStA Marburg, Bestand 274 Kassel, Nr. 112,

drang in Begleitung eines gewissen Eckhardt [Konrad Eckhardt], der kürzlich gestorben ist, in das Haus ein, stürmte die Treppe zum Oberstock hinauf, wo die getrennt von ihrem Mann lebende [Tochter von Ida Dannenberg] Resi Deutsch mit ihrem Kinde wohnte. […] Die beiden Eindringlinge hatten irgendwelche Einrichtungsgegenstände, wahrscheinlich ein Büffet mit Glas und Porzellan zertrümmert. Schanze hat dann Frau Deutsch misshandelt. Sie hatte nachher blaue Flecke am Halse und auf dem Rücken. Frau Deutsch hat hierbei den Angeklagten Schanze in den Finger gebissen.«[26] Das Gericht hielt es für erwiesen, dass sich Schanze »hinsichtlich seiner Misshandlungen der Frau Deutsch und der Zertrümmerung von Sachen der Frau Deutsch des schweren Landfriedensbruchs schuldig gemacht hat. Er handelte sowohl vor oder in der Synagoge wie im Hause Dannenberg aus dem einheitlichen Entschluss heraus, sich an dem Landfriedensbruch zu beteiligen. […] Der Angeklagte hat dazu beigetragen, deutsches Rechtsempfinden und deutsches Anstandsgefühl auszuschalten. Er hat das schlechteste Beispiel gegeben. Er hat dazu beigetragen, dass sich jeder anständige Felsberger auch heute noch schämen muss, wenn er an die Vorgänge vom 8. November 1938 in seiner Stadt denkt. Dem Angeklagten kommt zugute, dass er noch nicht bestraft ist und dass er keinen schlechten Ruf hat. Diese Umstände will das Gericht als mildernde im Sinne des § 125 Abs. 2 S. 2 StGB ansehen, sodass der Angeklagte nicht mit einer Zuchthaus- sondern eine[r] Gefängnisstrafe zu belegen ist. Eine Strafe von 1 Jahr und 6 Monaten Gefängnis ist angemessen.« Die Argumentation klingt befremdlich, erscheinen doch hier als Opfer nicht mehr der tote Robert Weinstein und die vertriebene jüdische Bevölkerung, sondern *anständige Felsberger,* die sich noch 1948 schämen müssen?

Von den Urteilsbegründungen bei den weiteren Verurteilten Bönsel, Haake, Bischoff und Heinze sei nur noch auf das Beispiel des Letztgenannten hingewiesen: »Heinze wohnte gegenüber der Wwe. [Emma] Traub. Er war damals in Kassel tätig und hatte am 8.XI.38 schon dort gehört, dass es zu Ausschreitungen gegen die Juden kommen würde. Als er in seinem Wohnort Felsberg abends zurückgekehrt war, begab er sich in die Wirtschaft Ratskeller und verweilte dort längere Zeit. Auf dem Nachhauseweg begegnete ihm eine Menschenmenge, die in die Gegend des Amtsgerichts zog und schliesslich den neben dem Amtsgericht wohnenden Siegmund Weinstein und dessen Frau [Paula] aus der Wohnung holte und in das Haus [von Ida] Dannenberg schleppte. In der Obergasse sah er Robert Weinstein liegen und forderte auf, ihn wegzuschaffen, weil er ein Verkehrshindernis sei. Nachdem der Angeklagte zu Hause Kaffee getrunken hatte, begab er sich noch einmal auf die Strasse. Inzwischen war der Zeuge Gendarmeriewachtmeister *Troch* gekommen und hatte die von der Menge geschleppten Eheleute Siegmund [und Paula] Weinstein in seinen Schutz genommen. Der Angeklagte sah es und rief in Gegenwart vieler Menschen: ›Sie haben die Zeit noch nicht erkannt; sind Sie auch ein Judenfreund oder Judenknecht!‹ […] Der Angeklagte will sich auf die Vorfälle nicht mehr besinnen, weil er angeblich angetrunken gewesen sei. […]

Acc. 1983/86, Bd. 2, Bl 225–244.
26 Vgl. Ebd.

Er reizte die Menge auf, minderte das Ansehen des Polizeibeamten. Wenn der Erfolg des Ausrufes ausblieb, so ist dies nur der beispiellosen Pflichttreue Trochs zu verdanken. Der Angeklagte hat durch diese Äusserung seinen Willen, sich an dem Landfriedensbruch zu beteiligen, unzweideutig zum Ausdruck gebracht. Er war daher als Landfriedensbrecher nach § 125 Abs. 1 StGB zu bestrafen. Mit Rücksicht darauf, dass der Angeklagte unbestraft ist und sein Verhalten keinen nennenswerten Schaden angerichtet hat, ist eine Gefängnisstrafe von 5 Monaten angemessen.«

Revisionen und erneuter Strafprozess

Nach dem Urteilsspruch erfolgten sowohl durch den Oberstaatsanwalt wie die Verteidiger der Verurteilten Revisionen, die in der Mehrzahl allerdings verworfen wurden. In den drei ›Fällen‹ Heinze, Bönsel und Bischoff wurde das Urteil aufgehoben und an das LG Kassel zurückverwiesen. Heinze sei als Rädelsführer zu bestrafen, im Fall von Bönsel seien die gerichtlichen Feststellungen zu seiner Tatbeteiligung »nicht frei von Widersprüchen« und bei Bischoff sei ein Landfriedensbruch nicht eindeutig festgestellt worden.[27] Die aufgehobenen und abgetrennten Verfahren wurden weiter verfolgt, das abgetrennte Verfahren gegen Göbel nach dessen Tod eingestellt.[28]

In der neuen Hauptverhandlung am 11. August 1949 – die diesmal nicht in Felsberg, sondern im Kasseler Gerichtsgebäude stattfand – verhandelte die IX. Strafkammer des LG Kassel über die Anklage gegen Willi Bönsel, Wilhelm Heinze, Erich Küken, Kurt Küken und Werner Küken sowie Heinrich Bernhard. Erich Küken erhielt wegen Landfriedensbruch eine Gefängnisstrafe von vier Monaten, Heinze wegen Landfriedensbruch in Tateinheit mit Beamtennötigung eine Gefängnisstrafe von vier Monaten und Bernhard wegen Körperverletzung eine Geldstrafe von 300.– DM (hilfsweise für je 5,– DM ein Tag Gefängnis). Die Angeklagten Bönsel, Kurt und Werner Küken wurden freigesprochen.[29]

Strafverbüßung

Aufgrund einer Revision des Anwalts des Verurteilten Heinze wurde das Urteil am 15. Dezember 1949 aufgehoben und zur erneuten Entscheidung an das LG Kassel zurückverwiesen. Nach dem Straffreiheitsgesetz vom 31. 12. 1949 wurde es eingestellt.[30] Es muss offen bleiben, ob die milden Urteile beziehungsweise Freisprüche mit der in dieser Zeit geführten Amnestiediskussion zusammenhängen. Sicherlich haben alle Juristen die Debatten über das 1949 verabschiedete Straffreiheitsgesetz verfolgt und bei ihrer Bewertung der Vorgänge berücksichtigt.

---

27 Abschrift des Urteils des Kasseler Strafsenats des Oberlandesgerichts für Hessen gegen Schanze u.a. vom 4. 11. 1948, HStA Marburg, Bestand 274 Kassel, Nr. 112, Acc. 1983/86, Bd. 2, Bl. 375 ff.

28 Sterbeurkunde des am 18. 5. 1948 verstorbenen Angeklagten Göbel, HStA Marburg, Bestand 274 Kassel, Nr. 112, Acc. 1983/86, Bd. 2, Bl. 261.

29 Protokoll der öffentlichen Sitzung der IX. Strafkammer des Landgerichts Kassel vom 11. 8. 1949, HStA Marburg, Bestand 274 Kassel, Nr. 112, Acc. 1983/86, Bd. 3, Bl. 67 ff.

30 Gesetz über die Gewährung von Straffreiheit vom 31. 12. 1949, Bundesgesetzblatt Nr. 9/1949, S. 37 f.; Verfügung des Oberstaatsanwalts vom 31. 1. 1950, HStA Marburg, Bestand 274 Kassel, Nr. 112, Acc. 1983/86, Bd. 3, Bl. 149; Vgl. die Diskussion über die Entstehung des Gesetzes über die Gewährung von Straffreiheit bei Frei, Vergangenheitspolitik, S. 29–53.

Der zu einem Jahr und sechs Monaten Gefängnis verurteilte Christoph Schanze befand sich vom 28. Februar 1949 bis 22. März 1950 in einer Haftanstalt. Mehrere Versuche, eine Begnadigung zu erreichen, blieben erfolglos. Die Reststrafe wurde zur Bewährung ausgesetzt. Der im Mai 1948 zu drei Monaten Gefängnis verurteilte Andreas Prior trat seine Strafe am 25. Januar 1949 an, die allerdings bereits am 15. März 1949 »unter Bewilligung einer Bewährungsfrist von 3 Jahren bis zum 31. 3. 1952 mit der Aussicht auf einen Gnadenerweis für den Fall guter Führung ausgesetzt wurde.« Der 1949 zu vier Monaten Gefängnis verurteilte Erich Küken musste nicht ins Gefängnis. Am 10. November 1949 teilte ihm der Oberstaatsanwalt mit, dass »die Vollstreckung der Strafe, soweit sie noch nicht durch die Untersuchungshaft verbüßt ist, unter Bewilligung einer Bewährungsfrist von 3 Jahren bis zum 30. November 1952 mit der Aussicht auf einen Gnadenerweis für den Fall guter Führung ausgesetzt worden« sei. Heinrich Haake erhielt vier Monate Gefängnis und befand sich dort vom 1. April 1949 bis 31. Juli 1949. Erich Küken und Bönsel mussten ihre Strafe nicht absitzen, da sie ihnen erlassen worden war. Auch die Geldstrafe von Bernhard – für die zunächst noch eine Ratenzahlung erlaubt wurde – erledigte sich offensichtlich auf diese Weise. Hans Bischoff war im Juli 1948 in seiner Wohnung in Felsberg verstorben.[31]

Die längste Zeit im Gefängnis war Max Wolfram, da seine Gnadengesuche abgelehnt wurden. Erst im März 1951 wandte sich seine Ehefrau, Anna Wolfram, mit einem Schreiben erfolgreich an das Gericht: »Er ist der einzige von allen Angeklagten, der noch in Haft ist, obwohl er nach Meinung der hiesigen Einwohner auf gar keinen Fall Hauptbeteiligter an der damaligen Aktion war.«[32] Offen bleiben muss, warum auch Frau Wolfram die »Wahrheit zurückgehalten«[33] hat und keine Namen nannte. Wenige Tage später befürwortete der Oberstaatsanwalt beim Hessischen Minister der Justiz das Gnadengesuch und ordnete das Ende der Haft an: »Die Vollstreckung des dann verbleibenden Restes der Freiheitsstrafe wird mit einer dreijährigen Bewährungsfrist ausgesetzt.« Einen Tag später ist Max Wolfram wieder in Freiheit. Die Reststrafe wird nach Ablauf der Bewährungsfrist am 21. Juni 1954 erlassen.

Rechtliche Würdigung der Pogromtaten – gesetzliche Sühne?

Die Rekonstruktion des Felsberger Pogroms vom 8. November 1938 ist auf der Grundlage der staatsanwaltschaftlichen Akten nur äußerst begrenzt möglich.[34] Den im Zuge des Strafverfahrens zwischen 1945 und 1949 entstandenen Akten können aber eine Reihe von Hinweisen auf interessante Fragestellungen über die justizielle Bearbeitung und rechtliche Bewertung der Pogrome entnommen werden:

---

31 Vgl. Gnadenheft Schanze, HStA Marburg, Bestand 274 Kassel, Nr. 112, Acc. 1983/86. Gnadenheft Prior, HStA Marburg, Bestand 274 Kassel, Nr. 112, Acc. 1983/86, Bl. 5. Gnadenheft Küken, HStA Marburg, Bestand 274 Kassel, Nr. 112, Acc. 1983/86, Bl. 7; Vgl. die Sterbeurkunde in HStA Marburg, Bestand 274 Kassel, Nr. 112, Acc. 1983/86, Bd. 3, Bl. 12.
32 Gnadengesuch der Ehefrau Anna Wolfram vom 13. 3. 1951. Staatsanwaltschaft bei dem Landgericht Kassel, Gnadenheft über Wolfram, Max, HStA Marburg, Bestand 274 Kassel, Nr. 112, Acc. 1983/86, Bl. 22.
33 Urteil des Schwurgerichts des Landgerichts Kassel vom 5. 5. 1948 gegen Christoph Schanze u.a., 3 Ks 4/48, HStA Marburg, Bestand 274 Kassel, Nr. 112, Acc. 1983/86, Bd. 2, Bl. 229.
34 Vgl. Raim, »Daß alle […] die verdiente Strafe erhalten«, S. 146–153.

Trotz der Versäumnisse in der Ermittlungstätigkeit von Justiz und Polizei spricht viel für die Vermutung, dass die Ausschreitungen in Kassel und Nordhessen von lokalen NS-Organisationen initiierte Pogrome gewesen sind. Der Umstand, dass diese nicht auf *Anweisung von oben* gehandelt haben, sondern Vorreiter der Ausschreitungen waren, wurde damals – und wird bis in die Gegenwart hinein – aufgrund des häufig ungenauen Umgangs mit der Datierung der Ereignisse nicht hinreichend gewürdigt.

Keiner der Hinweise auf eine Initiativfunktion des NSDAP-Ortsgruppenleiters Korte beziehungsweise der SA-Führer Meyer oder Trittmacher fand Niederschlag in den Strafprozessen. Staatsanwälte und Richter hielten es möglicherweise für zu zeitaufwendig und wenig Erfolg versprechend, die politischen Hintergründe und Befehlsstrukturen strafrechtlich aufzuklären.

Mit den Urteilen vom 5. Mai 1948 und 11. August 1949 wurde der den Angeklagten nachgewiesene Landfriedensbruch bestraft. Diese Möglichkeit der gesetzlichen Sühne hatte das *Hessische Gesetz zur Ahndung nationalsozialistischer Straftaten* vom 29. Mai 1946 geschaffen, mit dem der Beginn der Verjährungsfrist von fünf Jahren auf den 8. Mai 1945 festgelegt wurde.[35] Diese Regelung galt auch für andere Taten. Warum allerdings im Felsberger Fall weder Hausfriedensbruch, Körperverletzung, Freiheitsberaubung, Diebstahl, Nötigung noch die Zerstörung von Sachen, die dem Gottesdienst gewidmet sind, zur Anklage gekommen sind, lässt sich wohl nur mit prozessökonomischen Erwägungen der Staatsanwälte erklären. Es gilt abzuwarten, ob diese Fragen nach dem Abschluss des Forschungsprojektes am *Institut für Zeitgeschichte* und der Holocaust-Gedenkstätte *Yad Vashem* zur Strafverfolgung von NS-Verbrechen durch deutsche Justizbehörden[36] beantwortet werden können.

Zur Diskussion steht, warum der Tod von Robert Weinstein – dem ersten Todesopfer der Novemberpogrome in Deutschland – ebenfalls keine gesetzliche Sühne gefunden hat. Der vom Staatsanwalt genannte Straftatbestand »Körperverletzung mit tödlichem Ausgang«[37] spielte bei der Urteilszumessung und der Urteilsbegründung keine Rolle.[38]

Unklar bleibt auch, warum es keine ernsthaften Bemühungen gab, in den Strafprozessen die ins Ausland geflüchteten Felsberger jüdischen Zeugen beziehungsweise Zeuginnen zu befragen, obwohl Staatsanwaltschaft und Gericht Kontakte zu ihnen hatten. Ob sie Kosten und Zeit sparen wollten oder welche anderen Gründe relevant waren, kann mit den Justizakten nicht beantwortet werden. Insgesamt ist bemerkenswert, welch geringe Bedeutung den jüdischen Opfern in den Gerichtsverhandlungen beigemessen wurde: »Es fehlt durchgehend eine Würdigung des Leids der betroffenen Juden.«[39] Es ist festzustellen, dass es weder

---

35 Vgl. Maier, NS-Kriminalität vor Gericht, S. 22 ff.; Moritz/Noam, NS-Verbrechen vor Gericht, S. 17.
36 Vgl. Eichmüller, Die Verfolgung von NS-Verbrechen, S. 507–516; Ders., Die Strafverfolgung von NS-Verbrechen, S. 621–640; Raim: »Daß alle […] die verdiente Strafe erhalten«, S. 146–153.
37 Vgl. Bl.: Staatsanwalt Hafke, »Einmal kommt die Gerechtigkeit«, in: *Hessische Nachrichten,* 8. 5. 1948, S. 4.
38 Dies scheint keine Ausnahme gewesen zu sein, vgl. Hoffmann, Die Verfolgung der nationalsozialistischen Gewaltverbrechen, S. 51.
39 Moritz/Noam, NS-Verbrechen vor Gericht, S. 37.

eine ernsthafte Auseinandersetzung mit dem Antisemitismus, noch mit dessen Folgen gegeben hat.

Wie in ähnlichen Strafverfahren bestritten die Angeschuldigten zwar nicht das Tatgeschehen als solches, wohl aber regelmäßig die eigene Beteiligung daran: »Selbst diejenigen, die mehr wussten, waren offenbar nicht bereit, zur Aufklärung und zur Sühne beizutragen.«[40] Obwohl Zeugen gesetzlich verpflichtet sind, wahrheitsgemäß und vollständig auszusagen oder – wenn sie dieser Pflicht nicht nachkommen – selbst mit einem Strafverfahren rechnen müssen, haben die Staatsanwälte und Richter von dieser Möglichkeit offensichtlich keinen Gebrauch machen können oder wollen.

Abschließend ist der Umstand hervorzuheben, dass die Verteidigung der Angeklagten trotz des Mangels an Bedauern, Scham oder Entsetzen überaus erfolgreich war. Weder Staatsanwaltschaft noch Strafgerichte haben Mittel zu einer angemessenen justiziellen Sühne gefunden.[41] Möglicherweise hängt diese Feststellung mit den gesellschaftlichen Verhältnissen in den Jahren 1945 bis 1949 zusammen. Die Forderungen nach einem *Schlussstrich* wurden in Felsberg mit der Bevorzugung einer ortsinternen Regelung verbunden: In einem Wahlflugblatt wandte sich der damalige Bürgermeister von Felsberg Richard Bockemühl als *Propagandaleiter* der SPD an die Felsberger Bevölkerung. »War ich es nicht, der die, von einem Teil der Felsberger Bevölkerung vorgenommenen Judenpogrome [...] auf friedliche Weise bereits geregelt hatte? War es nötig, daß der Führer der K.P.D. Leimbach durch seinen Zeitungsartikel die Staatsanwaltschaft förmlich zwang von Gerichtswegen einzugreifen, so daß jetzt ein großer Teil unserer Bevölkerung eventuell ins Zuchthaus wandern müßen.«[42]

Abgesehen von dem die Ermittlungen auslösenden Zeitungsartikel und dem ausführlichen Prozessbericht blieb das mediale Interesse an den beiden Felsberger Verfahren sehr gering. Die Verbrechen »direkt vor der Haustür«[43] haben bis heute nur relativ wenig Interesse gefunden. Die Berichterstattung beschränkte sich auf kurze Hinweise: So wurde am 4. Dezember 1947 über die Verhaftung des später verurteilten Christoph Schanze wegen Fluchtverdacht und Verdunklungsgefahr, am 19. Februar 1948 über die Fertigstellung der Anklageschrift und am 3. April 1948 über den Prozessbeginn berichtet.[44] Die Berichterstattung über die beiden Prozesse bestätigt die Erkenntnis, »dass vor 1949 kaum eine kritische Auseinan-

---

40 Bönnen, Der Novemberpogrom 1938, S. 169; Vgl. Maier, NS-Kriminalität vor Gericht, S. 143.

41 Vgl. zur Ahndung von Pogromstraftaten in Hessen Hoffmann, Verfolgung der nationalsozialistischen Gewaltverbrechen, S. 58 f. Zu den neuesten Zahlen vgl. Eichmüller, Strafverfolgung von NS-Verbrechen, S. 621–640.

42 Flugblatt »Liebe Felsberger!«, ohne Datum, HStA Marburg, Bestand 274 Kassel, Nr. 112, Acc. 1983/86, Handakten, Bl. 44.

43 Vgl. zu diesem Terminus: Geschichtswerkstatt Lichtenrade (Hg.), Direkt vor der Haustür.

44 Vgl. Schmidt, Der 9. November 1938, in: *Hessische Nachrichten,* 1. 12. 1945. Bl.: Zweite Verhaftung in Felsberg, in: *Hessische Nachrichten* vom 4. 12. 1947. Bl./-nk.: Sühne für Felsberger Judenpogrom. 20 Angeklagte vor dem Kasseler Schwurgericht, in: *Hessische Nachrichten* Nr. 21 vom 19. 2. 1948, S. 2. -fer.: Am 3. Mai Prozeßbeginn in Felsberg, in: *Hessische Nachrichten* Nr. 40 vom 3. 4. 1948, S. 4. Bl.: Felsberger Judenpogrom findet Sühne, in: *Hessische Nachrichten* 4 (1948), Nr. 53 vom 4. 5. 1948. Bl.: Felsberger Judenpogrom-Prozeß. Be- und Entlastungszeugen werden gehört, in: *Hessische Nachrichten* vom 5. 5. 1948, S. 2. Bl.: Staatsanwalt Hafke: »Einmal kommt die Gerechtigkeit«, in: *Hessische Nachrichten,* 8. 5. 1948, S. 4.

dersetzung mit den NS-Prozessen stattgefunden hat. In entsprechenden Berichten werden zwar die Angeklagten genannt, die Anklagepunkte beziehungsweise der Tatbestand dargelegt sowie das Urteil angeführt, jedoch fehlen weitergehende Stellungnahmen zum Ablauf der Verfahren nahezu gänzlich«[45].

In Felsberg hat erst in der jüngsten Vergangenheit und insbesondere im Zusammenhang mit dem 50. Jahrestag der Pogrome im Jahre 1988 eine ernsthafte Auseinandersetzung mit der NS-Geschichte stattgefunden. Seit 1968 existiert ein Gedenkstein auf dem jüdischen Friedhof. Die 1986 vom Magistrat der Stadt Felsberg herausgegebene *Festschrift zur 700. Wiederkehr der ersten Nennung Felsbergs als Stadt* enthält ein Kapitel zur Geschichte der jüdischen Gemeinde und informiert detailliert über den Pogrom.[46]

Über mehrere Jahre hinweg existierte ein *Arbeitskreis zur Geschichte der jüdischen Gemeinde Felsberg,* der sich unter maßgeblicher Beteiligung von Alt-Bürgermeister Adolf Herwig um Forschung und Vermittlung bemühte. Zum 50. Jahrestag der Pogrome fanden zahlreiche Veranstaltungen in der Region statt,[47] an denen Felsberg beteiligt war. 1988 gab es eine außerordentliche Stadtverordnetenversammlung zum Gedenken an die Pogrome.[48] An einer Mauer gegenüber der ehemaligen Synagoge wurde eine Gedenktafel zur Erinnerung an den 8. November 1938 angebracht.

Literatur

Adam, Uwe Dietrich, Wie spontan war der Pogrom? in: Walter H. Pehle (Hg.), Der Judenpogrom 1938. Von der *Reichskristallnacht* zum Völkermord, Frankfurt a. M. 1988.

Altaras, Thea, Synagogen in Hessen – Was geschah seit 1945? Eine Dokumentation und Analyse aus allen 221 hessischen Orten, deren Synagogenbauten die Pogromnacht 1938 und den 2. Weltkrieg überstanden. 223 architektonische Beschreibungen und Bauhistorien, Königstein 1988.

Arnsberg, Paul, Die jüdischen Gemeinden in Hessen. Anfang – Untergang – Neubeginn. Erster Band, Frankfurt a. M. 1971.

Benz, Wolfgang, Der Novemberpogrom 1938, in: Ders. (Hg.), Die Juden in Deutschland 1933–1945. Leben unter nationalsozialistischer Herrschaft, München 1989, S. 499–544.

Bönnen, Gerold, Der Novemberpogrom 1938 in Worms und seinem Umland im Spiegel staatsanwaltlicher Ermittlungsakten der Nachkriegszeit, in: *Der Wormsgau.* Wissenschaftliche Zeitschrift der Stadt Worms und des Altertumsvereins Worms e.V., 19 (2000), S. 155–182.

Eichmüller, Andreas, Die Verfolgung von NS-Verbrechen durch westdeutsche Justizbehörden seit 1945 – Inventarisierung und Teilverfilmung der Verfahrensakten – Ein neues Projekt des Institut für Zeitgeschichte, in: *Vierteljahrshefte für Zeitgeschichte 59* (2002), Heft 3, S. 507–516.

Ders., Die Strafverfolgung von NS-Verbrechen durch westdeutsche Justizbehörden seit 1945. Eine Zahlenbilanz, in: *Vierteljahrshefte für Zeitgeschichte 56* (2008), Heft 4, S. 621–640.

Frei, Norbert, Vergangenheitspolitik. Die Anfänge der Bundesrepublik und die NS-Vergangenheit, München 1996.

Fröhlich, Elke, Die Tagebücher von Joseph Goebbels. Im Auftrag des Instituts für Zeitgeschichte und mit Unterstützung des Staatlichen Archivdienstes Russlands, bearb. von Jana Richter, Teil I: Aufzeichnungen 1923–1941, Band 6: August 1938–Juni 1939, München 1998.

Geschichtswerkstatt Lichtenrade (Hg.), Direkt vor der Haustür. Lichtenrade im Nationalsozialismus, Berlin/Königslutter 1990.

Gesetz über die Gewährung von Straffreiheit vom 31. 12. 1949, Bundesgesetzblatt Nr. 9/1949, S. 37 f.

---

45 Maier, NS-Kriminalität vor Gericht, S. 312.
46 Vgl. Prinz/Tal-Rüttger, Die jüdische Gemeinde in Felsberg, S. 84–94.
47 Vgl. Krause-Willenberg (Zusammenstellung), Dokumentation der Presseberichte.
48 Vgl. Anne Riedel, Grüße von jenen, die nicht wiederkehren. Der Reichspogromnacht in einer außerordentlichen Stadtverordnetenversammlung gedacht, in: *Frankfurter Rundschau* Nr. 262 vom 9. 11. 1988, S. 24; Harbich, Gedenkrede für die Gedenkstunde der Stadtverordneten-Versammlung Felsberg.

Graml, Hermann, Reichskristallnacht. Antisemitismus und Judenverfolgung im Dritten Reich, München 1988.

Harbich, Reinhard, Gedenkrede für die Gedenkstunde der Stadtverordneten-Versammlung Felsberg am 7. November 1988 anläßlich der 50. Wiederkehr der Novemberpogrome (»Kristallnacht«). Unveröffentlichtes Manuskript, Felsberg 1988.

Hoffmann, Friedrich, Die Verfolgung der nationalsozialistischen Gewaltverbrechen in Hessen, Baden-Baden 2001.

Klein, Thomas (Hg.), Die Lageberichte der Geheimen Staatspolizei über die Provinz Hessen-Nassau 1933–1936, Teilband I: A und B, Köln/Wien 1986.

Krause-Willenberg, Horst (Zusammenstellung), Dokumentation der Presseberichte zur Geschichte der Juden im Schwalm-Eder-Kreis und zu den Veranstaltungen aus Anlaß der Novemberpogrome 1938, hg. vom Kreisausschuß des Schwalm-Eder-Kreises – Hauptamt, Homberg 1988.

Kropat, Wolf-Arno, Kristallnacht in Hessen. Der Judenpogrom vom November 1938. Eine Dokumentation, Schriften der Kommission für die Geschichte der Juden in Hessen, Band 10, Wiesbaden 1988.

Ders., *Reichskristallnacht*. Der Judenpogrom vom 7. bis 10. November 1938 – Urheber, Täter, Hintergründe, Schriften der Kommission für die Geschichte der Juden in Hessen, Band 15, Wiesbaden 1997.

Maier, Regina, NS-Kriminalität vor Gericht. Strafverfahren vor den Landgerichten Marburg und Kassel 1945–1955, Quellen und Forschungen zur Hessischen Geschichte, Band 155, Darmstadt/Marburg 2009.

Moritz, Klaus/Ernst Noam, NS-Verbrechen vor Gericht. 1945–1955. Dokumente aus hessischen Justizakten. Mit einem Nachwort von Richard Schmid, hg. von der Kommission für die Geschichte der Juden in Hessen, Justiz und Judenverfolgung, Band 2, Wiesbaden 1978.

Nachama, Andreas/Uwe Neumärker/Hermann Simon (Hg.), »Es brennt!« Antijüdischer Terror im November 1938, Ausstellungskatalog Berlin 2008.

Neebe, Reinhard/Annegret Wenz-Haubfleisch, Pogromnacht – Auftakt am 7. November 1938 in Hessen. Eine Ausstellung des Staatsarchivs Marburg zum Gedenkjahr, in: *Archivnachrichten aus Hessen,* Heft 8/2, 2008, S. 13.

Obst, Dieter, *Reichskristallnacht*. Ursachen und Verlauf des antisemitischen Pogroms vom November 1938, *Europäische Hochschulschriften,* Reihe III, Bd. 487, Frankfurt a. M. 1991.

Prinz, Wolfgang, Die Judenverfolgung in Kassel, in: Wilhelm Frenz/Jörg Kammler/Dietfrid Krause-Vilmar (Hg.), Volksgemeinschaft und Volksfeinde, Kassel 1933–1945, Band 2, Studien, Fuldabrück 1987, S. 144–222.

Ders./Deborah Tal-Rüttger, Die jüdische Gemeinde in Felsberg, in: Magistrat der Stadt Felsberg (Hg.), 700 Jahre Felsberg, 1286–1986, Felsberg (1986), S. 84–94.

Raim, Edith, »Daß alle […] die verdiente Strafe erhalten«. Die justizielle Ahndung von *Reichskristallnacht*-Verbrechen durch die westdeutsche Justiz seit 1945; in: Andreas Nachama/Uwe Neumärker/Hermann Simon (Hg.), »Es brennt!« Antijüdischer Terror im November 1938, Ausstellungskatalog Berlin 2008, S. 146–153.

Schilde, Kurt, »… beschuldigt, … die Synagoge in Siegen in Brand gesetzt zu haben«. Das 1948 gesprochene Urteil des Landgerichts Siegen gegen die Brandstifter und ein Kommentar, in: Geschichtswerkstatt Siegen – Arbeitskreis für Regionalgeschichte e.V. (Hg.), Siegener Beiträge. Jahrbuch für regionale Geschichte 8, Siegen 2003, S. 229–252.

Schmid, Harald, Erinnern an den »Tag der Schuld«. Das Novemberpogrom von 1938 in der deutschen Geschichtspolitik, *Forum Zeitgeschichte,* Band 11, Hamburg 2001.

Verzeichnis der verwendeten Archive:
Stadtarchiv Dessau-Roßlau
Hessisches Staatsarchiv Marburg (HStA)

Edith Raim
Die justizielle Ahndung von *Reichskristallnacht*-Verbrechen durch die westdeutsche Justiz seit 1945

Der Pogrom in der Erinnerung der Täter

»Am 9.11.1938 habe ich mit dem SA-Sturm 21/9 an der Standorttotenfeier im Hutten'schen Garten [in Würzburg] teilgenommen, die seinerzeit wegen der Ermordung des Botschaftsrates vom Rath durchgeführt wurde. Bei dieser Totenfeier wurde bekanntgegeben, daß mit Gegenmaßnahmen der Reichsregierung zu rechnen sei. Im übrigen vermag ich mich an weitere Einzelheiten nicht mehr zu erinnern. Jedenfalls begab sich unser Sturm im Anschluß an die Totenfeier in das Sturmlokal ›Erzherzog Karl‹ in der Rottendorferstraße [in Würzburg], woselbst wir etwa um 22 oder 23 Uhr eingetroffen sein werden. Es wurde auch an diesem Tage, wie auch sonst bei den Zusammenkünften des Sturmes, ziemlich scharf getrunken. Ich erinnere mich noch, daß im Laufe des Zusammenseins Sturmführer U. mitteilte, er sei bei der Standarte gewesen, dort sei ihm eröffnet worden, daß auf Befehl der obersten SA-Führung eine Judenaktion durchgeführt werde, an der sich auch unser Sturm zu beteiligen hätte. Es kann auch möglich sein, daß U. von einem Befehl der Reichsregierung sprach. So genau vermag ich mich an die Einzelheiten nicht mehr zu erinnern. Jedenfalls äußerten mit mir eine Reihe von Sturmangehörigen gegen die Aktion Bedenken und bezeichneten diese als ungesetzlich, es könnte bei dieser Aktion zu Ausschreitungen von Teilnehmern kommen. U. erklärte darauf, daß er die gleichen Bedenken den verschiedenen Dienststellen auch vorgetragen hätte, es sei ihm aber erklärt worden, die Sache sei durchaus gesetzlich. Ob die Gaststätte H. seinerzeit die Befehlsstelle war, ist mir nicht bekannt. U. erteilte keinen Befehl zur Teilnahme an dieser Aktion, sondern stellte die Teilnahme frei. Es bildeten sich verschiedene Trupps, die sich von selbst zusammenfanden. Bei meinem Trupp waren U., [Oberforstrat] C., 2 mir nur vom Sehen bekannte politische Leiter [NSDAP-Ortsgruppenfunktionäre] und noch verschiedene andere Personen. Unser Trupp mag ungefähr 6 bis 8 Mann stark gewesen sein. Ich hatte schon bei der Totenfeier Zivil an, während die meisten anderen Teilnehmer in Uniform erschienen waren. Ich war von dem Genuß des inzwischen genossenen Alkohols wohl etwas angetrunken, aber nicht betrunken. In der Rottendorferstraße wurde angetreten. Ich begab mich sodann mit dem Trupp in die Alleeestraße an ein Eckhaus. Wir gingen eine Treppe hinauf. Ich weiß es aber nicht mehr, ob es sich um eine Wohnung im Parterre oder im 1. Stock handelte. Es war mir auch nicht bekannt, daß dort ein Rabbiner namens Hanover wohnte. Irgendjemand hat geschellt und es wurde uns geöffnet. Die Wohnung bestand aus 4 oder 5 Zimmern. Auf der linken Seite lag ein Studierzimmer, an das ein Wohnzimmer oder ein Eßzimmer anschloß. Als ich in dem Studierzimmer, das mit Büchern und Pergamentrollen in Regalen angefüllt war, mit der Besichtigung der Pergamentrollen beschäftigt war, befanden sich die übrigen Teilnehmer des Trupps in den anderen Zimmern. Ich habe in der Wohnung nichts zerstört, sondern mich nur für die Pergamentrollen interessiert. Der Wohnungsinhaber befand sich sogar bei mir im Zimmer und erklärte mir auch die Bedeutung der Rollen. Ich habe weder einen Stock noch irgendeinen anderen Gegenstand bei mir gehabt. Auch von U. kann ich nicht sagen, daß er irgendetwas bei sich gehabt hätte. Dagegen weiß ich das bestimmt von C., der als Gehbehinderter stets einen derben Stock mit sich führte. Während ich im Stehen mit dem Besichtigen der Pergamentrollen beschäftigt war, hörte ich aus dem nebenanliegenden Eßzimmer ein Klirren. Ich begab mich nun auch in das Eßzimmer und sah folgendes: C. stand hinter einem Tisch vor einem Glas- oder Kristall-Lüster. Ich stand ihm, durch den Tisch von ihm getrennt, gegenüber. Plötzlich holte C. mit seinem schweren Stock zum Schlage aus und schlug mit aller Wucht in den Glas- oder Kristall-Lüster hinein. Ich bekam dabei von der Spitze des C.'schen Stockes einen Schlag aufs Auge und außerdem noch einen Splitter von dem Glase ins Auge. Ich begab mich daraufhin sofort in das Badezimmer, um mir das Auge zu kühlen. C. kam schließlich auch noch in das Badezimmer, um dort die eingebaute Badewanne zu zertrümmern. Er wurde aber daran von mir und U. gehindert, indem wir ihm erklärten, er solle den Quatsch lassen, damit würde er nicht den Juden, sondern den Hauseigentümer schädigen. Ich habe wohl gesehen, daß in dem Eßzimmer eine Glasvitrine zertrümmert war, weiß aber nicht, wer diese zertrümmert hat. […] Ich selbst habe nicht die geringste Zerstörung angerichtet und wurde gleich nach Betreten des Eßzimmers durch den Schlag des C. ausgeschaltet. Ich habe mich gleich danach nach Hause begeben und mich am anderen Tag in die Behandlung des Augenarztes Dr. S. begeben. Wir sind vom Sturmlokal zur Wohnung des Rabbiners Hanover nicht geschlossen marschiert. Ich weiß nicht mehr, wer seinerzeit geschellt hat, ich war es jedenfalls nicht. Soweit ich mich noch erinnere, standen vor der Wohnung bei unserem Eintreffen keine Personen. In die Wohnung hat sich der ganze Trupp begeben. Hanover wurde nicht mißhandelt und auch nicht verhaftet. Eine Frau habe ich in der Wohnung gesehen. An Kinder kann ich mich nicht erinnern.«[1]

Diese – stark verharmlosende – Darstellung eines Angeklagten ist beispielhaft für viele hunderte und tausende Aussagen Beschuldigter in Ermittlungen und Prozessen der Nachkriegszeit in Westdeutschland. Erst Dieter Obst hat 1991 mit seiner Dissertation das Augenmerk auf die justizielle Ahndung der Ereignisse vom November 1938 gelenkt.[2] In Ostdeutschland fanden ebenfalls – wenn auch in geringerer Anzahl und unter anderen strafrechtlichen Bedingungen – Pogromprozesse statt. Für Österreich liegt eine Überblicksdarstellung bereits vor.[3] Der Vollständig-

---

1 Aussage des Angeklagten Dr. Walter Sch. in der Hauptverhandlung vor dem Landgericht Würzburg am 13.12.1946, Würzburg KMs 5/46; StA Würzburg, Staatsanwaltschaft 352. Der Täter wurde in der Revision wegen Landfriedensbruchs in Tateinheit mit schwerem Hausfriedensbruch zu acht Monaten Gefängnis verurteilt.
2 Obst, *Reichskristallnacht*. Obst wertete dabei einschlägige Akten von 77 von 94 westdeutschen Staatsanwaltschaften aus.
3 Albrich/Guggenberger, »Nur selten steht einer dieser Novemberverbrecher vor Gericht«, S. 26–56. Für ganz Österreich wurden 244 Pogromprozesse ermittelt, in denen 357 Angeklagte vor den Volksgerichten standen. Es kam zu 245 Schuld- und 112 Freisprüchen, ebd. S. 50.

keit halber sei vermerkt, dass es auch einen britischen *Reichskristallnacht*-Prozess gab, der im Juni 1947 stattfand.[4]

Bedingungen der Ahndung

Bereits am 5. September 1945 – und damit mehr als zwei Monate vor Eröffnung des Internationalen Militärtribunals gegen die Hauptkriegsverbrecher in Nürnberg – erhob die Staatsanwaltschaft Limburg Anklage gegen sechs Personen wegen Landfriedensbruchs und Freiheitsberaubung während der Pogromnacht in Villmar, nur sieben Tage später erging das Urteil gegen die Täter vor dem Amtsgericht (AG) Weilburg. Den Angeklagten wurde »moralische Verwahrlosung« vorgeworfen: »Es mag auch sein, daß sie, wie die meisten Deutschen, unter dem Einfluß einer jahrelangen Propaganda an moralischer Urteilsfähigkeit eingebüßt hatten, so daß ihr Blick für die Verwerflichkeit des Vorgangs getrübt war. Es ist bekannt, daß der November 1938 der Beginn von Untaten war, die ohnegleichen in der Geschichte sind und für die es überhaupt keine menschliche Sühne gibt. Jedoch geschähe den Angeklagten Unrecht, wenn man ihr Tun unter dem Eindruck dieser späteren Missetaten beurteilen würde, wie schwer es auch heute ist, sich einer solchen Beurteilung zu enthalten.«[5]

Das Urteil ist ein kleines Beispiel für die Problematik, mit der sich die deutsche Justiz nun befassen musste: der Verkehrung ethischer Werte, dem Zusammenbruch der Rechtsordnung, der neuen Beurteilung von Ereignissen, die sich Jahre zuvor ereignet hatten, und der generellen Frage, wie solche Verbrechen adäquat bestraft werden könnten. Noch früher, am 17. August 1945, war beim AG Offenbach Anklage gegen fünf Personen erhoben worden, das Gericht entschloss sich aber zu einer Einstellung wegen Verjährung, die erst durch die Revision beim Landgericht (LG) Darmstadt aufgehoben wurde.[6] Hessen wurde zum Vorreiter der Ahndung, weil die amerikanische Militärregierung einigen dortigen deutschen Gerichten die Erlaubnis zur Wiedereröffnung bereits Anfang Juni 1945 erteilt hatte.[7]

Die pogromrelevanten Delikte wie Landfriedensbruch, Hausfriedensbruch, Brandstiftung, Körperverletzung, Freiheitsberaubung, Diebstahl, räuberische Erpressung, Nötigung, gemeinschädliche Sachbeschädigung, Zerstörung von Bauwerken, Religionsbeschimpfung und andere waren eigentlich verjährt; für Totschlag und Mord war die Verjährung erst ab 1960 beziehungsweise 1965 zu erwarten. Da jedoch eine effektive Strafverfolgung dieser Taten während des *Dritten Reiches* nicht stattgefunden hatte, galt die Verjährung als gehemmt, so dass erst ab dem 8. Mai 1945 die Frist begann. Damit konnten auch Verfahren erneut

---

4   Aachen High Court H. 677. Eine Übersetzung des Urteils vom 12. 6. 1947 ist enthalten in HStA Düsseldorf, Gerichte Rep. 89/255. Kreisleiter, Polizeichef und drei Polizisten wurden zu zwei bis fünfjährigen Haftstrafen verurteilt, der Aachener Oberbürgermeister freigesprochen. Siehe auch Erlaß der Kontrollkommission, Legal Division – Legal/MOJ/52 343/1 – vom 5. 7. 1947 betr. Judenverfolgungen, veröffentlicht in: Justizministerialblatt für das Land Nordrhein-Westfalen, September 1947, 1. Jg., Nr. 5, S. 51–52.

5   AG Weilburg DLs 3-8/45, Limburg 5 KLs 2/52, HHStA Wiesbaden, Abt. 463, Nr. 1290/1–2.

6   AG Offenbach 2 DLs 57/45. Die Akten sind nicht überliefert. Der Hinweis auf das Verfahren ergibt sich aus »announcements of trials to be held before German courts«, OMGH 17/211-2/1.

7   Zu den Rahmenbedingungen der Nachkriegsjustiz vgl. Raim, Der Wiederaufbau der westdeutschen Justiz unter alliierter Aufsicht, S. 141–173.

aufgenommen werden, die bereits rechtskräftig geendet hatten: In Sinzenich im Kreis Euskirchen hatte die Bevölkerung, darunter auch Heinrich H., ausgedehnte Diebstähle am Eigentum ihrer jüdischen Nachbarn begangen. Diesbezüglich wurde H. am 30. Mai 1939 zu acht Monaten Haft verurteilt. Zehn Jahre später folgte die Verurteilung zu zwei Jahren Zuchthaus wegen Verbrechens gegen die Menschlichkeit in Tateinheit mit Landfriedensbruch.[8] Während in der britischen und in der französischen Zone die Anwendung des Kontrollratsgesetzes Nr. 10 durch deutsche Gerichte von den Besatzungsmächten erlaubt worden war, wurde in der amerikanischen Zone gemäß deutschem Strafgesetzbuch geurteilt.

Die Verfahren wurden teils von Amts wegen, teils durch Anzeigen eingeleitet. So forderte der Generalstaatsanwalt von Oldenburg die Staatsanwaltschaften Aurich, Oldenburg und Osnabrück auf, sofort die Strafverfolgung aufzunehmen: »Diese Tat hat die schwerwiegendsten Folgen gehabt, daher auch in dem noch gesund empfindenden [!] Teil des deutschen Volkes tiefe Empörung hervorgerufen. […] Das deutsche Volk, aber auch die Weltöffentlichkeit, hat einen Anspruch darauf, daß alle an dieser Untat beteiligten Verbrecher soweit sie für schuldig befunden werden, die verdiente Strafe erhalten.«[9]

An vielen Orten waren es aber Überlebende, die die Aufdeckung anmahnten. So zeigte Charles W. Anrod aus Chicago die Schändung der Gräber seiner Eltern und seines Bruders während der *Reichskristallnacht* in Niederbieber an.[10] In Memmingen reichte der Treuhänder der Israelitischen Kultusgemeinde, Hugo Günzburger, eine Liste Beschuldiger ein, wobei ihm zunächst von der Staatsanwaltschaft bedeutet wurde, es gebe keine Handhabe, gegen die Täter vorzugehen.[11] Auch andernorts war Beharrlichkeit nötig: Siegfried Seligman hatte bereits im August 1945 den Behörden mutmaßliche Täter und Zeugen der Vorgänge in Neitersen, Kreis Altenkirchen benannt. Enttäuscht hieß es bald: »Ich muß feststellen, daß die Angelegenheit nicht so schnell und sorgfältig bearbeitet wird, wie die Naziverbrecher dieses seinerzeit mit unserem Gut und Leben getan haben. Wenn ich also nicht in kürzester Zeit die Gewissheit erhalte, daß die Ermittlungen schnell und gründlich durchgeführt werden, werde ich weitere Veranlassung nehmen müssen.«[12]

Die Ermittlungen waren dabei alles andere als einfach. Die Beschuldigten waren verstorben, in Kriegsgefangenschaft, interniert oder untergetaucht. Die Alliierten hatten viele Polizeiangehörige wegen deren SS-Mitgliedschaft verhaftet und das neu rekrutierte Polizeikorps war völlig unerfahren und mit den diffizilen Nachforschungen vor Ort überfordert. Ein enervierter Koblenzer Staatsanwalt

---

8   Bonn 2 Ms 16/39, Bonn 7 Ks 3/49, HStA Düsseldorf, Gerichte Rep. 195/329–330
9   Brief GStA Oldenburg an StA Aurich, Oldenburg, Osnabrück, 2. 11. 1945, enthalten in Oldenburg 9 Ks 8/49, StA Oldenburg, Best. 140-5 Nr. 1158–1159.
10 Charles W. Anrod, früher Karl Aron aus Neuwied, war von 1924–1935 Richter am Amtsgericht Neuwied, am Landgericht Frankfurt, Arbeitsgericht Frankfurt und Amtsgericht Solingen gewesen. Anzeige vom 8. 4. 1947, enthalten in Koblenz 9 Ks 10/50, LhA Koblenz, Best. 584, 1 Nr. 1078–1080; Nr. 1084.
11 Anzeige von Hugo Günzburger, 6. 5. 1946, in: Memmingen KLs 14/48, StA Augsburg, darin auch: »Ein seltsamer Staatsanwalt« in: *SPD-Nachrichtenblatt* Nr. 2/47, S. 4.
12 Brief Siegmund Seligmann an StA Koblenz, 5. 4. 1946, in: Koblenz 9/2 KLs 34/47, LhA Koblenz, Best. 584, 1 Nr. 3216–3217.

äußerte beißend über die Vernehmungen der Polizeiverwaltung Idar-Oberstein: »Ich verbitte mir auf das Entschiedenste, in Zukunft derartige Vernehmungen wie Bl. [Blatt] 4 d. A. [der Akten], wo ein ahnungsloser Ortsgruppenleiter vorgestellt wird, oder wie Bl. 5 und 6 d.A., wo ein Mann, der in der Synagoge plötzlich merkt, daß es rechts und links von ihm brennt, vorzunehmen. [Auf] Bl. 7 und Bl. 8 d.A. wird sogar gewagt, mir einen unschuldigen Alten Kämpfer vorzustellen. Ich weiß nicht genau, ob die Polizei mit der Niederschrift derartiger Unsinnigkeiten selbst die Ernsthaftigkeit ihrer Tätigkeit in Frage stellen will. Ich bitte nunmehr ebenso ernst wie dringend, die Ermittlungen in dieser Sache zu betreiben oder mir mitzuteilen, daß die Polizei dazu nicht in der Lage ist.«[13]

Andernorts entgegnete die Polizei, dass es sich bei der Ermittlung der *Judenaktion* um eine »recht unangenehme, zeitraubende und schwere Arbeit« handele, weil die Vernehmung einer großen Anzahl von Zeugen nötig sei. Geschäftsleute und Bekannte der Beschuldigten würden sich nicht mehr erinnern wollen, Beschuldigte hätten untereinander abgemacht, nichts zuzugeben und alles abzustreiten. Ferner: »[…] insbesondere die links ausgerichteten Bürger lehnen es grundsätzlich ab, heute noch in besagter Angelegenheit Aussagen zu machen, weil sie auf dem Standpunkt stehen, daß doch nur die Kleinen gehängt und die Großen laufen gelassen werden […] und verweigern aus diesem Grunde jegliche Angaben. […] Alle Beschuldigten zu erfassen dürfte auch der Anklagebehörde nie möglich sein, zumal die Namen von den Zerstörungstrupps aus Koblenz außer […] nicht bekannt sind bzw. ermittelt werden konnten. Man kann sich des Eindruckes nicht erwehren, daß nur durch die Festnahme mehrerer schwer belasteter Personen wie […] pp. eine weitere Aufklärung möglich ist.«[14] Für Nastätten, Kreis St. Goarshausen, beklagte die Polizei ebenfalls die Zurückhaltung der Zeugen, die darauf zurückgeführt wurde, dass der Ort damals zu »80% nationalsozialistisch« war und die Bevölkerung in Angst vor den damaligen Machthabern lebe, deren Einfluss immer noch »sehr beträchtlich« sei.[15]

Der Untersuchungsrichter von Frankenthal zog gegenüber dem Generalstaatsanwalt von Neustadt an der Haardt ein ebenfalls bitteres Fazit: »Es ist im allgemeinen davon auszugehen, daß die wertvollen Tatzeugen sich nachträglich auch als Mittäter entpuppen.«[16]

Die *Reichskristallnacht* vor Gericht

Vor Gericht wollten viele Zeugen ihre vor Polizei und Staatsanwaltschaft gemachten Belastungen nicht mehr wiederholen. Ein amerikanischer Prozessbeobacher, der die Verhandlung wegen der Synagogenschändung von Windsbach[17] miterlebte,

---

13 Vermerk StA Koblenz, 28. 6. 1948, Koblenz 9/2 Js 147/48, später Bad Kreuznach 3 Ks 6/50, LhA Koblenz, Best. 584, 6 Nr. 4–13.
14 Ermittlungsbericht der Polizei, 7. 4. 1949, Koblenz 9 KLs 13/50, LhA Koblenz, Best. 584, 1 Nr. 1329; 1285–1288.
15 Schlußbericht Landeskriminalpolizeiamt Koblenz, 2. 9. 1948, Koblenz 9 KLs 7/49, LhA Koblenz, Best. 584, 1 Nr. 1239–1245.
16 Brief Untersuchungsrichter an GStA Neustadt, 7. 10. 1947, in: Frankenthal 9 KLs 1/49, hier zit. n. AOFAA, AJ 3676, p. 36.
17 Ansbach KLs 38/47, StA Nürnberg, Staatsanwaltschaft Ansbach 682/I-V.

klagte, dass die Einvernahme der Zeugen fast nutzlos gewesen sei, weil diese so außergewöhnlich furchtsam und zurückhaltend ausgesagt hätten, dass eine Verurteilung der Angeklagten nicht möglich gewesen wäre, hätten diese nicht freiwillig die Verbrechen gestanden.[18] Für Hessen notierte ein Angehöriger der amerikanischen Rechtsabteilung, die deutschen Richter stünden häufig einer Mauer von Zeugen mit Pokergesichtern gegenüber, die sich an nichts erinnern wollten.[19] Viele Belastungszeugen hielten überdies dem Druck der Anwälte der Verteidigung nicht stand, die schwache Vertretung der Anklage durch die Staatsanwaltschaft tat ein Übriges. Über den Pogromprozess von Andernach war zu lesen: »Unter der Zuhörerschaft waren einige alte Nationalsozialisten, die mit Genugtuung die Ohnmacht der Richter belächelten. Sie freuten sich, daß die ›Mär von dem Unbekannten‹ [Täter] zwangsläufig geglaubt werden mußte. […] Die merkwürdigste Erscheinung des Prozesses war zweifellos der Staatsanwalt, […] der ruhig und gelassen […] mit ansah, wie diese [die Hauptbelastungszeugen, E. R.] von der fünfköpfigen Verteidigung psychologisch zermürbt und anschließend grundlos lächerlich gemacht wurden.«[20]

Die Hauptverhandlungen waren bedeutende Ereignisse. Sie fanden – wegen der zerstörten oder auch von den Alliierten besetzten Gerichtssäle oder aufgrund des großen Andrangs – vor Ort statt. In Idar-Oberstein tagte das LG Bad Kreuznach in der Turnhalle,[21] das LG Wiesbaden begab sich zur Verhandlung des Pogroms in Oestrich in das örtliche *Gasthaus zur Krone*[22]. Für die Verhandlung der Untaten von Deidesheim reiste das LG Frankenthal vor Ort und hielt die Hauptverhandlung in der Berufsschule ab,[23] das LG Trier urteilte über den Pogrom von Zeltingen und Rachtig in der nächstgelegenen Kreisstadt Bernkastel-Kues,[24] das LG Aurich tagte in Leer[25]. Für die Strafkammern Koblenz und Bad Kreuznach sind Hauptverhandlungen in Ahrweiler, Andernach, Boppard, Kirchberg, Kirn, Neuwied, Selters und Sinzig belegt. Die Botschaft war deutlich: Es galt, Täter und Zuschauer mit den Untaten vor Ort erneut zu konfrontieren.

Die Bevölkerung nahm an den Gerichtstagen regen Anteil. Bei der Verhandlung der *Reichskristallnacht* von Buchau und Laupheim[26] durch das LG Ravensburg drängten sich nicht weniger als 300 Besucher in den Saal. Die französische Militärregierung, die einen Beobachter entsandt hatte, beklagte aber die Lustlosigkeit der Prozessführung: »Le procès s'est déroulé dans une atmosphère calme, mais d'une extrême lourdeur.«[27] Beim Prozess des Tübinger NSDAP-Kreisleiters[28]

---

18 Bericht Legal Division, 19. 10. 1947, OMGBY 17/182 – 3/9; OMGBY 17/183 – 3/15.
19 Activity Report, 23. 3. 1948, OMGH 17/209 – ½.
20 »Die Unbekannten«, in: *Die Freiheit,* 15. 9. 1950; auch in: Koblenz 9 Ks 9/50, LhA Koblenz, Best. 584, 1 Nr. 1296–1298; Nr. 1336.
21 Bad Kreuznach 3 Ks 6/50, LhA Koblenz, Best. 584, 6 Nr. 4–13.
22 Wiesbaden 4 KLs 9/49, HHStA Wiesbaden, Abt. 468, Nr. 262/1–5.
23 Frankenthal 9 KLs 1/49.
24 Trier 3 KLs 8/50, nur noch überliefert unter AOFAA, AJ 1616, p. 799, Dossier 166.
25 Aurich 2 KLs 2/51, StA Aurich Rep. 109 Nds. E Nr. 310/1–4.
26 Ravensburg KLs 126–142/47, verbunden mit KLs 146/47, StA Sigmaringen, Wü 29/1 T 1 Nr. 6889.
27 »Der Prozeß spielte sich in einer ruhigen, aber äußerst lustlosen Atmosphäre ab.«, Monatsbericht Württemberg-Hohenzollern, Februar 1948, AOFAA, AJ 806, p. 618
28 Tübingen Ks 8/49, StA Sigmaringen, Wü 29/3, T 1 Nr. 1764.

vermerkte die Presse, dass sämtliche Besuchereintrittskarten, die für die Sitzung ausgegeben worden waren, auch Abnehmer gefunden hatten.²⁹

An den Verfahren und dem beteiligten Justizpersonal entzündete sich natürlich Kritik. Der Verteidiger des oben erwähnten Tübinger Kreisleiters argumentierte, man müsse nicht nur seinen Mandanten, sondern auch die damaligen Staatsanwälte belangen, die die Strafverfolgung 1938 unterlassen hatten. Als es dazu spontane Beifallsäußerungen des Publikums gab, verwahrten sich Oberstaatsanwalt und Richter gegen die Anschuldigung und wiesen darauf hin, dass für die Taten von Parteigenossen die Parteigerichte zuständig gewesen seien. Im Übrigen sei der damalige Tübinger Oberstaatsanwalt bereits verstorben. Urteile wurden selbst über Landesgrenzen hinweg mit Argusaugen beobachtet. Der frühere Rabbiner von Bremen, Dr. Felix Aber, nun Rabbiner in den USA, reagierte entsetzt, als er aus der *New York Times* erfuhr, dass die Täter Wilhelm und Ernst B., die während des Pogroms Heinrich Chaim Rosenblum getötet hatten, nur wegen Totschlags belangt und zu acht bzw. sechs Jahren Zuchthaus verurteilt wurden.³⁰

Häufig scheiterten Verurteilungen an Beweismangel. Wenn es zur Verhängung von Haftstrafen kam, waren diese meist niedrig. Darüber hinaus mussten viele bereits verhängte Strafen von bis zu sechs Monaten aufgrund des vom Bundestag beschlossenen Amnestiegesetzes vom 31. Dezember 1949 nicht verbüßt werden. Auch die französische Militärregierung in Baden monierte die notorische Milde der Gerichte und führte dies darauf zurück, dass die höheren Justizbeamten als ehemalige NSDAP-Mitglieder selbst schlecht gegen die Umtriebe vorgehen könnten, gegen die sie zur Tatzeit nicht protestiert hatten: »Magistrats anciens membres du parti ne peuvent loyalement sanctionner sévèrement des agissements qu'ils n'avaient pas desapprouvé autrefois.«³¹ In Württemberg-Hohenzollern hieß es von französischer Seite resignativ, die Mehrzahl der deutschen Richter habe weder im Grunde ihres Denkens noch durch ihr Verhalten den Kampf des *Dritten Reiches* gegen die Juden missbilligt. Diese Richter seien nun mit der Verurteilung überfordert: Würden sie besonders hart urteilen, müssten sie fürchten, dass ihnen ihre eigene politische Vergangenheit vorgehalten würde; zeigten sie sich dagegen sehr milde, müssten sie Angst haben, als Anhänger des Hitlerregimes verschrieen zu werden. Daher: »Quel que soit leur jugement, ils sont certains d'être critiquées.«³²

Die Auseinandersetzung mit dem Judentum war eine Herausforderung, der nicht jeder Staatsanwalt und jeder Richter gewachsen war. Das Taharahaus wurde fälschlich als *Friedhofssynagoge*³³ oder *Friedhofskapelle* bezeichnet.³⁴ Ein Richter fühlte sich zu folgender Erklärung bemüßigt: »Die Thora stellt eine meist kunstvoll

---

29 »Zweieinhalb Jahre Zuchthaus für Rauschnabel«, in: *Schwarzwälder Heimat-Post,* 23. 5. 1949.
30 Brief Rabbiner Dr. Felix Aber an OMGBR, 27. 5. 1947, OMGBR 6/62 – 2/33.
31 »Ehemalige Parteimitglieder unter den Justizbeamten können nicht guten Gewissens harte Strafen für die Machenschaften verhängen, die sie in der Vergangenheit nicht mißbilligten.«, Monatsbericht Baden, Juli 1947, AOFAA, AJ 3679, p. 18, Dossier 2.
32 »Wie auch immer ihr Urteil ausfällt, sie werden dafür kritisiert werden.«, Monatsbericht Württemberg-Hohenzollern, Februar 1948, AOFAA, AJ 806, p. 618.
33 Anklage, Koblenz 9 Ks 10/50, LhA Koblenz, Best. 584, 1 Nr. 1078–1080; Nr. 1084.
34 Anklage, Wuppertal 5 KLs 45/48, HStA Düsseldorf, Gerichte Rep. 240/74–76; Oldenburg 9 KLs 12/49, Best. 140-5 Nr. 304; Nr. 294.

auf Schweinsleder [sic!] geschriebene Heilige Schrift dar und bedeutet für die Juden das Allerheiligste [...].«[35] Ein Gutachter, der die Erinnerungsfähigkeit einer minderjährigen Jüdin beurteilen sollte, deren Vater als Rabbiner während des Pogroms in Mühlhausen an der Unstrut (Thüringen) niedergeschossen worden war, äußerte: »Wie mir selbst bekannt ist, reifen Jüdinnen früher als durchschnittlich Nicht-Jüdinnen in unseren Gebieten. Dies dürfte rassisch bedingt sein. Südländer und Orientalen reifen allgemein früher. [...]«[36]

In den Urteilen finden sich mit großer Regelmäßigkeit zwei Topoi: Erstens seien die Täter *von außerhalb* gekommen, also Ortsfremde gewesen. Zweitens: Falls doch jemand aus dem Ort beteiligt gewesen sei, habe er qua Amt als NSDAP- oder SA-Funktionär auf einen zwingenden Befehl *von oben* gehandelt. Aus den Ermittlungen geht aber hervor, dass die teils nächtens von auswärts angereisten Täter fast immer auf die Hilfe der Ortskundigen angewiesen waren; sei es, dass ihnen der Weg zu den versteckt liegenden Synagogen und in Wohnhäusern befindlichen Betstuben oder dem abseitig gelegenen Friedhof gewiesen wurde oder dass ihnen Listen mit den zur Verhaftung vorgesehenen ortsansässigen Juden und Hinweise zu deren Wohnungen oder Geschäften übergeben wurden. Oft kam lediglich die Initialzündung für den Pogrom von außerhalb, Teile der Bevölkerung betätigten sich freiwillig und ohne Order an der Verfolgung wie etwa in Treuchtlingen.

Zahlenbilanz

Insgesamt gab es zum Pogrom 2 468 Ermittlungsverfahren und Prozesse vor westdeutschen Staatsanwaltschaften und Gerichten, in denen sich 17 700 Beschuldigte und Angeklagte zu verantworten hatten.[37] Bei 1 174 dieser 2 468 Verfahren handelt es sich um Prozesse.[38] Die überwiegende Zahl der (erstinstanzlichen) Urteile, nämlich 1 076, erging bis zum Jahr 1950. Ein letzter *Reichskristallnacht*-Prozess war im Jahr 1992 in Paderborn, ein vorletzter 1964 in Bremen zu verzeichnen. Regional verteilen sich die Prozesse wie folgt: Bayern: 262 Prozesse, 1 854 Angeklagte; Rheinland-Pfalz: 219 Prozesse, 1 524 Angeklagte; Hessen: 210 Prozesse, 1 516 Angeklagte; Baden-Württemberg: 183 Prozesse, 690 Angeklagte; Nordrhein-Westfalen: 180 Prozesse, 828 Angeklagte; Niedersachsen: 76 Prozesse, 543 Angeklagte; Saarland: 30 Prozesse, 236 Angeklagte. In Schleswig-Holstein, Berlin, Bremen und Hamburg betrug die Zahl der Prozesse jeweils unter zehn. Zumeist betrafen die Prozesse Vorfälle im jeweiligen Sprengel des urteilenden Landgerichts. In einer sehr geringen Anzahl der Fälle ist auch der Pogrom in Gebieten außerhalb der Westzonen beziehungsweise der Bundesrepublik Deutschland Gegenstand.

Angesichts der oben erwähnten 17 700 Beschuldigten und Angeklagten ist es schwierig, generelle Aussagen zu treffen. Im Vergleich zu anderen NS-Verbrechen wird aber deutlich, dass die *Reichskristallnacht* ein viel heterogeneres Täterpoten-

---

35 Osnabrück 4 Ks 7/48, StA Osnabrück, Rep. 945, Akz. 6/983, Nr. 54–55.
36 Gutachten, Bayreuth Ks 1/57, StA Bamberg, Rep. K 106 Abg. 1996, Nr. 829 A + B.
37 Für die Auswertung der am Institut für Zeitgeschichte München – Berlin erstellten Datenbank danke ich Dr. Andreas Eichmüller, sein Aufsatz zur Zahlenbilanz sämtlicher Verfahren zu nationalsozialistischen Gewaltverbrechen erscheint nächstens in den Vierteljahrsheften für Zeitgeschichte.
38 Ein sehr geringer Anteil der in der Zählung enthaltenen Prozesse bezieht sich auf Pogromhandlungen, die bereits ab März 1938 oder im Jahr 1939 stattfanden.

tial mobilisierte als andere nationalsozialistische Gewaltverbrechen. Wie schon aus den oben erwähnten Zahlen geschlossen werden kann, waren Ermittlungsverfahren mit 60 bis 70 Beschuldigten und Prozesse mit 10 bis 15 Angeklagten keine Seltenheit. Es gab sowohl sehr junge Täter (etwa Schulkinder oder HJ-Angehörige) als auch sehr alte Täter, die zum Zeitpunkt der Straftat bereits die 70 überschritten hatten. Nicht selten zogen ganze Familienverbände oder *Werkscharen* von Firmen los, um ihren Nachbarn Haus und Hof zu zerstören. Neben den immer wieder erwähnten SA- und SS-Angehörigen, NSDAP-Funktionären, Polizisten und Feuerwehrleuten waren häufig örtliche Honoratioren – darunter auch Lehrer oder Staatsanwälte – beteiligt.[39] Auch 65 Frauen wurden wegen Verbrechen im Rahmen des Pogroms verurteilt.

Forschungsausblick

Inwiefern reflektieren die Ermittlungen und Prozesse die historische Realität der *Reichskristallnacht*? Die Prozesse enthalten vielfach neben den juristischen Vorgängen bedeutendes Quellenmaterial: Baupläne von Synagogen, Stadtpläne, auf denen die früheren Wohnungen ortsansässiger Juden eingezeichnet sind, Briefe jüdischer Emigranten, die ihre Erinnerungen festhielten und nicht zuletzt Fotos der brennenden oder demolierten Synagogen. Sie sind beeindruckende Momentaufnahmen des deutschen Judentums am Vorabend der Vernichtung. Gleichzeitig muss aber vor der Annahme gewarnt werden, dass die Gesamtzahl der Ermittlungen und Prozesse auch die Summe aller *Reichskristallnacht*-Verbrechen ergibt. Für München gibt es beispielsweise keinen einzigen *Reichskristallnacht*-Prozess, lediglich eingestellte Ermittlungen.[40] Nur wenig besser ist die Situation in Hamburg oder Berlin. Die Bevölkerungsumwälzung der Metropolen durch den Krieg war zu groß, um Nachkriegsrecherchen erfolgreich sein zu lassen. Nur 30 Prozesse befassten sich mit den amtlich während des *Dritten Reichs* ermittelten 91 Toten des Pogroms. Dazu kamen die Einschränkungen der Verjährung. Die *Reichskristallnacht* in Augsburg fand schon allein deshalb keinen Richter, weil erst 1962 Nachforschungen begannen.[41] Zu bedenken sind weitere Unwägbarkeiten: So ist es wahrscheinlicher, dass sich Zeugen an die Beteiligung des örtlichen Volksschullehrers beim Pogrom erinnerten als etwa an weniger prominente Bewohner des Orts, eher an den NSDAP-Kreisleiter als an ein einfaches NSDAP-Mitglied. Personen, die nach dem Krieg an ihren Heimat- (und den Tatort) zurückkehrten, gingen ein größeres Risiko ein, erkannt und bestraft zu werden. So muss die Zahl der am Pogrom Beteiligten als deutlich höher als die oben erwähnten 17 700 Beschuldigten und Angeklagten geschätzt werden, da bei vielen Tätern, deren Tod nachweislich feststand, überhaupt kein Verfahren mehr eingeleitet wurde. Nicht zuletzt sei daran erinnert, dass viele der Opfer, die aus erster Hand über die Ereignisse hätten

---

39 Nürnberg-Fürth 70 KLs 271/47, StA Nürnberg, Staatsanwaltschaft Nürnberg 2033a; Nürnberg-Fürth KLs 191/47, Amberg KLs 1/49, StA Amberg, Staatsanwaltschaft Amberg 1499.
40 München I 1 Js 1063/51, StA München, Staatsanwaltschaften 6655; München I 1c Js 1430/53, StA München, Staatsanwaltschaften 21045; München I 115 Js 1/64, StA München, Staatsanwaltschaften 21870. München II 10a Js 112/61, StA München, Staatsanwaltschaften 34613. München I 1 Js Gen. 108/50, Generalstaatsanwaltschaft München Nr. 4815.
41 StA Augsburg, Augsburg 7 Js 240/62.

berichten können, während des Krieges ermordet worden waren. Andere sprachen aus Scham nicht über die Ausschreitungen. Familie Nathan aus Nastätten konnte dank Warnungen vor dem Pogrom flüchten. Sie kehrte kurz danach nach Hause zurück, wurde am 16. November 1938 Opfer eines brutalen Überfalls auf ihrem eigenen Anwesen, wobei die Tochter Irma Stein, geb. Nathan, sadistisch vergewaltigt wurde. Frau Stein floh daraufhin nach Frankfurt am Main, von wo aus sie am 20. Oktober 1941 ins Getto Litzmannstadt deportiert wurde und seither verschollen ist. Der sexuelle Übergriff wurde nur deswegen bekannt, weil das Opfer kurz danach gegenüber einer Freundin äußerte, sie könne nicht über die Geschehnisse dieser Nacht reden.[42]

Neben den Motiven der Täter sind die unterschiedlichen regionalen Ausprägungen des Pogroms und sein zeitlicher Rahmen vom 7. bis 11. November weiterhin ein wichtiges Forschungsdesiderat. Welche örtlichen Gegebenheiten herrschten vor oder begünstigten den Pogrom? In Landstuhl waren die aktive SA und die SA-Reserve auf dem Marktplatz angetreten, um die Wehrmacht beim Einzug in die Garnison zu begrüßen; dem NSDAP-Kreisleiter gelang es, die eigentlich anderweitig mobilisierte SA zwischenzeitlich zu Ausschreitungen zu animieren.[43] In Hüls und Uerdingen fielen die Pogrome zeitlich mit den St.-Martins-Zügen zusammen.[44] Inwiefern verbanden sich traditionelle Formen des Judenhasses mit neuem rassistischem Antisemitismus? Zelebrierten Täter, die sich während des Pogroms mit Rabbinertalar, Kopfbedeckungen, Gebetsschals und Schriftrollen ausstaffierten und rituelle jüdische Bräuche nachzuahmen suchten[45], ein antisemitisches *Ritual kultureller Erniedrigung*[46] oder handelte es sich um einen Rückgriff auf vormoderne karnevaleske Ausprägungen der *verkehrten Welt,* deren notwendige Eigenschaften Zügellosigkeit und Tabubruch waren? War die Vertreibung von Patienten aus der Israelitischen Kuranstalt in Bad Soden im Taunus eine Fortsetzung des *Bäderantisemitismus* oder Auftakt zur Vernichtung?[47] Wie erklären wir Vorgänge wie in Wunsiedel, wo sich die Gewalt neben den Juden auch gegen die lokale evangelische und katholische Geistlichkeit richtete oder wie in Nastätten und Ruppertshofen, wo Pfarrer der Bekennenden Kirche verfolgt und misshandelt wurden?[48] Dass der Pogrom bereits in einigen Fällen den Vorgriff auf die Vernichtung enthielt, zeigen die Verschleppungen[49] wie auch die Tötungsverbrechen.

---

42 Koblenz 9 KLs 7/49, LhA Koblenz, Best. 584, 1 Nr. 1239–1245.
43 Zweibrücken KLs 24/49, AOFAA, AJ 3676, p. 38.
44 Krefeld 6 Ks 1/48, HStA Düsseldorf, Gerichte Rep. 30/118. Krefeld 1 Ks 2/48, HStA Düsseldorf, Gerichte Rep. 8/41–44. ähnlich auch Düsseldorf 8 Js 164/46 gegen einen 16-jährigen HJ-Angehörigen, der sich gegen den Vorwurf der Teilnahme damit verteidigte, er habe lediglich den traditionellen rheinischen Martinszug angesehen, HStA Düsseldorf, Gerichte Rep. 268/14.
45 so etwa in Quakenbrück, Osnabrück 4 KLs 4/48, StA Osnabrück Rep. 945 Akz. 6/1983, Nr. 65–70 oder Oberlustadt, Landau KLs 60/47, AOFAA, AJ 3676, p. 38.
46 Loewenberg, The Kristallnacht as a Public Degradation Ritual, S. 309–323.
47 Frankfurt 8 KLs 8/49, HHStA Wiesbaden, Abt. 461, Nr. 31982/1–9.
48 Hof KLs 24/48, StABamberg, Rep. K 107, Abg. 1985, Nr. 403; Koblenz 9 KLs 7/49, LhA Koblenz, Best. 584, 1 Nr. 1239–1245.
49 Kaiserslautern KLs 22/48, AOFAA, AJ 3676, p. 37, Dossier 2. Eine 70-jährige Frau, die durch die Niederbrennung des Israelitischen Altersheims Neustadt an der Haardt obdachlos geworden und in ihre Heimat Hochspeyer zurückkehrt war, wurde vom NSDAP-Ortsgruppenleiter und Bürgermeister nach Mannheim in den NSDAP-Gau Baden verschleppt und dort ausgesetzt.

Literatur

Obst, Dieter, *Reichskristallnacht.* Ursachen und Verlauf des antisemitischen Pogroms vom November 1938, *Europäische Hochschulschriften,* Reihe III, Bd. 487, Frankfurt a.M. u.a. 1991.

Albrich, Thomas/Michael Guggenberger, »Nur selten steht einer dieser Novemberverbrecher vor Gericht«. Die strafrechtliche Verfolgung der Täter der so genannten *Reichskristallnacht* in Österreich, in: Ders./Winfried R. Garscha/Martin F. Polaschek (Hg.), Holocaust und Kriegsverbrechen vor Gericht. Der Fall Österreich, Innsbruck/Wien/Bozen 2006, S. 26–56.

Raim, Edith, Der Wiederaufbau der westdeutschen Justiz unter alliierter Aufsicht und die Verfolgung von NS-Verbrechen 1945 bis 1949/50, in: Hans Braun/Uta Gerhardt/Everhard Holtmann (Hg.), Die lange Stunde Null. Gelenkter sozialer Wandel in Westdeutschland nach 1945, Baden-Baden 2007, S. 141–173.

Loewenberg, Peter, The Kristallnacht as a Public Degradation Ritual, in: *Leo Baeck Institute Yearbook XXXII* (1987), S. 309–323.

Verzeichnis der verwendeten Archive:
Archives de l'Occupation française en Allemage et en Autriche (AOFAA)
Institut für Zeitgeschichte (IfZ)
Landeshauptarchiv Koblenz (LhA Koblenz)
Staatsarchiv Amberg (StA Amberg)
Staatsarchiv Augsburg (StA Augsburg)
Staatsarchiv Aurich (StA Aurich)
Staatsarchiv Bamberg (StA Bamberg)
Staatsarchiv München (StA München)
Staatsarchiv Nürnberg (StA Nürnberg)
Staatsarchiv Oldenburg (StA Oldenburg)
Staatsarchiv Osnabrück (StA Osnabrück)
Staatsarchiv Sigmaringen (StA Sigmaringen)
Staatsarchiv Würzburg (StA Würzburg)
Hauptstaatsarchiv Düsseldorf – Zweigarchiv Schloss Kalkum (HStA Düsseldorf)
Hessisches Hauptstaatsarchiv Wiesbaden (HHStA Wiesbaden)

Tobias Grill
Die *Reichskristallnacht* als DDR-Geschichtspolitik

In der im Februar 1988 verfassten *Vorbemerkung* zu ihrem Band über die *Pogromnacht 1938* erklärten Irene Runge, eine mit ihren Eltern seinerzeit aus dem US-Exil in die DDR zurückgekehrte Jüdin, sowie der Historiker Kurt Pätzold Folgendes: »Antifaschisten wurde der Begriff ›Kristallnacht‹ zum Gleichwort für eines der brutalen faschistischen Verbrechen, begangen an den deutschen Juden in der Nacht vom 9. zum 10. November 1938 und am folgenden Tage.«[1]

Diese Äußerung lässt vermuten, dass in der DDR, in der der Antifaschismus zu einem der ideologischen Grundmanifeste des Staates gehörte, ein breites Erinnern an den 9. November 1938 existierte. Doch dies ist weit gefehlt. Wenn es ein Erinnern an diesen Tag gab, dann nur in einem sehr engen Rahmen. In der Regel wurde es vor allem zum Anlass genommen, den westdeutschen Staat als faschistisch zu brandmarken und gleichzeitig den ostdeutschen Staat als Hort des Antifaschismus, als das *bessere Deutschland,* zu stilisieren.

Im Nachfolgenden wird dies an einigen Beispielen aufgezeigt. Dabei soll keineswegs der Eindruck erweckt werden, dass die Erinnerungspraxis in der Bundesrepublik im Gegensatz zu der der DDR vorbildhaft gewesen sei. Auch hier wäre vieles zu kritisieren.[2] Allerdings ist im Auge zu behalten, dass die offiziellen Vertreter der Bundesrepublik davon absahen, das Gedenken an den 9. November 1938 geschichtspolitisch zu instrumentalisieren. In der DDR blieb hingegen die »Erinnerungskultur […] immer der Geschichtspolitik der jeweiligen SED-Führungsgruppe und ihren machttaktischen Interessen untergeordnet«[3]. Gerade hier liegt demnach der wesentliche Unterschied zwischen den beiden deutschen *Erinnerungskulturen.*

Nach dem Krieg
Schon unmittelbar nach Kriegsende wurde eine gewisse Opferkonkurrenz oder auch Opferausgrenzung in der Sowjetischen Besatzungszone (SBZ) deutlich. In den Augen der überlebenden Kommunisten waren sie selbst als politisch Verfolgte, die aktiv gegen die NS-Diktatur gekämpft hatten, *privilegierte* Opfer des Faschismus, während die Juden als rassisch Verfolgte, die passiv geblieben seien, nur als *sekundäre* Opfer galten.[4] Darin drückte sich freilich das ideologisch bedingte Geschichtsbild der Kommunisten aus, wonach der Antikommunismus

---

1 Pätzold/Runge, Pogromnacht 1938, S. 5.
2 In der Bundesrepublik nahm – ähnlich wie in der DDR – die Erinnerung an den 9. November 1938 erst mit dem 40. Jahrestag breiteren Raum in der Öffentlichkeit ein, vgl. Steinbach, Der 9. November, S. 877.
3 Leo/Reif-Spirek (Hg.), Helden, Täter und Verräter, S. 9.
4 Vgl. Groehler, Der Umgang mit dem Holocaust, S. 235f.

das wesentliche Element der NS-Ideologie, der Antisemitismus hingegen nur von nachrangiger Bedeutung gewesen sei. Umgekehrt wurde der Antifaschismus nun von kommunistischer Seite zur Leitdoktrin erhoben, wobei die Juden keineswegs dazugehörten. Illustrieren mag dies folgende, vielfach zitierte und aufschlussreiche Geschichte: Angesichts des herannahenden Winters baten im Oktober 1945 überlebende Juden das *Leipziger Amt für Verfolgte*, ihnen Pelze als Entschädigung für 1938 geraubtes Gut zu überlassen, worauf sie folgende Antwort erhielten: »Den Juden wurden diese Pelze (1938) nicht aus politischen Gründen weggenommen, sondern weil sie Juden waren. […] Im Ganzen können die Juden nicht als ›antifaschistisch‹ […] bezeichnet werden. Sie wurden passive Opfer der NS-Kampfführung. […] Eine Wiedergutmachung in einzelnen Fällen halten wir nicht für zweckmäßig.«[5]

Erst unter dem Druck des *Berliner Hauptausschusses Opfer des Faschismus (OdF)*, insbesondere unter dem Einfluss von Probst Grüber, der im *Dritten Reich* so genannten nichtarischen Christen geholfen hatte, sowie Julius Meyer, dem Vorsitzenden der jüdischen Gemeinde in Ostberlin (seit 1946), und der westalliierten Besatzungsbehörden wurde politisch und sozial eine Gleichbehandlung der politisch und rassisch Verfolgten zumindest angestrebt.[6]

Zunächst setzte sich ein Gedenktag durch, der als *Tag der Opfer des Faschismus* beziehungsweise in seiner gebräuchlichen Kurzform als *OdF-Tag* bezeichnet und jeden zweiten Sonntag im September begangen wurde, schließlich sogar zonenübergreifend. Im Zuge der Herausbildung des Kalten Kriegs, dessen Bruchlinien sich sehr schnell auch in den Opferverbänden, allen voran der *Vereinigung der Verfolgten des Naziregimes (VVN)*, zeigten, wo die KPD bzw. SED zunehmend an Einfluss gewann und somit die Vereinigung im Westen diskreditiert wurde, blieb auch der zweite Sonntag im September als nationaler Gedenktag an die Opfer des Faschismus auf der Strecke. Während in der Bundesrepublik schließlich nur noch die *VVN* und die *KPD/DKP* diesen Gedenktag begingen, wurden in der DDR jedes Jahr in Form des *Internationalen Gedenktages für die Opfer des faschistischen Terrors und Kampftag gegen Faschismus und imperialistischen Krieg* die Opfer der NS-Diktatur als eine Großgruppe zusammengefasst, in der für ein besonderes Gedenken an die sechs Millionen ermordeten Juden kein eigener Platz vorgesehen war. Das Gedenken an den 9. November 1938 war hingegen zunächst in erster Linie den jüdischen Gemeinden selbst vorbehalten. Überspitzt formuliert hatte das DDR-Establishment an diesem Tag auch Besseres zu tun: Es musste nämlich dem 9. November 1918 gedenken, dem Tag der Ausrufung der Republik beziehungsweise des Ausbruchs der Revolution in Deutschland.

Die Wendung gegen den Zionismus Anfang der 50er Jahre
Die Unterscheidung zwischen politisch und rassisch Verfolgten bestimmte auch die Haltung der SED-Führung zur Entschädigung der Juden für geraubtes Gut sowie die Höhe ihres Rentenanspruches. Die DDR unter SED-Herrschaft hat sich niemals zu einer Schuld und Mitverantwortung für den Holocaust bekannt,

---

5 Zit. n. Koenen, Die DDR und die *Judenfrage*, S. 246.
6 Vgl. Groehler, Der Umgang mit dem Holocaust, S. 236.

somit auch jegliche Wiedergutmachungsleistung an die Juden abgelehnt[7] und statt dessen die zahlenmäßig äußerst kleine jüdische Gemeinde auf DDR-Territorium mit staatlichen Fürsorge-Almosen abgespeist. Die *Arisierung* jüdischen Eigentums wurde im Nachhinein gleichsam als vorgezogene Sozialisierung betrachtet und daher nicht mehr rückgängig gemacht.[8] Dieser Haltung widersetzten sich gerade, aber nicht nur, prominente SED-Funktionäre jüdischer Herkunft, die schon bald zur Zielscheibe ihrer eigenen Partei wurden.

Der im November 1952 in Prag abgehaltene Slánský-Prozess, bei dem insgesamt 14 hochrangige Kommunisten, darunter elf jüdischer Herkunft, angeklagt, verurteilt und elf von ihnen hingerichtet wurden[9] sowie die kurz darauf öffentlich inszenierte Verschwörung der Kreml-Ärzte[10] waren Höhepunkte einer im gesamten Ostblock praktizierten Verfolgung von Juden. Viele bedeutende Juden, oftmals Mitglieder der SED, flüchteten daraufhin aus der DDR – auch aus Furcht vor einer Aktualisierung der Ereignisse vom November 1938.

Paul Merker – ein zweiter Slánský?

Auch die SED-Führung, die kurz nach der Verurteilung so genannte »Lehren aus dem Prozeß gegen das Verschwörerzentrum Slánský« zog, bereitete offenbar einen antisemitisch motivierten Schauprozess vor, dessen Hauptangeklagter das ehemalige Mitglied des SED-Politbüros Paul Merker sein sollte. Nun war Merker zwar kein Jude, aber äußerst judenfreundlich, was ihm zum Verhängnis werden sollte. Er wurde verhaftet, gefoltert, schließlich auch angeklagt und verurteilt. Überspitzt gesagt ist der Fall Merker paradigmatisch für den gesamten späteren Umgang der DDR mit Holocaust, Judentum und Israel.

Als Anklagematerial diente insbesondere das von kommunistischen, häufig jüdischen Emigrantenkreisen in Mexiko publizierte Organ *Freies Deutschland,* für das auch das damalige Mitglied des *Zentralkomitees (ZK)* der KPD Merker Artikel schrieb. So habe er, wie in der Anklageschrift zu lesen war, in seinen Beiträgen »eine Schuld der deutschen Arbeiterklasse und des ganzen deutschen Volkes am Sieg des Faschismus anerkannt, während er ›die jüdische deutsche Bevölkerung von dieser Schuld ausdrücklich freispricht‹«[11]. Implizit gaben damit die Anklagevertreter auch den Juden eine Mitschuld an der NS-Diktatur und ihren Verbrechen; ein Vorwurf, der später im Ostblock immer wieder erhoben werden sollte.

Schlimmer wog aber wohl, dass Merker sich nicht an die von der SED vorgegebene Opferhierarchisierung gehalten und im mexikanischen Exil zugesagt hatte, die deutschen Juden würden für alle durch das deutsche Volk erlittenen Schäden

---

7 1976 wurde die lächerliche Summe von einer Million US-Dollar der Claims Conference als »Unterstützung von Bürgern der USA jüdischen Glaubens« angeboten. Allerdings sollte diese Summe nicht vom Staat selbst, sondern vom Komitee der antifaschistischen Widerstandskämpfer der DDR gewährt werden. Grund hierfür war der Umstand, dass die DDR auch weiterhin ausdrücklich jüdische Ansprüche auf Wiedergutmachung ablehnte. Die Claims Conference wies letztlich eine derartige »Abspeisung« zurück; vgl. Wolffsohn, Die Deutschland-Akte, S. 287–289.
8 Vgl. Groehler, Der Umgang mit dem Holocaust, S. 241.
9 Vgl. Kaplan, Der politische Prozeß, S. 169–187.
10 Vgl. Kostyrčenko, Der Fall der Ärzte, S. 89–116.
11 Koenen, Die DDR und die *Judenfrage,* S. 241.

Wiedergutmachung erhalten und zwar vor allen Anderen. Dies war ein unverzeihlicher Affront gegen die kommunistischen Widerstandskämpfer, die bevorzugt werden sollten und auch wurden. Im Übrigen nannten die Anklagevertreter die Absicht Merkers, die Juden für den Holocaust zu entschädigen, eine »Verschiebung von deutschem Volksvermögen«. Eine merkwürdige Nähe zum Nazi-Jargon, die auch an anderer Stelle deutlich wurde. So sollte Merker unter Folter gestehen, dass er »von den Juden gekauft« worden sei, dass er vorgehabt habe, »die DDR an die Juden zu verschachern« und dass er selbst ein Jude sei, was tatsächlich nicht der Fall war. Der deutsche Vernehmungsoffizier nannte ihn schließlich einen »Judenknecht«, der sowjetische verhöhnte ihn, er wolle anscheinend zum »König der Juden« werden.[12] Darüber hinaus wurden ihm zionistische Tendenzen vorgeworfen, weil er das Recht der nach Deutschland zurückkehrenden Juden auf Anerkennung als nationale Minderheit und die Schaffung eines jüdischen Nationalstaates propagiert habe.[13]

Letztlich kristallisierte sich hier schon die gesamte Haltung der SED-Führung gegenüber dem Judentum heraus, wie sie im Grunde genommen bis zum Ende ihrer Herrschaft Bestand hatte: Erstens waren die Juden nur nachrangige Opfer des Nationalsozialismus, gleichsam *Kollateralschaden*. Deutlich zum Ausdruck kam dies darin, dass die Ost-*VVN* im November 1952 das letzte Mal eine Pogrom-Gedächtnisfeier in Berlin abhalten konnte, da sie bald darauf gezwungen wurde, sich selbst aufzulösen. Bezeichnenderweise trug die Nachfolgeorganisation den Namen *Komitee der Antifaschistischen Widerstandskämpfer (KdAW),* was nochmals die Ausgrenzung der Juden als Opfer der NS-Diktatur implizit unterstrich.[14] Sie rangierten letztlich am untersten Ende der Opfergruppen und erhielten daher auch eine geringere Rente als die politisch Verfolgten.[15]

Der Mord an den europäischen Juden war in den 50er Jahren in der DDR ein weitgehend tabuisiertes Thema. In den Schulbüchern wurde er so gut wie nicht behandelt, bei den Gedenkstättenüberlegungen spielte er nur eine marginale Rolle und es wurde sogar Bruno Baums Buch *Widerstand in Auschwitz* aus dem Jahre 1950 wieder aus den Bibliotheken entfernt, da es als nicht mehr zeitgemäß galt.[16]

Darüber hinaus lehnte die Staats- und Parteiführung der DDR die Anerkennung einer Schuld für den Holocaust ab und weigerte sich, Wiedergutmachungszahlungen zu leisten. Bis zuletzt brachten die DDR-Machthaber kein Schuldbekenntnis über die Lippen. Dies sollte der ersten und letzten frei gewählten Volkskammer der DDR vorbehalten bleiben.

---

12 Zit. n. Herf, Antisemitismus in der SED, S. 653; Koenen, Die DDR und die *Judenfrage,* S. 243.
13 Zit. n. Herf, Antisemitismus in der SED, S. 649.
14 Vgl. Jung, Jenseits der Erinnerungspolitik, S. 175, der darauf hinweist, dass das Komitee der antifaschistischen Widerstandskämpfer »de facto ausschließlich eine Interessenvertretung für Repräsentanten des kommunistischen Widerstands« war.
15 Vgl. Ebd., S. 173.
16 Vgl. Groehler, Der Umgang mit dem Holocaust, S. 184f.: »Als Ausnahme dieser restriktiven Publikationspolitik kann zumindest Arnold Zweigs Herausgabe von Ghetto-Tagebüchern im Jahr 1958 gelten. Man kann allerdings davon ausgehen, daß dies, wie auch das erste Erscheinen des *Tagebuchs der Anne Frank* im selben Jahr, mit dem 20. Jahrestag der ›Reichspogromnacht‹ in Verbindung gesehen werden muß. Solche offiziellen Anlässe wurden von der Parteiführung immer wieder genutzt, um – aus außenpolitischem Kalkül – die eigene Toleranz gegenüber der Jüdischen Gemeinde hervorzuheben.«

Zweitens hatte das Verfahren gegen Merker schon auf die künftige Bekämpfung des jüdischen Nationalismus, also des Zionismus, und somit auch des 1948 gegründeten Staates Israel hingedeutet. Dies führte zur Herausbildung eines von antisemitischen Untertönen getragenen Antizionismus, der schließlich in der am 10. November 1975, einen Tag nach dem Gedenktag an den Novemberpogrom erfolgten UN-Resolution 3379, gipfelte wonach »der Zionismus eine Form des Rassismus und der rassischen Diskriminierung« sei. Die DDR trug diese Resolution mit. Bereits zwei Jahre zuvor hatte sie den Überfall Ägyptens auf Israel zu einer »imperialistischen Aggression Israels« verfälscht.[17]

Die *Kristallnacht* als geschichtspolitische Waffe gegen den Klassenfeind im Westen

Wenn dem 9. November 1938 in der DDR damals offiziell gedacht wurde, dann wurde dieses Gedenken vor allem dazu instrumentalisiert, den Westen (insbesondere die Bundesrepublik, die USA, Israel, aber auch die NATO) als faschistisch zu delegitimieren und hieraus die moralische Rechtfertigung für den sozialistischen Staat im Osten Deutschlands zu gewinnen, nach dem Motto: Während wir mit dem Faschismus restlos aufgeräumt haben, sind im Westen noch immer die *faschistischen Brandstifter* an den Schalthebeln der Macht. So hatte die *Berliner Zeitung* den Jahrestag des Novemberpogroms 1953 zum Anlass genommen, einen haarsträubenden Vergleich mit dem kurz zuvor ausgebrochenen Aufstand vom 17. Juni zu ziehen: »[D]ie Kraft unserer jungen demokratischen Staatsmacht ist bereits so groß, daß sich – wie es der 17. Juni besonders eindringlich zeigte – hier eine ›Kristallnacht‹ niemals wiederholen kann.« Ein Jahr später sollte man schließlich anlässlich des 9. Novembers ein »Judenpogrom nach faschistischer Manier« in der Bundesrepublik melden und dies als »ähnlich wie 1938 in der Kristallnacht« einstufen. Eine andere Stoßrichtung, die aber das gleiche geschichtspolitische Ziel hatte, richtete sich gegen Israel, das beispielsweise ausgerechnet am 9. November 1956 vom *Jungen Deutschland* als »Werkzeug der Imperialisten« gebrandmarkt wurde, dem die Bundesrepublik keine Wiedergutmachungszahlungen leisten dürfe, da diese vom jüdischen Staat in seinem Kampf gegen die Unabhängigkeitsbestrebungen der Völker des Nahen Ostens verwendet würden.[18]

Höhepunkt dieser Instrumentalisierung war eine Gedenkkundgebung im Ostberliner Friedrichstadtpalast am 9. November 1956, die das KdAW der DDR und die jüdische Gemeinde veranstalteten. Wenn sich dabei auch die Gemeinde beziehungsweise der Rabbiner Martin Riesenburger vor den Karren spannen ließen, dann hatte dies sicherlich nicht zuletzt mit realpolitischen Erwägungen zu tun. In einer theatergerecht inszenierten Veranstaltung, gleichsam in Form von Dialogen, stellte schließlich ein Mitglied der Ost-CDU und Vertreter der *Interna-*

---

17 Vgl. auch die grundsätzliche Bewertung Timms bezüglich der SED-Politik gegenüber Israel: »Sensibilität für das historisch belastete deutsch-jüdische bzw. deutsch-israelische Verhältnis spielte für das außenpolitische Agieren faktisch keine Rolle. Politische Weltsicht die Einschätzung israelischer Macht- und Regierungspolitik etwa schob sich vor die Verantwortung aus deutscher Geschichte. Ideologie und Pragmatismus verdrängten historische Schuld und politische Moral.«, Timm, Ein ambivalentes Verhältnis, S. 24.
18 Zit. n. Schmid, Antifaschismus, S. 39–42.

tionalen Föderation der Widerstandskämpfer (FIR) fest, dass in Westdeutschland noch immer tausende ehemaliger NS-Täter in führenden Positionen des Staatsapparates säßen und fügte hinzu: »Sie bereiten eine Kristallnacht vor, viel größer als 1938, bei der nicht nur Juden, sondern Anhänger des Fortschritts, der Demokratie und des Friedens verschleppt, gefoltert und erschlagen würden.«[19]

Nun war der Vorwurf, dass gewisse politische Entscheidungsträger in der Bundesrepublik während der NS-Diktatur große Schuld auf sich geladen hatten, keineswegs aus der Luft gegriffen. Allerdings übertrieb man hier, indem man letztlich versuchte, die Bundesrepublik in eine Kontinuität mit dem *Dritten Reich* zu stellen und somit grundsätzlich zu delegitimieren. Dass aber auch in der DDR durchaus NS-belastete Personen Karriere machen konnten, blieb freilich ausgeblendet. Das Gedenken an die *Kristallnacht* beziehungsweise an den faschistischen Pogrom vom November 1938 diente der Staats- und Parteiführung als vordergründige Selbstvergewisserung (und Selbsttäuschung). Im Zentrum stand die Verurteilung des anderen deutschen Staates, in dem eine *Reichskristallnacht* immer noch möglich sei. Dem antifaschistischen Imperativ »Nie wieder!« fügte man implizit hinzu: »Aber nur bei uns!« Und während in der Bundesrepublik angeblich eine Politik am Werk war, die in Kontinuität mit dem Novemberpogrom stand, ließen sich in offiziellen Stellungnahmen von DDR-Repräsentanten keine Hinweise finden, dass auch in diesem Teil Deutschlands Menschen lebten, die für die Ereignisse vom 9./10. November 1938 und den Holocaust verantwortlich waren – eine Haltung, die bis zur Wende Gültigkeit behalten sollte.

Paradigmatisch für die geschichtspolitische Instrumentalisierung war der Umstand, dass zum 25. Jahrestag des Novemberpogroms 1963 das *Staatssekretariat für Kirchenfragen (StSfK)* – das bei der Formulierung der Art und Weise, wie dieser Gedenktag zu begehen war, eine führende Rolle spielte – die Losung ausgab, die Gedenkakte mögen »zu einem wirksamen Schlag gegen die geschworenen Menschenfeinde und faschistischen Verbrecher in Westdeutschland werden«[20].

Der große liberale Rabbiner Leo Baeck äußerte 1921 in seinem Werk *Das Wesen des Judentums*: »Nicht nur um uns handelt es sich, wo es sich um uns handelt.«[21] In Bezug auf das offizielle DDR-Gedenken an den 9. November 1938 müsste man dieses Diktum anpassen: »Um uns handelt es sich am aller wenigsten, wo es sich um uns handelt.«

Erst nachdem im Mai 1962 Hermann Baden, Vorsitzender des *Dachverbands der jüdischen Gemeinden* in der DDR, gestorben und mit dem SED-Mitglied Helmut Aris ein weitgehend regimekonformer Vorsitzender an der Spitze der jüdischen Gemeinden installiert worden war, wurde ein gleichgeschaltetes, instrumentalisiertes Gedenken an den Novemberpogrom möglich: Der Verbandsvorstand und die einzelnen jüdischen Gemeindevorstände bliesen nun in das gleiche Horn wie die Vertreter von Staat und Partei und warnten vor einer erneuten *Kristallnacht* in der Bundesrepublik.[22]

---

19 Zit. n. Ebd., S. 44.
20 Zit. n. Ebd., S. 58; Vgl. Wolffsohn, Die Deutschland-Akte, S. 336f.
21 Baeck, Das Wesen des Judentums, S. 311.
22 Vgl. Schmid, Antifaschismus, S. 58f.

Der 40. Jahrestag und der Wandel der Gedenkkultur: Offizielles vs. inoffizielles Gedenken bzw. instrumentalisiertes Gedenken vs. dissidentes Gedenken

Hatte das Gedenken an die *Kristallnacht* im öffentlichen Leben der DDR in den ersten drei Dekaden eine äußerst geringe Rolle gespielt, so wurde laut Hans Seigewasser (wie er rückblickend formulierte) die Erinnerung an die *Kristallnacht* in der DDR am 40. Jahrestag »zu einem öffentlichen Ereignis«. Seigewasser musste es wissen, war er doch seit 1960 Staatssekretär für Kirchenfragen und dementsprechend mit den jüdischen Gemeinden der DDR und auch mit der Planung des Pogromgedenkens befasst und vertraut.[23]

Schon die Vorbereitungsphase zeigt, dass es hier um ein von der Partei beschlossenes, gesteuertes und durchgeplantes Gedenken ging, das noch immer nicht auf ritualisierte Ansprachen, Grußbotschaften und leere Worthülsen verzichten wollte. Auch das *Neue Deutschland* nahm den 40. Jahrestag wieder zum Anlass, zwei Wochen lang nahezu jeden Tag den westdeutschen Antisemitismus, die NS-Vergangenheit oder auch die Verjährungsfrage aufs Korn zu nehmen. Insgesamt war der 40. Jahrestag eine einzige, sorgfältig bis ins Detail inszenierte Veranstaltung. Dies ging sogar so weit, dass das Antwortschreiben auf Honeckers Grußschreiben an den Verband der jüdischen Gemeinden in der DDR schon im Vorfeld als Entwurf im StSfK ausgearbeitet wurde.

Während bislang das Gedenken an die Reichspogromnacht in der offiziellen Gedenkkultur der DDR nur sekundären Charakter hatte und vom Gedenken an die Revolution von 1918 überlagert wurde, trat der Novemberpogrom nun zumindest ein Stück weit aus dem Schatten des Konkurrenzereignisses heraus, freilich nicht im Sinne einer gänzlichen medialen und öffentlichkeitswirksamen Gleichbehandlung.

Neben der Staats- und Parteiführung widmete auch die Kirche dem Gedenken an den 9. November 1938 größere Aufmerksamkeit. Die zunehmende Ausdifferenzierung oppositioneller Haltung an der Kirchenbasis führte zu einem sprunghaften Anstieg von Gedenkakten. Von immerhin 45 nachweisbaren Gedenkveranstaltungen in 20 Städten waren nicht weniger als 30 explizite Kirchenveranstaltungen. Damit trat die Evangelische Kirche, die bislang kaum als Akteur von Gedenkveranstaltungen anlässlich der Reichspogromnacht in Erscheinung getreten war, deutlich auf und zwar als ernstzunehmende Konkurrenz zu den staatlich verordneten und inszenierten Gedenkveranstaltungen.[24]

Während die Evangelische Kirche seit Mitte der 70er Jahre zaghaft aber zunehmend auf Distanz zur parteikonformen Gedenkkultur an den Novemberpogrom ging und in diesem Zuge auch explizit auf die Passivität der Christen bei

---

23 In diesem Staatssekretariat hatte auch schon im Juni 1978 eine Besprechung stattgefunden, in der festgelegt worden war, »daß dieser Jahrestag politisch so groß und verantwortlich wie möglich vorbereitet werden muß.« (zit. n. Ebd., S. 85) Schon im darauf folgenden Monat befahl das Sekretariat des ZK der SED, umfangreiche Gedenkfeiern vorzubereiten wie auch Artikel anlässlich des 40. Jahrestages des Novemberpogroms zu veröffentlichen, wobei in den Publikationen darauf hinzuweisen wäre, »wie in der DDR Faschismus und Rassismus mit der Wurzel ausgerottet wurden und das Vermächtnis auch der rassisch verfolgten Millionen Opfer Erfüllung fand«, zit. n. Wolffsohn, Die Deutschland-Akte, S. 315.
24 Vgl. Schmid, Antifaschismus, S. 83.

den Judenverfolgungen hinwies, blieb in den offiziellen Gedenkveranstaltungen und -verlautbarungen der Hinweis, dass die Täter Deutsche waren, im Regelfall ausgeblendet. In der DDR lebten nur Antifaschisten und antifaschistische Widerstandskämpfer, die dementsprechend auch keine Schuld auf sich geladen haben konnten – eine Haltung, die freilich alles andere als der historischen Wahrheit entsprach. So kritisierte Günter Jacob, ein pensionierter evangelischer Generalsuperintendent der DDR, nur wenige Tage nach dem 40. Jahrestag in der westdeutschen Wochenzeitung *Die Zeit* zu Recht Defizite der Vergangenheitsbewältigung in beiden deutschen Staaten, um sodann Folgendes hinzuzufügen: »So haben die Väter auch im östlichen Bereich im echten, oft genug auch nur flüchtig arrangierten Bekenntnis zum Antifaschismus die ureigene Besinnung in der Frage nach der eigenen Anfälligkeit und Mitverantwortung und Mitschuld verdrängen können.«[25]

Dass sich Jacob damit dem Vorwurf der Hetze gegen die DDR aussetzte, braucht nicht eigens betont zu werden. Auch der bekannte DDR-Bürgerrechtler Konrad Weiß formulierte es rückblickend einmal so: »Typisch bei uns war, wenn vom Nationalsozialismus gesprochen wurde, wurde nicht von Deutschen gesprochen, sondern von Faschisten. Das waren also nicht wir gewesen, sondern irgendein Volk der Faschisten.«[26]

Der zur Staatsdoktrin erhobene Antifaschismus galt auch rückwirkend und sprach somit die gesamte DDR-Bevölkerung von jeder Verantwortung für den Novemberpogrom und den Holocaust frei. Oder wie es ein Historiker einmal formuliert hat: Die DDR »trug das Selbstbildnis einer staatlichen Jungfrauengeburt vor sich her«[27], hatte demnach keinen historischen Bezug zum *Dritten Reich* und somit auch keine Verantwortung für dessen Verbrechen. Unter solchen Voraussetzungen blieb jede offizielle Gedenkveranstaltung an den 9. November 1938 eine Farce, auf die man auch hätte verzichten können.

Im Gegensatz dazu bekannten sich die evangelischen Kirchen im Umfeld des 40. Jahrestags nicht nur zur Schuld und Mitverantwortung der Christen beziehungsweise der Deutschen für den Holocaust; Sie sparten auch nicht mit impliziter Kritik an der SED-Propaganda gegen Israel, indem sie darauf hinwiesen, dass berechtigte Kritik an der Politik Israels nicht als Vorwand zu neuem Antisemitismus missbraucht werden dürfe.[28]

So wie Staat und Gesellschaft im letzten Jahrzehnt der DDR zunehmend auseinandertraten, bemächtigte sich auch ein Teil der Gesellschaft – allen voran die Kirchen – dem Gedenken an den Novemberpogrom auf ihre Weise, die der rituali-

---

25 *Die Zeit* vom 17.11.1978, zit. n. Ebd., S. 97.
26 Weiß, »Eine Fahrt nach Auschwitz«, S. 7; Vgl. auch folgende Äußerung von Weiß: »Wir erkannten, daß die Marxisten sich weder der eigenen schuldhaften Vergangenheit noch der schuldhaften Vergangenheit der Deutschen stellten. Sie hatten vielmehr versucht, sich auf die Seite der Sieger zu schlagen, als ›Sieger der Geschichte‹, wie es pathetisch hieß. Fortan waren es nach Lesart der SED nicht mehr die Deutschen, die die Juden vernichtet und Europa mit Krieg überzogen hatten, sondern ›die Faschisten‹. Nicht Menschen waren für die Untaten verantwortlich, sondern eine gesichts- und geschichtslose anonyme Macht.«, Weiß, Die Gegenwart der Vergangenheit, S. 21.
27 Goschler, Paternalismus und Verweigerung, S. 93.
28 Vgl. Schmid, Antifaschismus, S. 98.

sierten und instrumentalisierten und damit zur Farce erstarrten Gedenkpraxis der SED-Führung gegenüberstand. Die Etablierung einer konkurrierenden Gedenkkultur war somit auch ein Indikator für den wachsenden Verlust an Deutungsmacht der Staats- und Parteiführung.

Zum 45. Jahrestag

Das zunehmende Interesse der DDR-Machthaber am 9. November 1938 wurde auch im Vorfeld des 45. Jahrestags bestätigt, als das *StSfK*, nunmehr von Klaus Gysi geleitet, eine zentrale und aufwendige Gedenkveranstaltung plante, an der auch Gäste aus dem Ausland teilnehmen sollten.

Der ansonsten so angepasste und regimekonforme Vorsitzende des Verbands der jüdischen Gemeinden in der DDR, Helmut Aris, lehnte dieses Ansinnen mit dem Hinweis ab, dass eine zentrale, internationale Gedenkveranstaltung die ohnehin schon vorhandene »antijüdische bzw. antisemitische Stimmung in der DDR«[29], die sich in letzter Zeit durch verstärkt aufgetretene Fälle von Schändungen jüdischer Friedhöfe gezeigt habe, noch verstärken würde. Darüber hinaus würden angesichts der einseitigen Berichterstattung der DDR-Medien über Israel internationale Gäste aus nichtsozialistischen Ländern die Einladung ohnehin nicht annehmen.[30] Damit reagierte Aris auf die verschärften antiisraelischen Tendenzen in der DDR-Berichterstattung, die seit dem Angriff der israelischen Armee auf den Libanon im Juni 1982 stark zugenommen und auch zu einer Zunahme antisemitischer Übergriffe in der DDR geführt hatten. Das Problem antisemitischer und rassistischer Umtriebe auf dem Territorium der ehemaligen DDR ist also nicht, wie oft suggeriert wird, ein Problem, das erst mit der Wiedervereinigung, gleichsam als *Westexport,* entstand.

Letztlich stellte Aris mit der Begründung für seine ablehnende Haltung vor allem auch die bislang gängige offizielle Rhetorik des DDR-Gedenkens an die *Kristallnacht* infrage: Obwohl in der DDR als vermeintlich »einzig wahre Heimat der Juden« der Faschismus angeblich restlos ausgerottet worden war, sah sie sich mit dem Problem des Judenhasses konfrontiert – wobei nur noch einige wenige hundert Jüdinnen und Juden in der DDR lebten.

Zum 50. Jahrestag 1988 oder die Verzweiflungstat eines Überzeugungstäters

Die sich schon beim 45. Jahrestag andeutende Änderung der Haltung von Staats- und Parteiführung im Umgang mit dem Judentum wurde immer deutlicher. Warum? Nicht zu Unrecht sollte ein Journalist in der ostdeutschen *Berliner Zeitung* im Februar 1989 die rhetorische Frage stellen: »Hat die DDR erst jetzt die Juden entdeckt?«[31] Man möchte antworten: Dies nicht, aber ihr zu instrumentalisierendes Potential in Zeiten einer den ganzen Staat bedrohenden Krise.

Man erinnerte sich just in dem Moment an die Juden und an das Judentum, als die DDR vor dem Staatsbankrott stand, sie also Finanzhilfen, in welcher Form auch immer, benötigte und ihr Prestige international aufwerten wollte beziehungsweise

---

29 Zit. n. Ebd., S. 105.
30 Vgl. Timm, Der 9. November 1938, S. 259.
31 Rätzke, »Hat die DDR erst jetzt die Juden entdeckt?«, in: *Berliner Zeitung,* Nr. 42 vom 18./19. 2. 1989, S. 9.

musste: Plötzlich wurden öffentlichkeitswirksam die jüdischen Friedhöfe durch *Freiwillige* in Stand gesetzt und die Grundeigentumsrechte an drei jüdischen Friedhöfen der jüdischen Gemeinde rückerstattet. Nun wurde der ehemalige Dresdener Gestapo-Beamte Henry Schmidt in einem vorab inszenierten Gerichtsverfahren medienwirksam angeklagt und verurteilt.[32] Auf einmal ließ man mit dem US-Amerikaner Isaac Neumann wieder einen Rabbiner in die DDR, nachdem seit dem Tod Riesenburgers 1965, abgesehen von sporadischen Gastspielen, die jüdischen Gemeinden in der DDR ohne Rabbiner hatten auskommen müssen. Plötzlich erinnerte man sich daran, man könne ja die Synagoge in der Oranienburger Straße wieder aufbauen, deren Reste 1958 gesprengt worden waren. Und ebenso begann man damit, zum 50. Jahrestag des Novemberpogroms eine internationale Gedenkveranstaltung vorzubereiten, an der auch hochrangige Juden aus dem westlichen Ausland teilnehmen sollten.

Dies alles zielte darauf ab, das Image der DDR international aufzupolieren und insbesondere über Kontakte mit der so genannten jüdischen Lobby in den USA eine Meistbegünstigungsklausel der USA für die DDR herauszuschlagen.[33] Der Staatsbankrott wurde letztlich zum Einen durch die von Franz-Josef Strauß vermittelten Milliardenkredite, zum Anderen durch den Weiterverkauf des von der Sowjetunion gelieferten Erdöls zu Weltmarktpreisen zunächst verhindert und ein Stück weit hinausgezögert.

An dieser Stelle soll nicht näher auf die inszenierten Feierlichkeiten zum 50. Jahrestag der *Kristallnacht* eingegangen werden. Paradigmatisch sei hier aber Folgendes erwähnt: An den Feierlichkeiten nahm unter Anderen auch Ronald S. Lauder teil, der einer der beiden millionenschweren Erben des gleichnamigen Kosmetikkonzerns war. Betreut wurde er von der bereits eingangs erwähnten Jüdin Irene Runge, die ihn dafür gewinnen wollte, Geld für die Neue Synagoge Berlin (also den Wiederaufbau der Synagoge in der Oranienburger Straße) zu spenden und hierfür eine Geldsammelaktion in den gesamten USA durchzuführen. Dem Mitglied des Politbüros des *ZK* der SED und informellen Außenminister der DDR, Hermann Axen, teilte Runge unter anderem mit: »Der Vorteil für uns wäre Geld und Schlagzeilen.«[34] Und genau dies war in erster Linie der tiefere Grund für die Gedenkveranstaltung anlässlich des 50. Jahrestags des Novemberpogroms.

Fazit

Das Gedenken an die *Kristallnacht* hatte in der DDR bis zum Ende einen stark ritualisierten und inszenierten Charakter, der in erster Linie dazu diente, die Legitimation des eigenen Staates als antifaschistisch zu fördern. In diesem Sinne wurde das Gedenken oft zum Anlass genommen, auf den westdeutschen Staat und

---

32 Laut Beate Meyer war die Anklage gegen Henry Schmidt der »letzte[n] Versuch der DDR, ein ›perfektes‹ Verfahren mit einem ›perfekten‹ Angeklagten medienwirksam und medienpädagogisch so aufzubauen und auszuschlachten, daß es innenpolitisch das Bild der DDR als eines konsequent antifaschistischen Staates bestätigte, den gravierenden Unterschied zur justiziellen Praxis in der Bundesrepublik betonte und international die Reputation der DDR zu heben geeignet war.«, Meyer, Der »Eichmann von Dresden«, S. 276.
33 Vgl. Timm, Ein ambivalentes Verhältnis, S. 17; Wolffsohn, Die Deutschland-Akte, S. 275.
34 Zit. n. Wolffsohn, Die Deutschland-Akte, S. 93.

seine angebliche faschistische Kontinuität zu verweisen, gleichsam als negatives Gegenbild zur DDR. Ebenso wurde nicht selten Israel, der Staat, der vielen Überlebenden des Novemberpogroms und des Holocaust ein Zufluchtsort war, als faschistisch beziehungsweise imperialistisch gebrandmarkt.

Eine solche Gedenkpraxis hatte mit der Auseinandersetzung der eigenen Vergangenheit nichts zu tun. Dies war ja auch nicht mehr notwendig, da in der DDR der Antifaschismus als mit der Wurzel ausgerottet galt. Gerade aber eine solche instrumentalisierte und geschichtspolitisch missbrauchte Gedenkpraxis hatte fatale Folgen, ersparte sie doch der Bevölkerung eine Auseinandersetzung mit der eigenen Vergangenheit – ein Umstand, der antisemitischen und rassistischen Tendenzen in Teilen der Bevölkerung Vorschub leisten musste.

Die Gegenwart der Vergangenheit
Dass der Umgang der DDR mit *Kristallnacht,* Holocaust, Judentum und Israel bis heute eine Rolle spielt, zeigen die Streitigkeiten anlässlich einer gemeinsamen Resolution aller im Bundestag vertretenen Parteien zum 70. Jahrestag der Reichspogromnacht 2008. Dabei war der Kern dieser Resolution – die Aufforderung an die Bundesregierung, den Kampf gegen Antisemitismus durch Finanzierung diesbezüglicher Programme zu verstärken – keineswegs umstritten. Zum Streit kam es vielmehr, da die CDU/CSU-Fraktion einen zunächst von allen Fraktionen getragenen Entwurf nicht mittragen wollte und auf folgenden Zusatz bestand: »In dem Zusammenhang muss daran erinnert werden, dass Israel von der DDR nie anerkannt worden ist, jüdische Unternehmer in der DDR enteignet wurden und aus der DDR fliehen mussten.«

Und der frühere Obmann der Union im Auswärtigen Ausschuss, Karl-Theodor zu Guttenberg (CSU), verwies in der Auseinandersetzung um den Text darauf, dass die DDR anders als die Bundesrepublik in den 1960er Jahren keine Verantwortung für den Holocaust übernommen und Entschädigungsleistungen für die Opfer abgelehnt habe. Letztlich konnte man sich zwar auf einen gemeinsamen Entwurf einigen; dieser musste allerdings zwei Mal zur Abstimmung vorgelegt werden, da sich die Union weigerte, die Resolution gemeinsam mit Der Linken einzubringen und zu verabschieden. Dem von der Linken eingebrachten wortgleichen Resolutionsentwurf, in dem die Solidarität mit Israel als »unaufgebbarer Teil der deutschen Staatsräson« hervorgehoben wurde, verweigerten elf Abgeordnete der eigenen Fraktion die Zustimmung. In den Augen des Chefredakteurs der *Jüdischen Allgemeinen,* Christian Böhme, war dies nichts anderes als »antisemitisch grundierter Antizionismus«.

Ist dies der lange Schatten des Umgangs von SED- und DDR-Führung mit Judentum und Israel?

Literatur

Baeck, Leo, Das Wesen des Judentums, Wiesbaden 1988.

Goschler, Constantin, Paternalismus und Verweigerung. Die DDR und die Wiedergutmachung für jüdische Verfolgte des Nationalsozialismus, in: *Jahrbuch für Antisemitismusforschung 2* (1993).

Groehler, Olaf, Der Umgang mit dem Holocaust in der DDR, in: Rolf Steininger (Hg.), Der Umgang mit dem Holocaust. Europa USA Israel, Wien/Köln/Weimar 1994.

Herf, Jeffrey, Antisemitismus in der SED. Geheime Dokumente zum Fall Paul Merker aus SED- und MfS-Archiven, in: *Vierteljahrshefte für Zeitgeschichte 42* (1994).

Jung, Thomas, Jenseits der Erinnerungspolitik oder Der schwierige Umgang mit dem Holocaust in der DDR, in: Klaus L Berghahn/Jürgen Fohrmann/Helmut J.Schneider (Hg.), Kulturelle Repräsentationen des Holocaust in Deutschland und den Vereinigten Staaten, New York/Bern/Berlin/Bruxelles/Frankfurt a. M. 2002.

Kaplan, Karel, Der politische Prozeß gegen R. Slánský und Genossen, in: Leonid Luks (Hg.), Der Spätstalinismus und die *jüdische Frage, Schriften des Zentralinstituts für Mittel- und Osteuropastudien,* Band 3, Köln 1998, S. 169187.

Koenen, Gerd, Die DDR und die *Judenfrage:* Paul Merker und der nicht stattgefundene »deutsche Slánský-Prozess« 1953, in: Leonid Luks (Hg.), Der Spätstalinismus und die *jüdische Frage, Schriften des Zentralinstituts für Mittel- und Osteuropastudien,* Band 3, Köln 1998.

Kostyrčenko, Gennadij, Der Fall der Ärzte, in: Leonid Luks (Hg.), Der Spätstalinismus und die *jüdische Frage, Schriften des Zentralinstituts für Mittel- und Osteuropastudien,* Band 3, Köln 1998, S. 89116.

Leo, Annette/Peter Reif-Spirek, (Hg.), Helden, Täter und Verräter. Studien zum DDR-Antifaschismus, Berlin 1999.

Meyer, Beate, Der »Eichmann von Dresden«: Justizielle Bewältigung von NS-Verbrechen in der DDR am Beispiel des Verfahrens gegen Henry Schmidt, in: Jürgen Matthäus/Klaus-Michael Mallman (Hg.), Deutsche, Juden, Völkermord. Der Holocaust als Geschichte und Gegenwart, Darmstadt 2006.

Pätzold, Kurt/Irene Runge, Pogromnacht 1938, Berlin (Ost) 1988.

Schmid, Harald, Antifaschismus und Judenverfolgung. Die *Reichskristallnacht* als politischer Gedenktag in der DDR, Göttingen 2004.

Steinbach, Peter, Der 9. November in der Erinnerung der Bundesrepublik, in: *Deutschland Archiv 41* (2008).

Timm, Angelika, Ein ambivalentes Verhältnis. Juden in der DDR und der Staat Israel, in: Moshe Zuckermann, (Hg.), Zwischen Politik und Kultur – Juden in der DDR, Göttingen 2002.

Weiß, Konrad, »Eine Fahrt nach Auschwitz« (Gespräch), in: *Horch und Guck. Zeitschrift zur kritischen Aufarbeitung der SED-Diktatur,* Heft 44 (2003).

Ders., Die Gegenwart der Vergangenheit, in: Heiner Timmermann (Hg.), Agenda DDR-Forschung. Ergebnisse, Probleme, Kontroversen, Dokumente und Schriften der Europäischen Akademie Otzenhausen, Münster 2005.

Wolffsohn, Michael, Die Deutschland-Akte. Juden und Deutsche in Ost und West. Tatsachen und Legenden, München 1995.

Peter Reichel
Der 9. November – ein deutscher Jahrestag?

Wer über den 9. November spricht und fragt, ob man dieses beziehungsgewichtige, in seiner Bedeutungskomplexität auch irritierende Datum als *deutschen Jahrestag* sehen und politisch nutzen kann, könnte mit Uwe Johnsons *Jahrestagen*[1] beginnen. Ein vielleicht überraschender Ausgangspunkt, ein anregender allemal. Bekanntlich ist das Buch nicht nur Jahrzehnte vor dem Höhepunkt der Auseinandersetzung mit Jahrestagen und anderen Gedächtnisorten erschienen. Johnsons Buch nimmt auch sehr direkt Bezug auf die deutsche Schuld als Erblast des nationalsozialistischen Unrechtsstaates. In und mit seiner Protagonistin Gesine Cresspahl bringt er Gegenwart und Zukunft der deutschen Schuldgeschichte zur Sprache. Er tut dies durch einen Kunstgriff, indem er den frühen Tod von Gesines Mutter Lisbeth mit dem Schlüsselereignis der deutschen Schuldgeschichte verknüpft. Lisbeth Cresspahl starb in der Nacht vom 9. zum 10. November 1938 unter nicht geklärten Umständen. Nachdem sie zuvor Zeugin des Pogroms in einer mecklenburgischen Kleinstadt geworden war und den dafür verantwortlichen Nazi-Funktionär geohrfeigt hatte. Der Tod der Mutter Gesine Cresspahls und die Pogromnacht fallen also bei Johnson zeitlich zusammen. Dadurch ist das private Totengedenken mit dem nationalen Totengedenkkalender verknüpft. Und nun wird es interessant:

Obgleich das ganze Buch kalendarisch *strukturiert* und das Erinnern Gesines kalendarisch *motiviert* ist, hält die Tochter ihre Totenrede auf die Mutter nicht etwa, wie man wohl erwarten würde, am 10. November, sondern zwei Tage später: »Es kommt auf den Tag nicht an. Immer willst du gedacht werden. Es ist genug ohne dich. Du bist es, die gegangen ist […]. Alle Leute, in ganz Jerichow, ganz Mecklenburg, ganz Deutschland bestanden nicht vor deinem Hochmut. Für die warst du dir zu gut. […] Du hast mich gekränkt. Ein Kind. Wir verzeihen dir gar nicht.«

Auch der Jahrestag ist nicht mehr, was er einmal war
Wie denn? Es kommt auf den Jahrestag nicht an? Aber es ist doch gerade der Kalendereintrag, der traditionell den wiederkehrenden Erinnerungsanlass begründet und den Erinnerungsappell legitimiert. Johnson sieht es anders. Jedenfalls ist das individuelle Erinnern durch einen politisch-moralischen Appell so wenig zu gewährleisten wie durch eine gesellschaftliche Institutionalisierung in einer Feier, die wir Begehung nennen. Er bewertet das aber nicht. Ihn interessiert nicht die Moral, sondern viel mehr, was bei der Vergegenwärtigung von Vergangenheit nicht mehr funktioniert und warum. Er führt das an seiner Protagonistin vor. Johnson individualisiert das Erinnern und reduziert die kulturelle Mnemotechnik des gesellschaftlich organisierten Gedenkens auf einen psychischen Vorgang.

---
1 Johnson, Jahrestage.

Den Horizont der öffentlichen Gedenkfeier erreicht das durch den Todestag der Mutter in seiner ganzen Zwiespältigkeit in Anspruch genommene Erinnern Gesines nicht. Kann es nicht. Sie hat zu sehr mit sich und ihrer toten Mutter zu tun, ist hin- und hergerissen zwischen Traurigkeit und Zorn, zwischen Vergessenwollen und nicht Verzeihenkönnen. Die zivilcouragierte Tat der Mutter in der Pogromnacht entsprang nämlich nicht ihrer Solidarität mit den bedrängten Juden, sondern einer – psychologisch gesprochen – *ekklesiogenen Neurose*, einer »christlichen Vergiftung«, wie Johnson schreibt. Die kirchenfeindliche Realität des *Dritten Reiches* trieb die Mutter in ihrem religiösen Rigorismus in mehrere Suizidversuche. Noch schwerer belastet Gesine die Erinnerung, dass die Mutter ihr nicht half, als sie als kleines Mädchen in einer Regentonne zu ertrinken drohte.

Das Fazit von Gesines Totenrede, die sie jedes Jahr hält, kann deshalb nur lauten: Man erinnert nur, was man erinnern will und – aus einem inneren, schmerzvollen Antrieb heraus – erinnern muss. Mit einer Definition aus Nietzsches *Genealogie der Moral:* »Nur was nicht aufhört, weh zu thun, bleibt im Gedächtniss.«[2] Und was bleibend wehtut, ist eben kaum ein erfahrungsfernes, überpersönliches Ereignis, nicht einmal eines aus der Geschichte der politischen Verbrechen des *Dritten Reiches,* es sind nur solche Verhältnisse, die auf selbstzurechenbarer Schuld und persönlichen Schulden beruhen. Demnach, das scheint Johnson hier zeigen zu wollen, wäre das kalendarische Erinnern für die kollektive Bewusstseins- und Identitätsbildung, deren Subjekte ja Individuen sind, untauglich geworden.

Gilt das aber auch, in umgekehrter Richtung gefragt, für die Repräsentativfunktion der Jahrestage, also in ihrer Bedeutung für die politische Kultur einer Gesellschaft? Viel spricht dafür, dass sie seit dem »Ende der Gedächtnisideologien«[3] nicht mehr verbindliches Identitätswissen artikulieren und aktualisieren, sondern nur noch Problem- und Sachwissen anbieten. Jahrestage, die einmal die Aufgabe hatten und vielleicht auch erfüllten, symbolisch Zeitkontinuität herzustellen und traditionsgebundene politisch-kulturelle Milieus in der regelmäßigen Wiederkehr festlichen Gedenkens zu festigen, sind mit der Erfahrung von sozialem Wandel, von Zeitbeschleunigung, von Systembrüchen innerhalb einer Generation und dem Verlust eines verlässlichen Sinnkontinuums zwar nicht bedeutungslos geworden, wohl aber disponibel, dem Druck fortschreitender Ausdifferenzierung, medialer Inszenierung und ökonomischer wie politischer Instrumentalisierung ausgesetzt. Ein Beispiel:

Die USA haben in den 1980er Jahren eine bemerkenswerte symbolpolitische Entscheidung getroffen: Als nicht mehr zu übersehen war, dass sich die Jahrestage aus der Frühzeit der Republikgeschichte von ihren Inhalten gelöst hatten, hat man sie nicht umstandslos abgeschafft – dazu erschienen sie immer noch zu wichtig. Nein, man hat die Jahrestage nur von ihren ursprünglichen Kalenderorten abgekoppelt. Die für die selbstbewusste *First New Nation* hochbedeutsamen Geburtstage von George Washington am 22. Februar und von Abraham Lincoln am 12. Februar wurden als *Presidents' Days* oder als *Washington-Lincoln-*

---

2 Nietzsche, Genealogie der Moral.
3 Nora, Zwischen Geschichte und Gedächtnis.

Day gemeinsam auf den dritten Montag im Februar gelegt. Die als unverzichtbar angesehene Traditionspflege wurde so in die Attraktion von etwas mehr Freizeit und Erholung durch ein verlängertes Wochenende verpackt!

So nutzt man in den USA symbolische Politik für das Wohlbefinden der arbeitenden Bevölkerung und zugleich für den Stolz auf den Ursprung der Nation. Aber nicht alle Jahrestage der kulturgeschichtlich geprägten Kalenderstrukturen lassen sich aus pragmatischen oder ökonomischen Gründen umsetzen. Es gibt Ausnahmen. Zumeist sind es die überragenden Initialereignisse, die im nationalen Gedächtnis unveränderte emotionale Bindungskraft behalten haben. Um beim amerikanischen Beispiel zu bleiben: Es sind der *Independence Day,* der glorreiche 4. Juli, und der *Thanksgiving day* – das seit Mitte des 17. Jahrhunderts gefeierte, familiäre, rituelle Truthahnessen am vierten Donnerstag im November, das an die erfolgreiche Landnahme der ersten Siedlerfamilien erinnert, die nur durch die Hilfe der Indianer überlebten und mit ihnen gemeinsam das Erntedankfest feierten.

Solche glanzvollen Jahrestage und über einen langen Zeitraum unverrückbar die nationale Identität fundierende Symbole sucht man im Kalendergedächtnis unseres Landes bekanntlich vergeblich. Deutschland hat ja nicht nur seine Flaggen und Hymnen im Wechsel der Systeme verschlissen. Es hat eben auch seine nationalen Feier- und Gedenktage in der Konfrontation der politischen Lager gegeneinander ausgespielt und verbraucht. Der Verschleiß an Jahrestagen war enorm. Behauptet haben sich über alle Systembrüche hinweg nur die Großen der deutschen Nationalkultur wie Johann Sebastian Bach, Friedrich Schiller und Martin Luther. Aber auch ihre Jahrestage werden nur alle fünfzig oder hundert Jahre gefeiert, in den Intervallen der Jubiläumsjahre.

Die Kaisergeburtstage und die als Reichsgründung inszenierte Kaiserproklamation am 18. Januar 1871 in Versailles blieben »Feste des Reiches und der Reichen«, wie die Sozialdemokraten spotteten. Der *Sedantag,* das einzige reichsnationale Volksfest, blieb in seiner integrativen Wirkung begrenzt. Die Botschaft dieses Jahrestages, der an den Sieg über den Erbfeind Frankreich erinnern sollte, hieß, Deutschland stark zu machen gegen die äußeren und inneren Reichsfeinde. Die Arbeiter antworteten auf die Stigmatisierung als *vaterlandslose Gesellen* mit der kulturellen Gegenmacht eigener politischer Feste, den Feiern, die an den 18. März 1848 und an Lassalle erinnerten; ab 1890 kam der 1. Mai als Feier- und Demonstrationstag der internationalen Arbeiterbewegung hinzu.

Spätestens 1918 war es dann mit Glanz und Gloria zu Ende. Die Repräsentanten der Weimarer Republik, Sozialdemokraten, Linksliberale und Zentrumspolitiker, befanden sich von Anfang an macht- und symbolpolitisch in einer prekären Lage. Im Innern zerstritten und international ohne Ansehen fehlten der Republik moderne Staatsbauten, nationalrepräsentative Denkmäler und nicht zuletzt der »Glanz allgemeiner Feste« und konsensfähiger Jahrestage, wie Arnold Brecht in seinen Erinnerungen schreibt.

Die Monarchisten, die von der Republik zurück ins Reich wollten, hielten am 18. Januar fest. Die Kommunisten verlangten den 9. November, den Beginn der Revolution, als nationalen Feiertag, gerade weil sie nicht in ihrem Sinn, dem Vorbild der russischen Oktoberrevolution folgend, vollendet worden war – dieses

Datum wurde später geschichtspolitisch für die DDR-Gründung relevant. Seit 1923 reklamierten die Nationalsozialisten den 9. November ebenfalls für sich. Sie hatten gegen die Rote Republik geputscht und mit dieser deren Gründungsdatum auslöschen wollen, wobei allerdings kontingente Faktoren und geschichtspolitisches Kalkül zusammentrafen. Nach 1933 machten die Nationalsozialisten aus dem 9. November eine hochpathetische und heroische Veranstaltung – halb Siegesfest, halb Totengedenkfeier für die so genannten Gefallenen der Bewegung. So ist es nicht überraschend, dass die Weimarer Parteien SPD, DDP und Zentrum glücklos blieben, den 11. August, den Verfassungstag und die eigentliche Geburtsstunde der Republik, zum Nationalfeiertag zu machen.

Der totalitäre NS-Staat, der seiner Natur nach bei der Steuerung und Integration der Massengesellschaft auf die permanente Visualisierung seiner Macht und festliche Selbstdarstellung angewiesen war, versuchte die graue Novemberrepublik in der Farben- und Formenpracht des Führerkultes und den Selbstfeiern der *Volksgemeinschaft* vergessen zu machen. Der *1. Mai*, das *Erntedankfest* und die *Deutsche Weihnacht* boten dazu Gelegenheit und sollten den christlichen Feiertagskalender überformen.

Zwei der seit 1937 vier nationalen Feiertage galten der Totenehrung: Der 16. März als Heldengedenktag erinnerte Jahr für Jahr an die Wiedereinführung der allgemeinen Wehrpflicht und propagierte männlich-soldatische Opferbereitschaft; der 9. November tat dies in Verklärung der toten *Parteisoldaten,* der *Alten Kämpfer* des Jahres 1923. Der Nationalsozialismus nutzte die Ästhetisierung der Politik und die symbolpolitische Prägung der Jahrestage für seine verbrecherischen Ziele so virtuos und skrupellos, dass dieses Handlungsfeld für den emotionalen Zusammenhalt der politischen Kultur jedes Gemeinwesens unentbehrlich, nachhaltig kompromittiert war.

Der Bundesrepublik musste die Kunst, mit den Medien, der Kunst und feierlichen Theatralik Staat zu machen aber auch deshalb schwer fallen, weil diese in der Republik einer gewissen Selbstbeschränkung unterliegt. Höfische Prachtentfaltung und der sterile Personenkult autoritärer Systeme sind ihr fremd. Dem demokratischen Verfassungsstaat gemäß ist das *Pathos der Nüchternheit.* Der *Hurrapatriotismus* des kaiserlichen Kneipen- und Kasernenmilieus musste in den *Verfassungspatriotismus* unserer Tage verwandelt werden. Die Republik gründet auf der Rationalität des Rechtsstaates, auf abstrakten Werten und Verfahren. Sie appelliert an die Vernunft, an den kritischen Sachverstand des Staatsbürgers, muss überzeugen, nicht überreden wollen; sie setzt auf öffentliche, pluralistische Willensbildung, ist selbstreflexiv, und, zumal in Deutschland, immer auf ihre eigene Vorgeschichte verwiesen. Die Republik spekuliert nicht auf die Suggestion und Faszination der Massen durch die Inszenierung staatlicher Macht und nationaler Größe an den Nationalfeiertagen.

Aber auch die Republik ist auf die affektive Bindung ihrer Bürger an das Gemeinwesen angewiesen. Auch sie muss versuchen der Bevölkerung ein historisch-politisch zumindest plausibles, wenn nicht den Stolz stimulierendes Identifikationsangebot zu machen. Dem neuen, verfassungspatriotisch definierten Staatsverständnis des provisorischen Teilstaates Bundesrepublik Deutschland hätte als

Staatsgründungsfeiertag der 23. Mai entsprochen, als das Grundgesetz in Kraft trat, ein blasses, emotionsloses, untaugliches Datum. In der Gegenwart hat daran der wenig inspirierende 3. Oktober angeschlossen.

Als 1950 die *Vereinigung der Verfolgten des Naziregimes* (VVN) einen nationalen Gedenktag für die Opfer des Nationalsozialismus forderte, versuchte der zuständige Innenminister Gustav Heinemann diese Initiative für einen noch fehlenden Staatsfeiertag zu nutzen. Er schlug vor, den Opfergedenktag mit einem Verfassungsfeiertag zu verbinden, der zugleich demonstrativ für die Deutsche Einheit werben sollte. Der Bundespräsident widersetzte sich nicht zum ersten Mal in einer symbolpolitisch heiklen Frage. Theodor Heuss lehnte es ab, »einen Totengedenktag mit einer Verfassungsfeier« zusammenzulegen und daraus einen Staatsfeiertag zu machen.[4]

Unpopulär und umstritten waren lange auch jene Erinnerungstage, die sich in jeweils sehr spezifischer Weise auf die Zeit des Nationalsozialismus beziehen. Der 8. Mai 1945, der 20. Juli 1944 und der 9. November 1938. Keine stolzbesetzten Jahrestage. Sie stehen für Zerstörung, Niederlage, Fehlschlag und Verbrechen. Als nationaler Feiertag also kaum brauchbar. Noch 1970, als die sozialliberale Regierung Brandt-Scheel ihre neue auf Aussöhnung und Anerkennung gerichtete Ostpolitik auch in einer parlamentarischen Gedenkfeier für den 8. Mai zum Ausdruck bringen wollte, legte sich die CDU/CSU-Fraktion quer: »Niederlagen feiert man nicht.«

Die Verlegenheit bei der Suche nach provisorischem Ersatz für einen unentbehrlich erscheinenden Nationalfeiertag war so groß, dass die Bundesrepublik sich einen Jahrestag aneignete, dessen zugrundeliegendes Ereignis zwar wie geschaffen war für die mit gesamtdeutschem Anspruch auftretende Symbolpolitik, aber sich eben nicht auf westdeutschem, sondern auf ostdeutschem Boden zugetragen hatte – den 17. Juni 1953. Der Erfolg war nicht von Dauer. Wenn es auch zunächst anders aussah. Endlich gab es nicht mehr nur Bilder von deutschem Unrecht, sondern von Deutschen im Kampf gegen Unrecht und Unfreiheit.

Steine gegen sowjetische T4-Panzer werfende, wehrlose, mutige Demonstranten; untergehakte Menschenreihen unter schwarz-rot-goldenen Fahnen durch das Brandenburger Tor ziehend: Diese und ähnlich heroische Bildmotive appellierten an die antikommunistische Stimmung ebenso wie an das nationale Einheits- und Freiheitsgefühl. Kriegsangst, Erstaunen, Solidarität und Stolzverlangen kamen hinzu. Einen Aufstand gegen politische Unfreiheit und soziale Ungerechtigkeit hatte man den Ostdeutschen nicht zugetraut. Den jungen Menschen schon gar nicht. Schließlich waren sie in der Hitler-Generation geboren und unter der SED-Diktatur aufgewachsen.

Die gewisse Anmaßung, den 17. Juni, wenn schon nicht zum Nationalfeiertag einer geteilten Nation zu machen, so doch zum gesetzlichen Feiertag und *Tag der Deutschen Einheit,* wird am ehesten verständlich, wenn man dreierlei bedenkt. Der 17. Juni wurde geschichtspolitisch in die Perspektive der vormärzlich-nationalen Einheits- und Freiheitsbewegungen gestellt, dem Zeitgeist des Kalten Krieges ent-

---

4 Vgl. Goschler, Wiedergutmachung, S. 218ff.

sprechend als antitotalitärer Aufstand gedeutet und tendenziell mit dem Widerstand gegen die NS-Diktatur gleichgesetzt. Der Regierende Bürgermeister von Berlin Ernst Reuter hat dies in seiner Rede im Bendler-Block zur Einweihung der Gedenkstätte für den 20. Juli im Jahr 1953 unmissverständlich zum Ausdruck gebracht.[5] Und schließlich konnte der ostdeutsche Aufstand als Demonstration der Deutschen für ihre Westbindung gedeutet werden. Das Ereignis lud zur Verklärung, eigenwilligen Vergleichen und Gedenkveranstaltungen mit einer vielfältigen Formensprache geradezu ein.

Gräfin Dönhoff sprach in *Der ZEIT* von der »ersten wirklichen deutschen Revolution«[6], die US-Amerikaner dachten zeitweilig daran, in Berlin eine *Hall of Heroes* für die Opfer der Aufständischen zu bauen und bis Ende der 1950er Jahre versammelten sich jeweils mehrere tausend Menschen zum 17. Juni am Fuße des Hermannsdenkmals, um bei Fackelschein und deutschem Liedgut unter schwarz-weiß-roten Farben den *Gefallenen der Nation* zu gedenken. Von den zu Weihnachten brennenden Fenster-Kerzen gar nicht zu reden. Aber schon zu Beginn der 1960er Jahre hatte der *Tag der Einheit* seine inhaltliche Akzeptanz und emotional mobilisierende Kraft verloren. Aus einem politischen Feiertag für »Einheit in Freiheit« war eine Demonstration der »Einheit in Freizeit« geworden, wie *Der Spiegel* süffisant titelte.[7] In der Großen Koalition verständigten sich die Parteien, den *Tag der Deutschen Einheit* als Feiertag zu streichen. In den siebziger Jahren versuchten CDU/CSU in ihrem Kampf gegen die Deutschland- und neue Ostpolitik der Brandt-Scheel-Regierung aus dem 17. Juni Kapital zu schlagen. Das Ende dieses Jahrestages kam ausgerechnet, als mit der friedlichen Revolution der DDR am 9. November 1989 das Vermächtnis des Volksaufstandes von 1953 eingelöst wurde.

Mehr Glück schien die so glücklose DDR mit ihren Jahrestagen zu haben. Das vorgeblich neue, antifaschistische Deutschland scheute keine Mühe, den insoweit vorbildlichen deutschen Faschismus zu beerben und suchte in der permanenten Selbstdarstellung der Staatsführung und den vielen Staatsfeiertagen innere Festigkeit und internationales Ansehen zu gewinnen. Vom 1. Mai, dem internationalen Arbeiterkampftag, über den 8. Mai, an dem sich die DDR im antifaschistischen Gründungsmythos sonnte und an der Seite des großen Bruders, der Sowjetunion, als Sieger des Zweiten Weltkrieges fühlen durfte, bis hin zum 7. Oktober, ihrem Staatsgründungstag, den die DDR-Führung als Leistungsschau inszenierte – erstmals aus Anlass ihres 10. Jahrestages, den sie aber auch vermenschlichte, verkitschte und wie einen Kindergeburtstag feierte (Motto: »Ich bin 10 Jahre«).

Es gehört zur Ironie ihrer Geschichte, dass ausgerechnet die DDR, die den 9. November als Jahrestag der Pogromnacht 1938 nur geduldet hatte, diesem deutschen Jahrestag mit ihrem Abschied von der deutschen Geschichte eine neue Bedeutung hinzufügte: In den Abendstunden des 9. November 1989 fiel die Berliner Mauer – damals wohl für die meisten Deutschen, wie es Wilhelm Hennis später umschrieb, »der schönste Tag in der neueren deutschen Geschichte«.

---

5 Reuter, Der 20. Juli 1944.
6 Dönhoff, »Die Flammenzeichen rauchen noch«, in: *Die Zeit*, 25.6.1953.
7 »Einheit in Freizeit«, in: *Der Spiegel*, 20.6.1966.

Auch deshalb begann bald eine Debatte darüber, ob man diesen Tag, den Tag der Schuld und des Stolzes, der Trauer und des Triumphes, nicht zum neuen Nationalfeiertag machen sollte. Hielten die Einen den 9. November wegen seiner unvereinbaren Bedeutungselemente für untauglich, erschien diese Vielfalt Anderen eine Herausforderung für das öffentliche Geschichtsbewusstsein, wenn auch nicht ohne »Begehungsrisiko« – wie es in der Bürokratensprache hieß. Immerhin bezieht sich der 9. November neben dem Mauerfall auf weitere Schlüsselereignisse der deutschen Geschichte des 20. Jahrhunderts, denkwürdige Jahrestage auch sie:

Der schon genannte 9. November 1918, das Ende des wilhelminischen Kaiserreiches, mit Kriegsniederlage, Kaiserabdankung und Revolutionsbeginn; Hitlers gescheiterter Versuch in München 1923, die Revolution der sozialistischen *Novemberverbrecher* macht- und symbolpolitisch rückgängig zu machen; die Reichspogromnacht 1938, bei der es hunderte von Todesopfern gab, etwa 30 000 jüdische Deutsche in Konzentrationslager gebracht und tausende jüdische Geschäfte zerstört wurden. Welch hohen Rang dieser 9. November im Vergleich mit anderen historischen Bezügen einnimmt, unterstreicht der Hinweis, dass heute im Allgemeinen die Reichspogromnacht als Auftakt für die radikale Phase der Judenverfolgung gilt, die in Auschwitz endete. Wobei das Opfergedenken ganz im Vordergrund steht und ein mitauslösendes Ereignis zurücktritt: Das ebenso zivilcouragierte wie verzweifelte Attentat Herschel Grynszpans in der Deutschen Botschaft in Paris, dem der von mehreren Schüssen getroffene Ernst vom Rath am Nachmittag des 9. November erlag. Grynszpan protestierte damit gegen das Unrecht, das seinen Eltern und tausenden weiteren polnischen Juden widerfahren war. Im Jahre 1911 vor antisemitischen Verfolgungen aus Polen nach Deutschland geflohen, wurden sie jetzt aus dem antisemitischen Deutschland vertrieben.

»Mir blutet das Herz, wenn ich an unsere Tragödie und an die der 12 000 Juden denke«, schrieb der 17-jährige Grynszpan seinem Onkel. »Ich muß auf eine Weise protestieren, daß die ganze Welt meinen Protest hört.« Vor allem die Nazis hörten und nutzten den Protest. Was sie als Ausbruch eines *spontanen Volkszorns* ausgaben, war die verschärfte Fortschreibung des gewaltsamen Vorgehens gegen die Juden im Deutschen Reich und dem wenige Monate zuvor *angeschlossenen* Österreich.

Ähnlich ist die erinnernde Nachgeschichte an ein anderes national herausragendes Ereignis verlaufen, auch dies die zivilcouragierte, widerständige Tat einer mutigen Einzelperson. Ich meine natürlich das Hitler-Attentat des Tischlers Johann Georg Elser am 8. November 1939, das mehr verdient hat, als nur eine Fußnote zu sein in der an mutigen Taten unorganisierter Einzelner nicht eben reichen Widerstandsgeschichte. Das Attentat fand zwar am Vorabend des 9. November im Münchener Bürgerbräukeller statt, wo sich traditionell Hitler und *Alte Kämpfer* trafen, um den misslungenen Putsch von 1923 und schließlichen Sieg der Hitler-Bewegung zu feiern, steht aber insofern doch in einem unmittelbaren Zusammenhang mit dem 9. November. Der Anschlag ist, trotz aller filmischer und literarischer Bemühungen weithin unbekannt, jedenfalls nicht wirklich populär geworden. Anders als mit der tragischen Lichtgestalt des organisierten militärischen Widerstandes, Graf Stauffenberg, konnten sich die Deutschen der Hitler-Zeit und ihrer frühen Nachgeschichte mit Elser nur blamieren: Der *einsame*

Attentäter hatte ihnen vorgemacht, was ein Einzelner tun konnte, ohne Privilegien, ohne den Rückhalt von Personen, Institutionen etc. – den Verbrechen, »dem kollektiven Selbstbetrug und Faszinationswahn« der Deutschen (Peter Steinbach) zu widerstehen.

Auf die Öffnung der Berliner Mauer, den »Wahnsinn« des 9. November 1989, wie das sensationelle Ereignis im Volksmund bald genannt wurde, kann und muss ich in diesem Durchgang nicht näher eingehen. Oder nur insoweit, wie das Ereignis für die symbolische Politik im Prozess der deutschen Vereinigung von Bedeutung war. Die anfängliche, auch von einflussreichen Politikern und Publizisten geäußerte Absicht, den 9. November zum neuen deutschen Nationalfeiertag zu erklären, fand keinen Widerhall, geschweige denn eine Mehrheit. Mochte auch – neben Wolfgang Schäuble und Hans Jochen Vogel – insbesondere die damalige Parlamentspräsidentin Rita Süssmuth für den 9. November öffentlich werbend eintreten: Die Sorge, dass es dabei immer wieder zu Peinlichkeiten und Skandalen kommen könnte, überwog. Als wäre nicht eben das das Kennzeichen der Geschichte der Geschichtspolitik in Deutschland, dass sie voll von Skandalen und Peinlichkeiten ist.

Für den neuen Nationalfeiertag waren bedauerlicherweise keine geschichtspolitischen Überlegungen maßgeblich. Terminnöte und pragmatische Aspekte im Prozess der Annahme des Einigungsvertrages entschieden darüber. Am 23. August 1990 beschloss die letzte und einzig frei gewählte Volkskammer den Beitritt der DDR zum Geltungsbereich des Grundgesetzes der Bundesrepublik Deutschland nach Art. 23 GG – mit Wirkung vom 3. Oktober. Der neue *Tag der Deutschen Einheit* ist so blass, so emotionslos geblieben wie es Parlamentsbeschlüsse, Vertragsunterzeichnungen, notarielle Akte dieser Art nun einmal sind.

Man wird das auch deshalb bedauern, weil mit ihm der 17. Juni als »Symbol der deutschen Einheit in Freiheit« stillschweigend gestrichen wurde. Er hätte mehr verdient gehabt. Es bleibt erstaunlich, dass man so leichtfertig mit einem Kernstück deutscher politischer Symbolik umging. Kaum denkbar, dass die Franzosen ihren 14. Juli, die US-Amerikaner ihren 4. Juli und die Polen den Tag ihrer nationalstaatlichen Neugründung, den 11. November, so leichthin aufgeben würden. Dabei konnte kein Zweifel bestehen, dass der 17. Juni 1953, der erste Aufstand in der langen Reihe der Erhebungen und Selbstbefreiungsversuche in den ostmitteleuropäischen Ländern, zu einem »großen Ereignis deutscher Geschichte« (Wolfgang Schuller)[8] aufgestiegen war. Rita Süssmuth bewies dafür viel Gespür, als sie am 17. Juni 1992 vor dem Bundestag erklärte: »Der Aufstand von 1953 wurde niedergeschlagen, nicht aber der Freiheitswille in West und Ost. Die Flucht in die Freiheit konnte weder durch Mauer noch durch Stacheldraht beendet werden. Der Wille zur Freiheit war unbezwingbar und setzte sich 1989 durch. Der Trauer folgte die Freude. Der Unterdrückung und Teilung folgten Freiheit und Einheit.«[9] Knapp zwei Jahre zuvor, bei der abschließenden Lesung des Einigungsvertrages am 20. September 1990, hatte sich schon einmal eine Stimme für den 17. Juni und gegen den 3. Oktober erhoben:

---

8 Vgl. Reichel, Schwarz Rot Gold, S. 96.
9 Ebd.

»Nicht Regierungen, Beamte, Politiker oder Parteien haben die erste friedliche und erfolgreiche deutsche Revolution auf deutschem Boden durchgeführt und damit den Einsturz der Mauer und der totalitären SED-Herrschaft bewirkt«, erklärte der Grünen-Abgeordnete Lutz Häfner.[10] Vergeblich.

Der vergessene erste deutsche 9. November

Ganz unbeachtet blieb, dass die von den Partei- bzw. Fraktionsspitzen zunächst und kurzzeitig favorisierte Idee mit dem 9. November so schlecht und so verfänglich nicht war. Hätte man sich nur auf einen damals vergessenen 9. November besonnen, den ersten deutschen 9. November, den 9. November 1848, den Tag also, an dem der im 19. Jahrhundert weithin bekannte Paulskirchen-Abgeordnete und Sprecher der gemäßigten Demokraten, Robert Blum, in Wien standrechtlich erschossen wurde. Von ihm war bis zu seiner Wiederentdeckung in jüngster Zeit nicht viel mehr bekannt als das Sprichwort: »Erschossen wie Robert Blum.«

Scherzhaft ist damit ein Zustand völliger Erschöpfung gemeint. Bisweilen auch der Verlierer im Skat. Aber kein verlorenes Kartenspiel, kein Kollaps haben Blums Tod verursacht. Ein meuchelmörderisches Verbrechen hat das kurze, ungewöhnlich produktive und insoweit auch erfolgreiche Leben des im 19. Jahrhundert bedeutendsten Vorkämpfers der parlamentarischen Demokratie in Deutschland ausgelöscht.

Seine Geschichte ist ohne Parallele, die Kindheit durch Armut, Krankheit, Demütigung und Verlusterfahrung geprägt. Eine hohe Begabung, sein Lerneifer und eine den Verhältnissen abgerungene, zähe Disziplin sind sein Kapital. Glückliche Zufälle helfen ihm auch. Er wird Theatersekretär, beginnt zu schreiben, Rezensionen, Gedichte, bald auch Dramen und Lustspiele, die nie aufgeführt werden. Seine stärkere Begabung ist forensischer und politischer Natur. Sie entfaltet sich in seinem vierten und schon letzten Lebensjahrzehnt – atemberaubend, reich. Blum wird aus dem sozialen Abseits ins Zentrum politischer Veränderungen katapultiert. Erst nach Leipzig, von dort nach Frankfurt. Politik ist seine Berufung und wird sein Beruf. Er lebt für sie und beginnt von ihr zu leben. Ein Vermögen verdient er damit nicht, aber in den wenigen Jahren, die ihm vergönnt sind, wird er zu einem der ersten Politikunternehmer seiner Zeit. Blum gründet politische Zeitungen und Vereine, organisiert die politische Volksbildung und die politische Öffentlichkeit. Und das unter den erschwerten Bedingungen der Zeit der Karlsbader Beschlüsse. Politisches Handeln im Vormärz muss sich verstellen und verkleiden, ist Camouflage-Politik. Sie stellt Öffentlichkeit her, indem sie ihre Ziele, ihren eigentlichen Zweck verbirgt, das Politische in festlicher Geselligkeit versteckt. Zensur, Justiz und Polizei bedrohen die radikalliberale, vaterländischnationale Opposition permanent. Auch Blum und seine politischen Freunde müssen ständig mit Berufsverbot, Verhaftung und Verbot ihrer Veröffentlichungen rechnen. Blums »Wühlerei«, wie er selbst seine politische Arbeit nennt, macht ihn aber auch bekannt. In wenigen Jahren steigt er zu einem der prominenten *Fortschrittsmänner* in Sachsen auf. Im Mai 1848 schicken ihn die Leipziger nach

---

10 Ebd., S. 64.

Frankfurt, wo die erste deutsche Nationalversammlung zusammentritt. Schnell steigt er zum Führer der gemäßigten Demokraten auf und erwirbt als Redner und Organisator großes Ansehen.

Aber auch Blum kann nicht verhindern, dass die erste Deutsche Nationalversammlung eine Konstituante ohne nationale Autorität und Macht ist. Nach dem deprimierenden Septemberaufstand in Frankfurt schickt man ihn mit einer kleinen Delegation nach Wien, dorthin also, wo sich die revolutionären Kräfte noch einmal erheben. Aber die Macht der Gegenrevolution ist stärker. In der Aussichtslosigkeit solidarisiert Blum sich mit den Verlorenen, nicht wenige sind Arbeiter und Studenten, und kämpft mit ihnen auf den Barrikaden. Sein ganzes Leben lang ein Mann des Wortes, der Schrift, Überzeugung, Mehrheitsbildung, Verständigung und des pragmatischen Kompromisses, bleibt er das bis zuletzt. Gewalt ist für ihn die ultima ratio der Politik. Legitim nur, wenn Leben, Leib und Ehre durch tödliche Gefahr, Unrecht und Unterdrückung bedroht sind. Nach Bombardierung und Besetzung durch den kaiserlichen Feldmarschall Fürst Windischgrätz ist die Revolution verloren. Blums Leben ist es noch nicht. Er selbst glaubt nicht, dass ihm eine Gefahr drohen könnte oder verdrängt sie und vertraut auf seine Immunität als Abgeordneter.

Und dann ist dieses unermüdlich aktive, ungewöhnlich produktive, unbeugsame und unbeirrte Leben ausgelöscht. Durch einen Meuchelmord, kein tragisches Schicksal treibt Blum ins Verhängnis. Es wäre vermeidbar gewesen, selbst Blums politische Feinde, die seine Erschießung am 9. November angeordnet haben, möchten die Tat ungeschehen machen, als die Exekution gerade erfolgt ist. Sie erkennen zu spät, dass ihnen der tote Blum womöglich mehr schadet als es der lebendige je gekonnt hätte. Maßgeblich sind kontingente Faktoren, unglückliche Zufälle, Intrige, Rache, Schlamperei. Für eine erschütterte und gekränkte Nachwelt ist das zu banal, muss der gewaltsame Tod zwangsläufigen, zeichenhaften Charakter haben, wird er zum geschichtspolitischen Ereignis. Weil die Schandtat sonst gar nicht begreiflich wäre, wird dem sinnlosen Ende ein höherer Sinn gegeben, wird Blum zum Märtyrer der Revolution verklärt und als Vorkämpfer der Demokratie und der Arbeiterbewegung verehrt.

Nur wenige Ereignisse des 19. Jahrhunderts haben die Massen so sehr empört und bewegt wie die Tat an Robert Blum. Das Goethewort, bei Schillers Totenfeier 1805 gesprochen, galt damals auch für Robert Blum: »Denn er war unser!« Selbst Marx und Engels verzeihen dem kleinbürgerlichen Abgeordneten der Paulskirche seinen parlamentarischen Irrweg, weil er als Barrikadenkämpfer und Revolutionär den richtigen Tod stirbt. Der marxistische Historiker Franz Mehring stilisiert Blums fragmentarisches Leben zur Biographie eines sozialistischen Revolutionärs schlechthin, weil er der Arbeiterbewegung zweifach angehört habe, durch seinen Tod *und* durch seine Geburt und meinte das offenbar als Anerkennung.[11] Noch 1988 wurde in der DDR diese Blum-Würdigung verbreitet.

Blums beispielloser Aufstieg zu einem der führenden demokratischen Politiker der 1848er-Revolution und der jähe Abbruch seines Lebens durch ein heimtücki-

---
11 Mehring, Robert Blum, S. 419ff.

sches Verbrechen haben viele Deutungen erfahren. Angesichts unserer wechselvollen Geschichte und des über 150 Jahre währenden Kampfes um die Demokratie in Deutschland ist das kaum verwunderlich. Blum wurde verehrt und später vergessen, sein Vermächtnis verklärt und von unterschiedlichen Seiten vereinnahmt. Im 20. Jahrhundert geht das Interesse an Blum zurück. Die Weimarer Linksparteien taten sich schwer mit der Traditionspflege von 1848, hin- und hergerissen zwischen der revolutionären Volkserhebung und dem Paulskirchenparlamentarismus.

Blums Tod ist Chiffre für den Zusammenhang von Revolution und Gegenrevolution des Jahres 1848/49. Denn es geht ja um dessen Zuordnung zu einem dualen Ereignis. Welche Revolution ist gemeint? Die gewaltsame? Also die blutigen Barrikadenkämpfe in Berlin am 18. März und die Aufstände in Wien, die am 13. März begannen und in der Oktoberrevolution einen letzten Höhepunkt erreichten? Oder die parlamentarisch-konstitutionelle Revolution der Nationalversammlung, die ihren symbolischen Ausdruck im 18. Mai gefunden hat im Ort des Geschehens, der Paulskirche in Frankfurt? Blums politisches Leben ist dem einen wie dem anderen Datum zuzuordnen und sein Vermächtnis hat darunter gelitten; Kommunisten und Demokraten haben bis in unsere jüngere Gegenwart um ihn gestritten, dabei aber übersehen, dass seine geschichtspolitische Identität eine ganz eigene ist. Sie wird sowohl vom verheißungsvollen Auftakt des Revolutionsjahres im Frühjahr bestimmt als auch von seinem Ende, dem Tod in der Brigittenau.

Der 9. November steht nun aber nicht nur in Österreich für den Sieg der kaiserlich-militärischen Gegenmacht über die national-freiheitlichen Kräfte der Märzrevolution. Denn der Zufall will es, dass sich an eben diesem 9./10. November auch in der Hauptstadt Preußens, der zweiten deutschen Großmacht, die Gegenrevolution definitiv durchsetzt: Im Oktober hat die preußische Nationalversammlung das Gottesgnadentum aus der Verfassung gestrichen, haben gewalttätige Unruhen wieder zugenommen und beginnen die demokratischen Kräfte sich neu zu formieren – da holt die Gegenrevolution zum letzten Schlag aus, befiehlt Friedrich Wilhelm IV. die Verlegung der Nationalversammlung. General Friedrich Graf von Wrangel rückt am 10. November mit 12 000 Soldaten in die Stadt ein, verhängt den Belagerungszustand, löst die Bürgerwehr auf und schließt die Nationalversammlung. Auf Gegenwehr trifft er nicht. Am 9. November 1848 beginnt also im gesamten Deutschland symbolisch der Nachmärz. Der 9. November 1848 ist der erste deutsche 9. November, der uns daran erinnert, dass der lange, von Revolution und Gegenrevolution, Krieg und Gewaltverbrechen gesäumte Weg zur Demokratie in Deutschland mit einer missglückten, aber keineswegs folgenlosen Revolution begann. Dieser Weg macht den machtpolitischen Kampf revolutionärer und gegenrevolutionärer Kräfte an fünf weiteren 9. Novembertagen kalendarisch sinnfällig und denkwürdig, die ich zuvor kurz skizziert habe: die Revolution von 1918, den Hitlerputsch von 1923, die Reichspogromnacht von 1938, das Elser-Attentat von 1939 und den Mauerfall. Diese sechs Novembertage sind teils zufällig und teils aus geschichtspolitischem Kalkül entstanden.

Robert Blum ist für diesen 9. November, dem mit seinen vielen historischen Bezügen überkomplexen, widersprüchlichen und wohl unpopulärsten Jahrestag in Deutschland erst noch zu entdecken oder richtiger wiederzuentdecken. Denn zu Beginn der Weimarer Republik war man sich dieses Zusammenhangs durchaus noch bewusst. Vor allem dort, wo die Erinnerung an Robert Blum lebendig geblieben war. Die Zeitung *Der Leipziger* schreibt im Revolutionsjahr: »Der 9. November wird in der Geschichte ewig ein denkwürdiger Tag bleiben. Am 9. November 1918 brach die Revolution in Deutschland aus und am 9. November 1848 – also genau vor 70 Jahren – wurde Robert Blum erschossen.«[12]

Aber Robert Blum gerät, wie gesagt, in der ersten Hälfte des 20. Jahrhunderts in Vergessenheit. Erst als man abermals, wie schon 1918, nach anschlussfähigen Traditionsbeständen sucht, auch nach nichtkompromittierten, progressiven Deutschen Ausschau hält – und im geteilten Deutschland dabei unweigerlich in einen jahrzehntelangen Erbstreit gerät – erinnert man sich wieder an ihn. Der östliche und der westliche deutsche Bruderstaat bedrohen sich militärisch, bekriegen sich propagandistisch und wetteifern von Beginn an auch geschichtspolitisch gegeneinander. Schließlich gibt es nur wenige Felder, auf denen sie fündig werden können. Denn beide deutsche Teilstaaten verstehen sich ja als Republiken. Der Zeitpunkt der doppelten deutschen Staatsgründung fällt mit dem 100. Jahrestag der 48er-Revolution zusammen – und mit dem 100. Todestag Robert Blums. In Chemnitz, Leipzig und anderen Städten werden Gedenkfeiern veranstaltet, Ausstellungen und Publikationen erarbeitet. Zwanzig Jahre später muss die Traditionspflege abermals herhalten.

Im grauen Alltag der 1970er Jahre – Elan und Legitimation der antifaschistischen Staatsgründung sind längst verbraucht, die Hoffnungen auf die nachgeholte sozialistische Revolution haben sich nicht erfüllt, die Frustration, nur per Fernsehen an westlicher Konsumfreiheit teilzuhaben, ist Dauerzustand – braucht das SED-Regime dringend neue Impulse. Volkshelden in Sport, Wissenschaft und Fabrikarbeit sind gefragt, aber auch historische Lichtgestalten. Wenn die DDR im Wettkampf der Systeme schon nicht die beste aller deutschen Gegenwarten hervorbringen kann, dann soll sie wenigstens als »staatliche Verkörperung der besten Traditionen der deutschen Geschichte« dargestellt werden. SED-Chefideologe Kurt Hager begründet die geschichtspolitische Offensive gegen den Westen mit den markigen Worten: »Wir dürfen nicht einen progressiven Denker und Dichter, nicht einen Humanisten dem Gegner überlassen.«[13] Friedrich der Große, Martin Luther und andere bis dahin verfemte Größen der preußisch-protestantischen Geschichte profitieren davon. Auch die revolutionsgeschichtliche Dogmatik und die Sicht auf die deutschen Freiheitsbewegungen werden revidiert, die Erforschung des Vormärz und der 1848er-Revolution ist seit den sechziger Jahren ein Schwerpunkt der DDR-Historiographie. Dem wachsenden Interesse und seiner zunehmenden Prominenz unter den für den Sozialismus vereinnahmten Volkshelden kommt das zugute.

1973 stehen Gedenkfeiern zum 125. Jahrestag der 1848er Revolution an. Der DDR wird das Jubelfest gründlich verdorben. Diesmal ist allerdings der westliche

---

12 Vgl. Reichel, Robert Blum, S. 195.
13 Ebd., S. 197.

Bruder der geschichtspolitische Störenfried. Niemand anders als der sozialdemokratische Bundespräsident Gustav Heinemann fordert 1970 auf dem Schaffermahl in Bremen dazu auf, die revolutionären Traditionen und freiheitlichen Bewegungen in Deutschland nicht der DDR für ihre politischen Zwecke zu überlassen. Er bittet um mehr Engagement für das Erbe der 1848er Revolution im Westen und um mehr Gerechtigkeit im Osten – auch für Robert Blum.[14] Ein erster großer Schritt ist die von Heinemann angeregte Erinnerungsstätte für die vormärzlichen Freiheitsbewegungen in Rastatt, die 1974 eröffnet wird. Ein weiterer Meilenstein wird die große Blum-Ausstellung 2006. Der 200. Geburtstag Robert Blums im Jahr 2007 und der 160. Todestag im November 2008 mögen einen weiteren Anstoß liefern, diesem vergessenen deutschen Revolutionär einen angemessenen Erinnerungsort zu geben. Er ist einer der wenigen Großen unserer Demokratiegeschichte, einer, so Theodor Heuss in einer warmherzigen Würdigung schon in den fünfziger Jahren, der wie kaum ein zweiter über »tönende Beredsamkeit« verfügte, über »verströmende Hingabefähigkeit« und über sich immer wieder »aufbäumenden Trotz gegen Gewalt und Willkür«.[15]

Der 9. November als »Tag der Demokratie in Deutschland«

Kein zweiter Jahrestag erscheint für das Verständnis unserer Geschichte der beiden letzten Jahrhunderte so aufschlussreich wie der erste deutsche 9. November, der 9. November 1848. Keine zweite Geschichte so bedeutsam wie die vom Leben, Tod und Nachleben des Robert Blum, eine Novembergeschichte; die Geschichte eines deutschen Demokraten, der zwischen Revolution und Gegenrevolution lebte, kämpfte und litt, der an der Märzrevolution 1848 maßgeblich beteiligt war, ihre Errungenschaften durch das Paulskirchenparlament verfassungsrechtlich legitimieren und eine gesamtdeutsche Republik errichten wollte und damit scheiterte; nach Wien eilte, um dort zu retten, was in Frankfurt und Berlin schon verloren war; sich im Barrikadenkampf bravourös und tapfer schlug, in die Fänge der Gegenrevolution geriet, abgeurteilt und erschossen wurde; der als Märtyrer der Demokratie »auferstand«, den die Kommunisten für sich in Anspruch nahmen und die Anhänger der parlamentarischen Demokratie in der Weimarer und Bonner Republik nicht minder. Sollte man sich in ihm nicht begegnen können, im Streit um sein Vermächtnis nicht den Widerschein unserer Demokratiegeschichte erkennen und alle im 20. Jahrhundert, ob aus Zufall, ob aus geschichtspolitischem Kalkül, nachfolgenden 9. November nicht in einen unmittelbar einleuchtenden Zusammenhang stellen? Den Zusammenhang vom mehr als hundert Jahre dauernden, blutigen Kampf um gesellschaftliche Demokratie und republikanische Staatsverfassung? Das oft gegen den 9. November vorgebrachte Argument verfängt meines Erachtens nicht: Er sei in seinen Bedeutungen ambivalent bis überkomplex und insofern als nationaler Feiertag den Deutschen nicht zuzumuten. Nicht zuzumuten? Wäre das nicht die geringste Anstrengung, die wir auf uns nehmen könnten, wenn wir uns einmal im Jahr mit der Vorgeschichte unserer

---

14 Ebd., S. 198.
15 Ebd.

Gegenwart beschäftigten, ihren Brüchen und Widersprüchen, ihren Mythen und Lebenslügen? In ständig zu variierenden thematischen Aspekten fragen würden, warum zweimal in Deutschland in den revolutionären Übergängen zur Republik die feudalen Kräfte so mühelos, so unblutig hinweggefegt oder in die Defensive gedrängt werden konnten und dann doch die vordemokratischen Kräfte und gegenrevolutionären Bewegungen die Oberhand behielten. Warum Gewaltverbrechen und Großkriege die Folgen waren, bis im dritten Anlauf, unter abermals veränderten Rahmenbedingungen, die Demokratiegründung in Deutschland glückte. Jedenfalls bis heute.

Kehren wir zum Schluss noch einmal an den Anfang zurück. Sie erinnern sich. Ich hatte mit Uwe Johnson gesagt, es kommt auf den Jahrestag nicht an. Die Aussage ist nun zu präzisieren. In der modernen Kommunikationsgesellschaft hat der festlich oder feierlich begangene Jahrestag seine überkommene Funktion für die Repräsentation und Reproduktion des kulturellen Gedächtnisses einer Nation aufgegeben, verloren. Mit der Verbindlichkeit feststehender, womöglich staatlich autorisierter Botschaften vertraut, glaubt man nicht mehr. An die Stelle des nicht zu hinterfragenden herrschaftlichen Identitätswissens ist ein sehr viel bescheidener Anspruch getreten. Die verantwortlichen Akteure, die einen Jahrestag gestalten, haben gelernt, dass sie sich in einer offenen, pluralistischen Gesellschaft mit der Bereitstellung von Sach- und Problemwissen begnügen müssen. Aber auch in diesem Zusammenhang bietet sich diese archaische Kulturtechnik des Erinnerns als ein kaum schlagbares Medium an. In einer Zeit, in der technisch gesehen alles gespeichert werden kann, wie dauerhaft auch immer, ist für das öffentlich organisierte Erinnern nicht mehr das Vergessen das zentrale Problem, wie in den auf mündlicher und schriftlicher Überlieferung basierenden Kulturen.

Das Problem ist heute die Auswahl, die Aktualisierung und effiziente Verwaltung der immensen Wissensspeicher. Dafür aber bietet sich der Jahrestag als Administrator geradezu an. Eine Kulturtechnik, dem natürlichen Jahresablauf angepasst, erweist sich als ein *perpetuum mobile* mit 365 Speicheradressen im Jahr! Längst machen sich das die Medien – die ja täglich nicht nur aktuell, sondern auch interessant und informativ sein müssen, in einer geschichtsversessenen und geschichtsvergessenen Zeit wie der unseren – mit der Aufbereitung historischen Wissens zu Nutze. Denken Sie nur an die Kolumne »heute vor 10, 20, 50 oder 100 Jahren«, die sehr unterschiedliche Zeitungen eingerichtet haben. Die historischen Ereignisse sind beliebig, mit der Gegenwart verbindet sie zumeist nur, dass sie am gleichen Kalenderort im Zyklus stattgefunden haben. Oder denken Sie an das beliebte Kalenderblatt des Deutschlandfunks, das aus Anlass runder Jahrestage der Lebensdaten an bekannte und weniger bekannte Personen erinnert. Dies ist keine Erfindung unserer Zeit, nur die massenmediale Nutzung einer alten Praxis, des katholischen Heiligenkalenders.

Könnte man nicht den 9. November zum *Tag der Demokratie in Deutschland* machen und an diesem Tag die Geschichte der einerseits so leidenschaftlich erkämpften und andererseits so hasserfüllt bekämpften Demokratie in Geschichten vieler und variierender Personen und Probleme erzählen, um zu verstehen, warum so wenige für die Demokratie kämpften und so viele so lange gegen sie.

Und läge es dann nicht nahe, im Vormärz zu beginnen, bei dem durch Geburt und Tod, Leben und Werk herausragenden Vorkämpfer der parlamentarischen Demokratie in Deutschland, bei Robert Blum? Wir hätten einen unerschöpflichen Vorrat an Jahrestagsgeschichten. Und alle ihren problemgeschichtlichen Fixpunkt in der einen Frage: Warum haben sich die Deutschen so lange so schwer getan, heimisch zu werden im Haus der Demokratie, der relativ besten aller Herrschaftsformen, unter denen es keine an sich wirklich gute gibt.

Literatur

Düwell, Franz-Josef (Hg.), Licht und Schatten. Der 9. November in der deutschen Geschichte und Rechtsgeschichte, Baden-Baden 2000.

Goschler, Constantin, Wiedergutmachung. Westdeutschland und die Verfolgten des Nationalsozialismus 1945–1954, *Quellen und Darstellungen zur Zeitgeschichte,* Band 34, Oldenburg 1992.

Johnson, Uwe, Jahrestage, Aus dem Leben der Gesine Cresspahl, Frankfurt a. M. 2000.

Lehnert, Detlef/Klaus Mehnert (Hg.), Politische Identität und nationale Gedenktage, Opladen 1989.

Maurer, Michael (Hg.), Das Fest. Beiträge zu seiner Theorie und Systematik, Weimar/Wien 2004.

Mehring, Franz, Robert Blum, in: Ders., Gesammelte Schriften, Band 6: Zur deutschen Geschichte II, hg. von Thomas Höhle, Berlin 1972.

Nietzsche, Friedrich Wilhelm, Zur Genealogie der Moral, Zweite Abhandlung: »Schuld«, »schlechtes Gewissen« und »Verwandtes«, Leipzig 1887.

Nora, Pierre, Zwischen Geschichte und Gedächtnis: Die Gedächtnisorte, in: Ders., Zwischen Geschichte und Gedächtnis, Berlin 1990, S. 11–33.

Reichel, Peter, Politik mit der Erinnerung. Gedächtnisorte im Streit um die Vergangenheit, 2. Auflage, München 1999.

Ders., Schwarz Rot Gold. Kleine Geschichte deutscher Nationalsymbole nach 1945, München 2005.

Ders., Robert Blum. Ein deutscher Revolutionär 1807–1848, Göttingen 2007.

Reuter, Ernst, Der 20. Juli 1944 – Das erste Fanal. Gedenkrede des Regierenden Bürgermeisters von Berlin Ernst Reuter am 19. Juli 1953 bei der Einweihung des Denkmals für die Opfer des 20. Juli 1944 im Ehrenhof des Bendlerblocks in der Bendlerstraße, Berlin, Gedenkstätte Deutscher Widerstand 2004.

Rüpke, Jörg, Zeit und Fest. Eine Kulturgeschichte des Kalenders, München 2006.

Schmid, Harald, Erinnern an den »Tag der Schuld«. Das Novemberpogrom von 1938 in der deutschen Geschichtspolitik, Hamburg 2001.

Schmidt, Thomas, Kalender und Gedächtnis. Erinnern im Rhythmus der Zeit, Göttingen 2000.

Wacker, Ulrich, Viermal Neunter November. Gedenktage eines »schwierigen Vaterlandes«, Hamburg 1994.

Willms, Johannes, Der 9. November. Fünf Essays, München 1994.

Abkürzungen

AG	Amtsgericht
FIR	Internationale Föderation der Widerstandskämpfer
HJ	Hitlerjugend
KdAW	Komitee der antifaschistischen Widerstandskämpfer
LG	Landgericht
NSKK	Das Nationalsozialistische Kraftfahrkorps
OdF	Opfer des Faschismus
StSfK	Staatssekretariat für Kirchenfragen
StGB	Strafgesetzbuch
SBZ	Sowjetische Besatzungszone
VVN	Vereinigung der Verfolgten des Naziregimes
WHW	Winterhilfswerk des Deutschen Volkes
ZK	Zentralkomitee

Die Autoren

Prof. Dr. Alejandro Baer ist Professor am Institut für Soziologie an der Universidad Complutense Madrid.

Prof. Dr. Wolfgang Benz ist Leiter des Zentrums für Antisemitismusforschung an der Technischen Universität Berlin.

Prof. Dr. Thomas Brechenmacher ist Professor für Neuere Geschichte am Historischen Institut der Universität Potsdam.

Tobias Grill ist Wissenschaftlicher Mitarbeiter am Historischen Institut der Universität der Bundeswehr München.

Prof. Dr. Eberhard Jäckel ist emeritierter Professor am Lehrstuhl für Neuere Geschichte an der Universität Stuttgart.

Dr. Ingo Loose ist wissenschaftlicher Mitarbeiter am Lehrstuhl für Zeitgeschichte der Humboldt-Universität zu Berlin und Dozent für Holocaust Studies am Touro College Berlin.

Dr. Hartmut Ludwig ist Dozent an der Theologischen Fakultät der Humboldt-Universität zu Berlin.

Dr. Edith Raim ist Wissenschaftliche Mitarbeiterin am Institut für Zeitgeschichte in München.

Prof. Dr. Peter Reichel ist emeritierter Professor am Institut für Politische Wissenschaft an der Universität Hamburg.

Dr. Kurt Schilde ist Dozent für Soziologie an der Universität Siegen.

Prof. Dr. Alan E. Steinweis ist Direktor des Centers for Holocaust Studies und Professor am Institut für Geschichte an der University of Vermont.

Ausgewählte Literatur

Wolfgang Benz (Hg.), Die Juden in Deutschland 1933–1945. Leben unter nationalsozialistischer Herrschaft, 3. Auflage, München 1993.

Thomas Brechenmacher, Der Vatikan und die Juden. Geschichte einer unheiligen Beziehung vom 16. Jahrhundert bis zur Gegenwart, München 2005.

Franz-Josef Düwell (Hg.), Licht und Schatten. Der 9. November in der deutschen Geschichte und Rechtsgeschichte, Baden-Baden 2000.

Barbara Engelking/Helga Hirsch (Hg.), Unbequeme Wahrheiten. Polen und sein Verhältnis zu den Juden, Frankfurt a. M. 2008.

Saul Friedländer, Das Dritte Reich und die Juden, Bonn 2007.

Wolfgang Gerlach, »Als die Zeugen schwiegen. Bekennende Kirche und die Juden«, Berlin 1987

Hermann Graml, Reichskristallnacht. Antisemitismus und Judenverfolgung im Dritten Reich, München 1988.

Angela Hermann, Hitler und sein Stoßtrupp in der *Reichskristallnacht*, in: *Vierteljahrshefte für Zeitgeschichte* 56 (2008), S. 603–619.

Beate Kosmala, Pressereaktionen in Polen auf den Novemberpogrom 1938 in Deutschland und die Lage der polnischen Juden, in: *Zeitschrift für Geschichtswissenschaften* 46 (1998), Heft 11, S. 1034–1045.

Wolf-Arno Kropat, Reichskristallnacht: Der Judenpogrom vom 7. bis 10. November 1938 – Urheber, Täter, Hintergründe, Schriften der Kommission für die Geschichte der Juden in Hessen, Band 15, Wiesbaden 1997.

Otto Dov Kulka/Eberhard Jäckel (Hg.), Die Juden in den geheimen NS-Stimmungsberichten 1933–1945, Düsseldorf 2004.

Annette Leo/Peter Reif-Spirek, (Hg.), Helden, Täter und Verräter. Studien zum DDR-Antifaschismus, Berlin 1999.

Peter Longerich, »Davon haben wir nichts gewusst!« Die Deutschen und die Judenverfolgung 1933–1945, München 2006.

Leonid Luks (Hg.), Der Spätstalinismus und die jüdische Frage, *Schriften des Zentralinstituts für Mittel- und Osteuropastudien,* Band 3, Köln 1998.

Klaus Moritz/Ernst Noam, NS-Verbrechen vor Gericht. 1945–1955. Dokumente aus hessischen Justizakten. Mit einem Nachwort von Richard Schmid, hg. von der Kommission für die Geschichte der Juden in Hessen, Justiz und Judenverfolgung, Band 2, Wiesbaden 1978.

Andreas Nachama/Uwe Neumärker/Hermann Simon (Hg.), »Es brennt!« Antijüdischer Terror im November 1938, Ausstellungskatalog Berlin 2008.

Peter von der Osten-Sacken (Hg.), Das missbrauchte Evangelium. Studien zu Theologie und Praxis der Thüringer Deutschen Christen, Berlin 2002.

Walter H. Pehle (Hg.), Der Judenpogrom 1938. Von der *Reichskristallnacht* zum Völkermord, Frankfurt a. M. 1988.

Peter Reichel, Politik mit der Erinnerung. Gedächtnisorte im Streit um die Vergangenheit, 2. Auflage, München 1999.

Isabelle Rohr, The Spanish Right and the Jews, 1898–1945, Sussex 2007.

Harald Schmid, Antifaschismus und Judenverfolgung. Die Reichskristallnacht als politischer Gedenktag in der DDR, Göttingen 2004.

Ulrich Wacker, Viermal Neunter November. Gedenktage eines »schwierigen Vaterlandes«, Hamburg 1994.

**Ober-Ramstadt (Hessen),
10. November 1938.
Foto: Georg Schmidt**
Museum Ober-Ramstadt

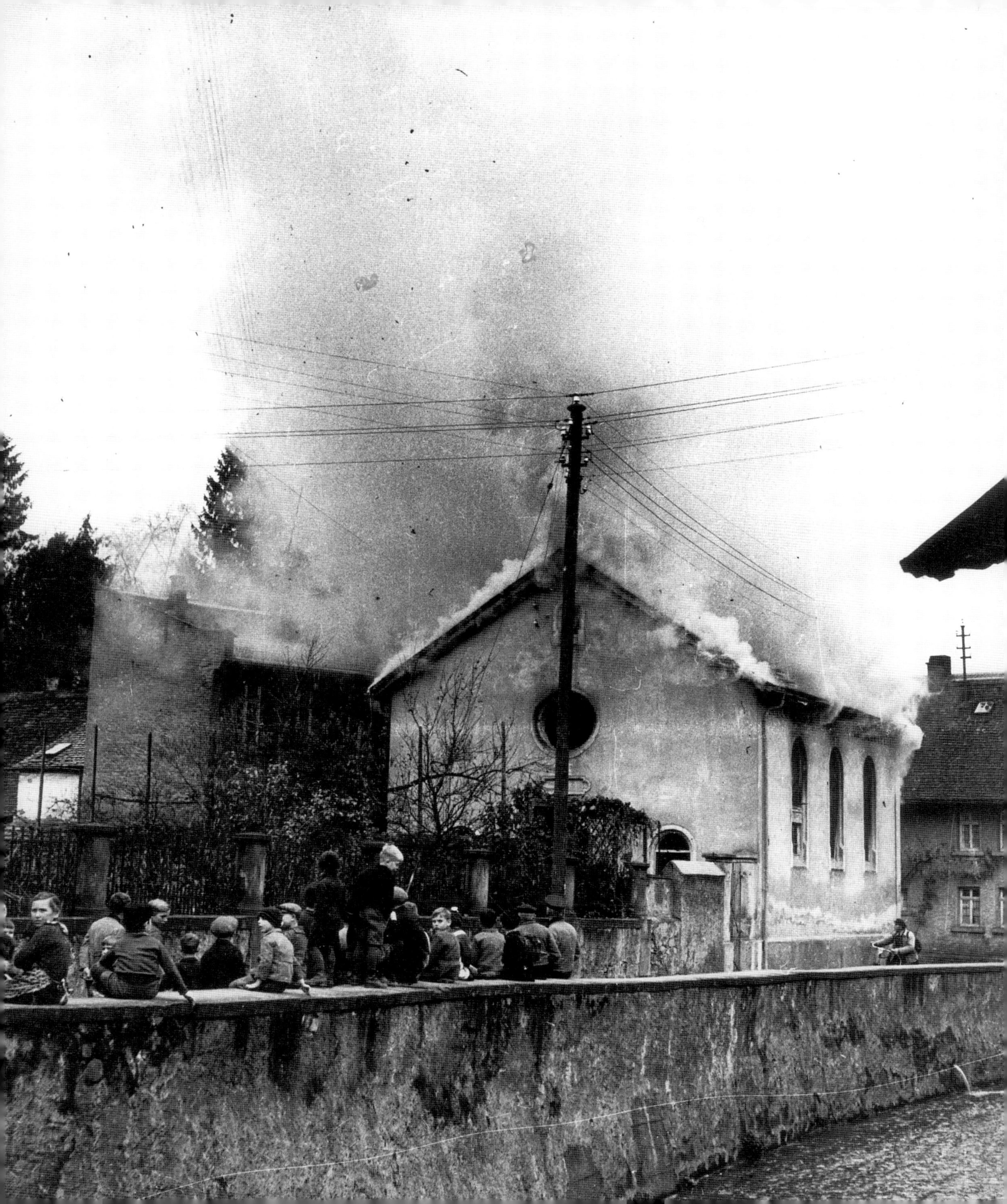